KIEFER SUTHERLAND
Vivre dangereusement

Christopher Heard

KIEFER SUTHERLAND
Vivre dangereusement

Ouvrage établi sous la direction de
Stéphane Berthomet

New York • Montréal • Paris

Transit Montréal
1996, bd St-Joseph Est
Montréal, QC
H2H 1E3
Canada

Transit Paris
66, rue Escudier
92100
Boulogne-Billancourt
France

Transit New York
265 Canal Street,
Suite 603B New York,
New York 10013
U.S.A

Éditeur : Stéphane Berthomet
Éditrice adjointe : Gervaise Delmas
Éditeur version anglaise : Timothy Niedermann
Traduction : Olivier Bruel, Mireille Gravel,
Marie-Ève Therrien et Dana Wittenberger
Correction : Aimée Verret
Conception, mise en page et cahier photo : Nassim Bahloul
Couverture : François Turgeon et Pierre Pommey

Illustration de la couverture :
© Sharkpixs/ZUMA/KEYSTONE Press
© Peter Foley/epa/Corbis

Distribution France-Belgique-Suisse : Hachette Livre
Distribution Québec : Agence du livre (ADL)

Visitez notre site www.transiteditueur.com

© 2010 Transit Éditeur Inc. et Christopher Heard
Dépôt légal 1er trimestre 2010
ISBN : 978-1-926745-05-3
Tous droits réservés pour tous pays

À Isabelle

SOMMAIRE

Prologue	11
À la recherche de Jack Bauer	17
Une lignée d'acteurs	23
L'émergence d'une vocation	41
The Bay Boy	57
En route vers Hollywood	67
Génération perdue	85
Young Guns	95
Julia	105
Un homme d'honneur	125
De cape et d'épée	135
Des chevaux et un lasso	145
Le début du déclin	163
La malédiction de la cassette vidéo	175
Une carrière agonisante	189
Sauvé par la télé	201
Retour de fortune	221
Le phénomène 24 heures chrono	237
Enfin la gloire	263
Le difficile rôle de père	281
Kiefer l'indomptable	293
La prison	305
Retour au calme ?	315
Conclusion	325

PROLOGUE

Je dois admettre que l'idée de raconter l'histoire de Kiefer Sutherland n'est pas de moi ; elle m'a été suggérée par Ian Halperin, un ami et collègue auteur. Mais, comme la vie et la carrière de la vedette de *24 heures chrono* me fascinent depuis longtemps, cette perspective m'a vite séduit.

Je me souviens très bien de ma première rencontre avec Sutherland. C'était par un matin ensoleillé de septembre 1998, à l'hôtel Four Seasons de Toronto. Il était en ville pour la projection de son film *Blessure de guerre* au Festival international du film de Toronto, et j'avais pris rendez-vous avec lui pour faire une entrevue. Sutherland entra dans la pièce vêtu d'un pantalon gris foncé et d'une chemise bleu vif, mais sans cravate. Sa démarche était lente et mesurée, comme si, tout en marchant, il était profondément absorbé dans ses pensées. C'était un homme mince et, bien que son front de plus en plus dégarni et l'angle de ses traits le rendaient attrayant, il ne projetait pas l'image à laquelle on s'attend d'une vedette de cinéma.

Cependant, dès qu'il prit la parole, sa voix forte, à la fois rude et étonnamment douce et chaleureuse, lui conféra une formidable présence. C'était bel et bien une vedette de cinéma. Sa poignée de main était ferme et son attitude amicale ; il accueillit le caméraman venu fixer son micro avec autant de chaleur et d'enthousiasme qu'il l'avait fait pour moi. La conversation alla bon train. Lorsque Kiefer Sutherland accorde une entrevue, c'est qu'il est prêt à se livrer. Il me laissa l'impression d'un acteur très sérieux, discipliné, acharné, complètement dévoué à son art et professionnel jusqu'au bout des doigts.

Je le revis dix ans plus tard, toujours à Toronto. C'était un soir de la fin juin, dans un restaurant du quartier chic de Yorkville. J'étais attablé avec Mickey Rourke, le sujet du livre auquel je travaillais à l'époque. Vers la fin du repas, l'ambiance feutrée du restaurant fut subitement perturbée lorsqu'un ivrogne tapageur sauta sur une table à l'autre bout de la pièce. Il retira sa chemise et la fit tournoyer au-dessus de sa tête tel un hélicoptère, braillant que la chaleur et l'humidité étaient insupportables. Ce soûlard n'était autre que Kiefer Sutherland. Le moins qu'on puisse dire, c'est que cet homme ne ressemblait pas à celui que j'avais rencontré une décennie plus tôt. Quoique…

Difficile de ne pas s'intéresser à la vie de Sutherland, qui est tout sauf linéaire. Fils de deux acteurs bien connus, il a vécu une enfance instable. Néanmoins, en devenant lui-même acteur, il s'est attiré très jeune une renommée enviable grâce à ses seuls mérites. Après ses premiers succès, il a connu une carrière en dents de scie, faite de choix douteux, d'occasions gâchées et de nombreuses déceptions personnelles et professionnelles. Puis sont venus les incidents liés à l'alcool et les excès, qui ont abouti à une condamnation pour conduite en état d'ébriété et pour violation de probation. Ce qui lui a d'ailleurs valu un séjour en prison de quarante-huit jours en 2007 et au début de 2008.

Malgré tout, une chose distingue Kiefer Sutherland des autres mégastars : il est pleinement conscient que son comportement manque parfois de maturité, de prévoyance et de logique. Lorsqu'on l'interpelle au sujet de ses abus ou de son manque de discernement, il esquisse un curieux sourire en coin et reconnaît d'emblée qu'effectivement, il s'est comporté comme un con et qu'il s'en trouve embarrassé, mais il ajoute que puisqu'il ne s'en cache pas, nous ferions aussi bien de passer à autre chose.

Le succès renversant de *24 heures chrono* n'a pas simplement redonné vie à la carrière déclinante de Sutherland, il l'a propulsé vers des sommets jamais égalés. Son dernier contrat pour *24 heures chrono* a fait de lui l'acteur le mieux payé dans l'histoire des séries télévisées : quarante millions de dollars pour chacune des saisons, de la cinquième à la huitième. Le nom de son personnage, Jack Bauer, est entré dans le vocabulaire courant. Mais si ce rôle de super-patriote violent et prêt à user de tous les moyens pour protéger les Américains de toutes sortes de menaces a fait de Kiefer Sutherland, l'acteur, une superstar mondiale, il n'est pas certain que l'effet ait été aussi positif sur Kiefer Sutherland, l'homme. Si, à l'écran, son personnage triomphe implacablement des terroristes qui menacent l'Amérique de l'extérieur, hors caméra, Sutherland tente d'échapper aux démons qui le menacent de l'intérieur. Contre toute attente, la popularité de la série pourrait bien avoir donné à Sutherland davantage de moyens pour pousser plus loin sa propre autodestruction.

Ce que je souhaite, en écrivant ce livre, c'est donner aux admirateurs et aux lecteurs intéressés un point de vue qui va au-delà de l'aura dont les médias « people » entourent la vie de la plupart des vedettes, empêchant ainsi d'entrevoir la plus petite parcelle de leur véritable personnalité. Le but de toute bonne biographie consiste à montrer le visage humain de son sujet, à rendre cette personne accessible. Mon objectif est de permettre de mieux comprendre ce qui pousse Sutherland à travailler aussi fort et à faire la fête encore plus fort. Bien que son tempérament impulsif soit vraisemblablement la principale cause de ses difficultés professionnelles, c'est sa stupéfiante discipline au travail qui lui a permis chaque fois de se reprendre en main. Il est la preuve que la vie nous offre parfois une seconde chance, voire une troisième ou une quatrième, lorsque, malgré les revers, nous gardons foi en nous-mêmes et nous nous montrons capables de saisir à pleines mains les occasions qui se présentent. Kiefer a démontré qu'il était possible de se racheter et, de ce fait, il peut devenir une source d'inspiration pour les autres. Mais son histoire est également une invitation à la prudence, puisqu'elle illustre les abîmes sordides où peuvent mener la témérité et la complaisance.

Le titre de ce livre, *Kiefer Sutherland : Vivre dangereusement*, résume bien les choses. D'une certaine manière, il est né d'une déclaration faite par Sutherland lui-même lors de notre première rencontre, ce jour de septembre 1998 : « Mon problème, c'est que dès que je ne suis pas en train de travailler ou que je ne suis pas engagé dans un projet qui m'intéresse vraiment, je m'attire des ennuis. Si je n'ai pas d'occupation, je ne sais pas quoi faire de ma peau, et je finis toujours par être où je ne devrais pas être et par faire ce que je ne devrais pas faire. C'est une putain de vie dangereuse, mon pote. »

À LA RECHERCHE DE JACK BAUER

« J'ai fait des films dans lesquels j'ai donné tout ce que j'avais, mais que personne n'a vus. L'essentiel, pour moi, c'est de travailler et que des gens puissent se divertir devant le résultat. »

— *Kiefer Sutherland*

Un matin de l'année 2000, Joel Surnow et Robert Cochran prennent le petit déjeuner à l'International House of Pancakes à Woodland Hills, en Californie, afin de discuter d'une idée pour une nouvelle série télévisée. En 1997, ces deux producteurs ont connu un succès inespéré à travers la planète grâce à *Nikita*, une série qui tire à sa fin. Ils cherchent donc à lancer un nouveau programme exploitant les mêmes ingrédients, l'action et l'espionnage, tout en utilisant le format d'une course contre la montre pour créer une tension dramatique. Ils prévoient même d'y ajouter un élément de surprise : la série se déroulerait en temps réel.

« J'étais à la maison, je me tenais entre la douche et le lavabo quand l'idée m'a traversé l'esprit, se souvient Surnow. J'adore jouer avec les chiffres, les additionner, etc. Vingt-quatre heures dans une journée, vingt-quatre épisodes d'une série qui se déroulerait durant une seule journée. C'est comme ça que l'idée a été lancée. »

La réaction de son partenaire est immédiatement négative. « J'ai mal à la tête rien qu'à y penser, lui répond-il. N'en parle plus jamais. » Mais Surnow tient bon et, en prenant le petit déjeuner le jour suivant, les deux hommes mettent au point leur synopsis. « Nous devions justifier le fait de garder un personnage éveillé, sur le qui-vive, durant vingt-quatre heures », raconte Cochran.

Ils ressortent de ce repas matinal avec l'ébauche d'une nouvelle série qu'ils nomment *24 heures chrono*. Ils désirent reprendre le concept de *Nikita* en l'amenant beaucoup plus loin, pour repousser les frontières de la série dramatique à la télévision. Le personnage principal de *24 heures chrono* serait un agent de la Cellule antiterroriste (CAT) de Los Angeles. Afin de le rendre plus humain et de s'éloigner du stéréotype du « loup solitaire » dans lequel tombent beaucoup de séries d'espionnage, l'agent aurait une famille : une femme et une fille adolescente. Arriver à dépeindre des personnages crédibles et à maintenir la tension dramatique dans un format en temps réel constitue un défi extraordinaire. Les producteurs vont devoir innover pour développer de nouvelles techniques visuelles afin de permettre aux téléspectateurs de suivre les différentes intrigues.

Cochran et Surnow rencontrent le vice-président exécutif de la programmation de Fox TV, David Nevins, qui est aussi responsable de l'achat et de l'exploitation des scénarios. « Honnêtement, raconte Nevins, on me présente des centaines d'idées par an, et il est rare que je conclue une entente sur-le-champ. Mais ces hommes sont venus nous voir et nous ont proposé un concept qui ferait progresser l'art télévisuel. C'était une idée audacieuse. »

« J'étais nerveux en arrivant, parce que jusqu'à maintenant, j'avais écrit onze idées de scénarios et aucune d'elles n'avait été achetée, raconte Surnow. J'étais connu comme l'homme à tout faire qui vient et se donne en spectacle, mais pour la première fois, j'avais créé quelque chose moi-même et je l'avais vendu rapidement. C'était une bonne journée. »

Fox TV débloque un budget d'environ quatre millions de dollars pour l'épisode pilote. Il s'agit d'un très gros montant, qui démontre que la Fox soutient fortement le projet. La petite compagnie de production de Surnow et Cochran, Real Time Productions, n'a pas les ressources suffisantes pour donner au pilote le panache qu'il mérite. Ils proposent alors à Imagine Entertainment de devenir leur coproducteur. Imagine Entertainment est la propriété du réalisateur Ron Howard et de son partenaire, Brian Grazer. Ce dernier trouve Surnow plutôt antipathique au premier abord. « Je trouvais qu'il parlait fort et qu'il parlait trop ; je l'ai pris pour un rustre la première fois que je l'ai rencontré, admet Grazer. Ensuite, j'ai commencé à l'admirer et à vraiment l'apprécier. J'ai réalisé qu'il était simplement passionné par ce projet et qu'il s'engageait à fond. Une fois que j'en ai pris conscience, j'ai su que le résultat serait très puissant ; ces hommes n'accepteraient rien de moins. »

L'implication d'Imagine Entertainment dans le développement du projet a un effet inattendu. Dans le synopsis de départ, le personnage principal s'appelle Jack Barrett. Les producteurs sont d'avis que le nom Barrett est trop banal et décident de le remplacer. Ils s'inspirent du nom de famille d'une des directrices de chez Imagine, Ellen Bauer. Jack Barrett est donc rebaptisé Jack Bauer.

Pendant ce temps, Joel Surnow et Robert Cochran se préparent pour l'épisode pilote de *24 heures chrono*. Le premier étage de l'édifice de Real Time Productions, une ancienne usine de crayons de la vallée de San Fernando, est converti en plateau de tournage. Comme on y construit le décor principal des bureaux de la CAT de Los Angeles, bon nombre des scènes d'intérieur de la série seront finalement filmées sur ce plateau. L'auteur, réalisateur et metteur en scène Stephen Hopkins est sollicité pour contribuer au développement créatif de la série. Il accepte de diriger et de produire la première saison, en plus d'écrire et de réaliser au moins la moitié des épisodes.

Hopkins travaille régulièrement à Hollywood depuis 1989, année où il réalise *Freddy 5 : L'enfant du cauchemar*[1]. Il enchaîne avec *Predator 2*[2] et réalise également la méga-production *Perdus dans l'espace*. Hopkins a la réputation d'être passionné et déterminé. Sa vision artistique est très précise et il tient à la mettre en images telle qu'il l'a conçue, en excluant tout ce qu'il considère comme superflu.

Surnow et Cochran n'ont aucune idée de l'homme qui pourrait incarner Jack Bauer. Ils n'ont jamais pensé à un acteur en particulier ou même à un type d'acteur lorsqu'ils ont développé et présenté l'idée de *24 heures chrono*. Au moment de faire la distribution des rôles de Jack Bauer, Teri Bauer et du sénateur David Palmer, ils décident de voir le plus d'acteurs possible, dans l'espoir d'en trouver un qui convienne parfaitement à chaque personnage. Mais l'attribution du rôle principal se révèle extrêmement difficile. « Même après avoir vu ou parlé à au moins trente acteurs, nous n'avions personne qui nous convenait vraiment pour ce rôle », dira Joel Surnow beaucoup plus tard.

C'est alors que Hopkins avance le nom de Kiefer Sutherland. Ses collègues sont sceptiques, et cela se comprend : ce nom ne figure plus sur la liste des acteurs les plus en vue. Sutherland a certes connu des débuts prometteurs, mais tout ce qu'il en reste, ce sont quelques films tournés dans les années 1980. Au cours de la dernière décennie, sa carrière a décliné et stagne désormais au purgatoire des films qui sortent directement en format vidéo.

---

1. Titre au Québec : *Freddy 5 : L'héritier du rêve*.
2. Titre au Québec : *Le prédateur 2*.

À trente-trois ans, Sutherland ne suscite plus l'intérêt des médias que pour ses exploits d'ivrogne. Cela fait-il de lui un Jack Bauer crédible ? À l'époque, rien n'est moins sûr.

UNE LIGNÉE D'ACTEURS

« Mes parents ne faisaient pas ça simplement pour gagner leur vie : ils avaient vraiment du talent. »
– Kiefer Sutherland

Kiefer William Frederick Dempsey George Rufus Sutherland et sa sœur jumelle Rachel naissent le matin du 21 décembre 1966, au St. Mary's Hospital de Paddington à Londres, en Angleterre. Ses parents, Donald Sutherland et Shirley Douglas, sont deux acteurs canadiens qui poursuivent une carrière à Londres, où ils se sont mariés quelques mois plus tôt.

En 1967, lorsque la carrière cinématographique de Sutherland père prend son envol, la famille déménage de Londres à Los Angeles. Malheureusement, le mariage ne durera que quatre ans. Le couple se sépare en août 1969 et divorce en 1970. Donald reste aux États-Unis, mais Shirley, incapable d'obtenir un permis de travail en raison de ses activités politiques antérieures, est finalement forcée de retourner au Canada avec les jumeaux et son fils aîné, Thomas, issu d'un premier mariage. Elle s'installe à Toronto, où elle relance promptement sa carrière et s'impose comme une actrice hors pair.

* * *

En 1955, après être apparue dans quelques épisodes de *Douglas Fairbanks Jr. Presents*, Shirley Douglas devient une actrice très prisée. Née le 2 avril 1934 à Weyburn, en Saskatchewan, elle est la fille d'un ministre baptiste. En 1935, alors que Shirley n'a qu'un an, son père se présente aux élections fédérales en tant que membre de la Fédération du commonwealth coopératif (CCF). Sa victoire lors de ce suffrage inaugure une longue carrière politique exemplaire. Le CCF, un parti socialiste de la première heure fondé en 1932 à Calgary, en Alberta, mise sur un slogan très simple : « L'Humanité d'abord. » Dès 1942, Douglas est élu chef provincial du CCF et, en 1944, il est porté au pouvoir pour la première fois comme premier ministre de la Saskatchewan, prenant ainsi la tête du premier gouvernement socialiste démocratiquement élu en Amérique du Nord. Il demeurera premier ministre de la province de la Saskatchewan de 1944 à 1961.

On se souvient surtout de Tommy Douglas comme de l'architecte du système public de santé du Canada – sa principale réalisation en tant que membre du Parlement dans les années 1960 –, mais ses contributions s'étendent bien au-delà de ce dossier. Pendant près de vingt ans, il œuvrera inlassablement en faveur d'un changement politique positif en Saskatchewan. Au cours de son premier mandat de premier ministre, il remboursera la dette provinciale et équilibrera les finances. Il fera en sorte que le régime provincial de pension de vieillesse couvre les frais médicaux, dentaires et d'hospitalisation. Il laissera également sa marque dans le système d'éducation lorsqu'il fera agrandir les écoles de la Saskatchewan et créera une école de médecine pour l'Université de la Saskatchewan. En outre, il fera paver les routes et procurera de l'électricité et des réseaux d'égouts à des régions de la province qui n'en avaient jamais eu. Premier ministre très populaire, il sera réélu quatre fois et siégera au Parlement pendant plus de dix-sept ans. Il reviendra à la politique fédérale en 1961 en prenant les rênes du Nouveau Parti démocratique, qui succèdera au CCF récemment dissous.

    Enfant, Shirley Douglas chante et joue dans de petites pièces sur la scène de l'église Calvary Baptist, où son père est pasteur. Cette église deviendra le théâtre T.C. Douglas Centre, qui sera dédié à la mémoire de Tommy Douglas. Shirley commence sa véritable carrière d'actrice à l'âge de seize ans en se joignant à la troupe Regina Little Theatre. En 1950, la troupe participe au festival Dominion Drama – un concours de théâtre qui se tient le jour de l'anniversaire de naissance de Shakespeare –, et Douglas gagne le prix de la meilleure actrice. Dès lors, elle plonge tête baissée dans une carrière théâtrale en s'inscrivant à la Banff School of Fine Arts, puis à la Royal Academy of Dramatic Art de Londres. Elle en ressort deux ans plus tard, diplôme en main, mais reste à Londres pour jouer au théâtre et au cinéma. C'est en 1955 qu'elle interprète son premier rôle au grand écran dans le film *Joe Macbeth*, version revisitée et mafieuse d'une œuvre de Shakespeare. Elle fait un bref retour au Canada en 1957, mais revient rapidement en Angleterre où elle consolide sa réputation d'actrice, notamment en décrochant en 1962 un rôle secondaire dans *Lolita* de Stanley Kubrick, film primé par un Oscar.

En 1966, toujours en Angleterre, Douglas épouse l'acteur canadien Donald Sutherland, puis accouche des jumeaux Kiefer et Rachel à la fin de la même année. L'année suivante, la famille déménage à Corona, en Californie, où se poursuit la carrière cinématographique soudain florissante de Sutherland. Pendant son séjour à Los Angeles, Douglas met sa carrière d'actrice entre parenthèses pour prendre soin de ses jeunes enfants, bien qu'elle n'ait pas le profil typique d'une mère au foyer. Dans le Hollywood des années 1960, il lui est difficile de juguler l'activisme passionné qu'elle a hérité de son père pour les causes qui lui semblent justes.

Non seulement Douglas et son époux prennent part à des manifestations contre la guerre du Vietnam, mais elle se joint aussi au Mouvement américain des droits civiques, de concert avec des grosses pointures telles que Paul Newman, Marlon

Brando et Harry Belafonte. Son engagement en faveur des droits civiques est tel que Shirley contribue à l'organisation d'un groupe appelé les Amis des Black Panthers. Groupe issu du mouvement Black Power, les Black Panthers se considèrent comme un parti politique, mais leurs vestes de cuir noir, leurs bérets noirs et leur discours ultra-militant poussent le gouvernement américain et le FBI à les classer parmi les organisations de guérilla urbaine. D'une part, bon nombre de leurs membres possèdent de lourds casiers judiciaires et sont d'anciens membres de gangs de rue ; d'autre part, les Panthers ont été associés à des crimes de tous ordres allant du vol de banque au meurtre.

En 1969, Douglas est arrêtée à Los Angeles sous l'accusation de conspiration pour possession d'explosifs non enregistrés. Le LAPD et le FBI prétendent qu'elle a tenté d'acheter, pour le compte des Black Panthers, des grenades destinées à des activités de guérilla urbaine ou au vol de véhicules blindés en vue de financer leur mouvement révolutionnaire. Douglas elle-même est convaincue qu'elle est victime d'un coup monté orchestré par divers organismes gouvernementaux et visant à abolir les Black Panthers par tous les moyens. Les accusations sont ensuite abandonnées, mais après son divorce d'avec Sutherland, on refuse néanmoins de lui accorder un permis de travail sur la base de son arrestation, ce qui la force à retourner au Canada avec ses enfants.

Une fois installée à Toronto, Douglas se remet immédiatement à jouer. Elle incarne le rôle-titre du téléfilm *Nellie McClung* portant sur la célèbre activiste féministe, en plus de poursuivre son travail à la télévision et au cinéma. Elle éprouve pour le jeu d'acteur une passion sans bornes. « C'est un métier extraordinaire, riche en tradition et en histoire, déclare-t-elle. Mais le fait de jouer vous permet aussi d'acquérir une curieuse forme d'immortalité, et il vous donne la possibilité de devenir quelqu'un d'autre et de vivre ce que d'autres personnes vivent sans devoir abandonner votre propre vie pour autant. Il s'agit d'un pouvoir merveilleux, vous ne trouvez pas ? »

Douglas continue encore aujourd'hui à jouer régulièrement dans des films et des téléséries canadiens, ainsi qu'au théâtre. Elle fait des apparitions dans des œuvres de toutes sortes, que ce soit des longs métrages tels que *Faux-semblants*[1] de David Cronenberg, ou les séries *Corner Gas* et *Degrassi : La nouvelle génération*. Elle a de plus personnifié la secrétaire d'État américaine Madeleine Albright dans la minisérie américaine de 2006 *The Path to 9/11*.

La contribution de Shirley Douglas aux arts et à la scène théâtrale du Canada est abondamment récompensée. En 2001, elle reçoit un doctorat honorifique de la Ryerson University de Toronto et prononce un discours d'acceptation vibrant devant un auditoire de jeunes étudiants en cinéma, en théâtre, en télé et en nouveaux médias. Après son éblouissante prestation dans le téléfilm canadien *Shadow*

---

1. Titre au Québec : *Alter Ego*.

Lake, elle remporte un prix Gémeaux – la version canadienne des Emmy – comme meilleure actrice pour un second rôle. En 2003, on lui décerne le titre d'officier de l'Ordre du Canada, la plus grande distinction civile du pays ; la même année, la communauté des arts l'honore une fois de plus en dévoilant une étoile à son nom sur l'Allée des célébrités canadiennes, à Toronto.

Douglas continue en parallèle à soutenir activement des causes politiques. Encore dernièrement, perpétuant la tradition familiale, elle a siégé, avec l'actrice Sarah Polley et des membres du groupe The Tragically Hip, à des comités organisateurs afin de réfléchir à des mesures qui renforceraient le système national de santé. Elle a aussi agi comme porte-parole de la Coalition canadienne de la santé, en plus de collaborer à des groupes tels que la Toronto Health Coalition et les Friends of Medicare Toronto.

Voici ce que Kiefer Sutherland dit d'elle en 2000 : « C'est vraiment une personne admirable. Je veux dire, elle dégage une telle force personnelle. Elle a une présence imposante, et c'est ce qui fait d'elle une si grande actrice de théâtre. Très honnêtement, j'ai peur de ma mère. Ce n'est pas une peur déraisonnable ni paralysante ; j'ai tout simplement peur qu'elle soit fâchée contre moi. Alors, chaque fois que je fais preuve d'un manque de jugement, la première chose à laquelle je pense, c'est : "Merde, qu'est-ce que ma mère va penser ?" »

***

Contrairement aux autres membres de sa talentueuse famille, la jumelle de Kiefer Sutherland, Rachel, fuit le feu des projecteurs. Si elle œuvre elle aussi dans le domaine des arts, c'est en qualité d'artisan de l'ombre. D'une ressemblance frappante avec son frère Kiefer, elle projette la même impression de douceur, qui imprègne naturellement ses expressions et son sourire.

En 1991, à vingt-cinq ans, Rachel est nommée assistante de casting pour la série télévisée *Beyond Reality*, qui met en vedette Shari Belafonte et dans laquelle des parapsychologues enquêtent sur le monde paranormal à partir de leur local dans un laboratoire universitaire. En 1997, alors qu'elle prête main-forte à son frère Kiefer qui réalise *La dernière cavale*, elle touche de façon plus concrète à la production cinématographique. Pour le film de son frère, elle travaille au service artistique, à la direction photo, à la caméra, à la technique ainsi qu'aux costumes.

Vincent Gallo, qui partage la vedette du film, se rappelle la première fois où il l'a vue sur le plateau. « Je voyais cette femme travailler ici et là à faire différents trucs sur le plateau, raconte-t-il. Je ne pouvais pas m'empêcher de la remarquer parce qu'elle ressemblait tellement à Kiefer. Finalement, j'ai demandé à Kiefer s'il était parent avec elle. Il m'a répondu que c'était sa très jeune sœur. Ça expliquait tout. Puis je lui ai demandé pourquoi sa sœur travaillait aux accessoires alors que lui-même était le réalisateur. Kiefer m'a expliqué qu'elle voulait partir de zéro pour comprendre l'ensemble du processus. À partir de là, j'ai eu du respect pour Rachel. » Quant au fait que Rachel était sa « très jeune sœur », notons que, selon les registres consultés, elle est plus jeune que son grand frère... de sept à douze minutes.

Après avoir fait ses armes pendant quelque temps, Rachel se joint à l'équipe de la série télévisée *Mystère Zack* à titre de superviseure de la postproduction pour douze épisodes. Tout récemment, elle a été superviseure de la postproduction pour deux longs métrages canadiens : *You Might As Well Live*, mettant en vedette Michael Madsen, et le renommé *Cairo Time*, mettant en vedette Patricia Clarkson, actrice nominée aux Oscars.

À l'instar de Kiefer, Rachel a connu un début de vie tumultueux – la carrière internationale de ses parents, le feu des projecteurs et l'activisme de l'époque étant autant de facteurs déterminants –, qui a fait d'elle ce qu'elle est aujourd'hui. Cependant, à la différence de son jumeau, elle semble avoir trouvé une forme de paix intérieure.

* * *

Donald McNichol Sutherland naît le 17 juillet 1935 à Saint John, dans la province maritime du Nouveau-Brunswick. Il grandit dans la petite ville de Bridgewater, en Nouvelle-Écosse, où il termine ses études secondaires. Interprète et communicateur dans l'âme, il décroche à quatorze ans un premier emploi de correspondant à temps partiel pour la station de radio locale, CKBW.

Son diplôme d'études secondaires en poche, il part pour l'Ontario, où il s'inscrit au Victoria College, l'un des sept collèges résidentiels pour les étudiants en arts et en sciences de l'Université de Toronto. Grand, maigre et gauche, Sutherland prend goût à la vie universitaire et commence à jouer avec la troupe de comédie UC Follies. Pourtant, il étudie en génie, ne faisant qu'une simple majeure en théâtre. Il obtient son diplôme avec double mention en 1958, mais abandonne bientôt le génie. C'est pendant ses études à Toronto que Donald fait la connaissance de sa première épouse, Lois Hardwick, à laquelle il s'unira en 1959.

Sutherland prend ensuite la route de Londres pour y poursuivre une carrière d'acteur. Étant donné que le Canada fait partie du Commonwealth britannique, Canadiens et Britanniques peuvent voyager presque sans restriction entre les deux pays, que ce soit pour le travail ou les études. Il s'inscrit à l'Académie de musique et d'art dramatique de Londres et commence aussitôt à faire des essais pour des petits rôles au cinéma et à la télévision. Il est d'abord retenu pour un tout petit rôle dans la série d'anthologie *Studio 4*, dans un épisode intitulé « Flight into Danger », et il joue régulièrement des personnages secondaires à partir de 1962. Il décroche des rôles dans quelques-uns des principaux films d'horreur du moment, dont *Le château des morts-vivants* en 1964, avec le légendaire Christopher Lee, et *Le train des épouvantes* en 1965, qui deviendra un classique du genre.

Sutherland sourit à l'évocation de cette période de sa vie. « Ce qui caractérise les films d'horreur britanniques – pas seulement ceux dans lesquels j'ai joué mais toute la tradition –, c'est que tout le monde les prenait très au sérieux. Tout le monde, du directeur photo au réalisateur en passant par les acteurs, s'investissait à cent pour cent, même si nous savions tous qu'il s'agissait de films d'horreur de bas étage. Mais, parce que les spectateurs nous voyaient prendre les choses au sérieux, ils pouvaient se permettre d'en faire autant. Voilà pourquoi les gens se souviennent de ces films avec tendresse. »

Pour Donald Sutherland, la célébrité survient un peu comme un coup de chance. Le réalisateur américain Robert Aldrich est en Angleterre pour organiser les auditions d'un film sur la Deuxième Guerre mondiale intitulé *Les douze salopards*, dans lequel douze soldats criminels, tous condamnés à mort ou à perpétuité, se voient proposer une mission dangereuse. S'ils réussissent, leur dossier sera effacé ; s'ils échouent, ils mourront probablement tous. Le choix des comédiens s'avère difficile. John Wayne est le choix numéro un d'Aldrich pour le premier rôle, celui du major Reisman, mais Wayne se dit troublé par la vulgarité et la violence manifeste du scénario. Le rôle est finalement confié à Lee Marvin. Jack Palance accepte de faire le film, mais insiste pour que le racisme criant de son personnage, Archer Maggott, soit éliminé ou à tout le moins atténué. Le scénario demeure finalement inchangé, et c'est Telly

Savalas qui obtient le rôle. Le film met aussi en vedette Charles Bronson, John Cassavetes et Ernest Borgnine, en plus de la légende du football Jim Brown.

Les « douze » sont divisés entre les six acteurs de premier plan – les vedettes – et les six acteurs de second plan – des acteurs moins connus qui tiennent principalement des rôles secondaires. Juste avant le tournage, l'un des six acteurs de second plan laisse tomber le projet, et Sutherland réclame à Aldrich la possibilité d'auditionner. Malgré l'urgence de la situation, Aldrich n'est d'abord pas réceptif à la demande de Sutherland, ne le connaissant pas et n'ayant rien vu de ce qu'il avait fait. Alors, Sutherland sollicite l'aide de Roger Moore.

En 1965, Sutherland a joué dans un épisode de la série britannique *Le Saint*, mettant en vedette le Roger Moore d'avant James Bond. Sutherland a fait bonne impression, ce qui lui a valu d'être sollicité pour un autre épisode de la série à la fin de 1966. Cet épisode, intitulé « La route de l'évasion », a été réalisé par Roger Moore lui-même. « Je me rappelle Donald arrivant vers moi à bout de souffle et me demandant si un réalisateur et un producteur américains pouvaient voir des images de l'épisode que nous venions de tourner », raconte Moore. Celui-ci accepte de faire en sorte qu'Aldrich puisse jeter un œil au premier montage de l'épisode du *Saint* qu'il a réalisé. À peine l'a-t-il vu qu'Aldrich confie à Sutherland le rôle de Vernon Pinkley, un tueur simple d'esprit.

Pour Donald Sutherland, *Les douze salopards* marque un tournant, à la fois sur le plan personnel et professionnel.

Pendant le tournage du film, Sutherland divorce d'avec sa première femme et épouse Shirley Douglas. Plus tard cette même année, juste avant sa percée au cinéma américain, il devient également père des jumeaux Kiefer et Rachel. Sachant le moment propice pour sa carrière, Sutherland emmène sa nouvelle famille s'installer à Los Angeles. Il y trouve immédiatement du travail et tourne film après film pendant plusieurs années. Aucun d'eux, toutefois, ne lui vaudra la notoriété ni les honneurs des *Douze salopards*. Puis, en 1970, il apparaît dans deux longs métrages importants qui feront de lui une véritable star. Il s'agit de deux films de guerre, le premier se déroulant lors de la Deuxième Guerre mondiale, l'autre pendant la guerre de Corée. Mais il est clair que ce sont deux œuvres pacifistes qui dénoncent l'engagement croissant et contesté des États-Unis au Vietnam.

Le premier de ces films, qui s'intitule *De l'or pour les braves*, met également en vedette un nouvel acteur en pleine ascension, Clint Eastwood, qui revient tout juste du tournage de sa série mythique de « westerns spaghetti » en Italie. Dans *De l'or pour les braves*, un groupe de soldats hétéroclite tente de franchir les lignes allemandes tout en volant au passage seize millions de dollars en lingots d'or dans une banque allemande. Sutherland se voit décerner le rôle d'un commandant de chars connu sous le nom d'Oddball, arborant les cheveux longs et la barbe épaisse, et s'exprimant tel un poète illuminé tout droit sorti de Greenwich Village. Bien que l'action du film prenne place pendant la Deuxième

Guerre mondiale, l'allure de Sutherland s'apparente de près à celle du hippie de l'ère de la guerre du Vietnam.

Puis vient le mégasuccès *M*A*S*H*, dans lequel Sutherland partage la vedette avec son ami Elliott Gould, tous deux incarnant des chirurgiens dans la zone militaire américaine au plus fort de la guerre de Corée. Réalisé par le grand Robert Altman, *M*A*S*H* devient non seulement un succès attesté par le nombre de billets vendus et de nominations aux Oscars, mais aussi l'étalon cinématographique de l'époque elle-même. Sutherland est très fier du film. Voici ce qu'il en dit au moment de sa sortie : « Ce film possède un vrai fond de vérité ; il illustre la guerre sans pour autant la montrer. Ça traite des ravages humains, des réactions psychologiques et émotives et du retentissement que la guerre, cette entreprise insensée, provoque chez ceux qui y participent. »

Sutherland participe à plusieurs autres films dans les années 1970, y compris l'incontournable *Klute*, dans lequel figure aussi Jane Fonda. Il connaît une aventure avec l'actrice, même s'il est encore marié à Shirley Douglas, tandis que Fonda et lui font équipe pour protester contre la guerre du Vietnam. Par la suite, Sutherland endosse des personnages allant du célèbre aventurier italien du 18e siècle Giacomo Casanova dans *Le Casanova de Fellini*, au professeur fumeur de marijuana dans *American College*[2], en passant par le rôle principal dans la nouvelle version de 1978 de l'un des meilleurs films combinant science-fiction et horreur jamais tourné : *L'invasion des profanateurs*.

---

2. Titre au Québec : *Collège américain*.

L'une de ses interprétations les plus saisissantes durant cette période demeure celle d'un fasciste italien cruel dans *1900*, l'épopée réalisée par Bernardo Bertolucci en 1976. « Ma prestation dans *1900* est probablement l'une de mes meilleures, mais c'est celle que j'aime le moins, confie Sutherland. J'ai été tellement troublé par mon personnage et par mon travail la première fois que je me suis vu dans ce film que je crois ne l'avoir jamais revu. »

En 1974, Sutherland rencontre Francine Racette, sa partenaire dans le film canadien *Le tonnerre rouge*, aussi connu sous le nom de *Dan Candy's Law*. Ils finiront par se marier et avoir ensemble trois enfants : Roeg, Rossif et Angus. Tout au long de cette période très active de sa carrière, Sutherland reste en contact avec Kiefer et Rachel, sans pour autant être particulièrement proche d'eux, principalement en raison des kilomètres qui les séparent. Même si Douglas reste à Los Angeles avec les jumeaux jusqu'en 1977, le travail retient souvent Sutherland à l'extérieur. Après le retour de Douglas au Canada, la distance n'en devient évidemment que plus grande.

Au début des années 1980, Sutherland fait toujours preuve du dynamisme auquel il a habitué ses admirateurs. Il tient la vedette dans le film abondamment oscarisé de Robert Redford *Des gens comme les autres*, et, en 1983, dans la comédie écrite par Neil Simon *Le retour de Max Dugan*, où l'un de ses partenaires de jeu est un jeune débutant du nom de Kiefer Sutherland.

Après quelques apparitions dans des échecs commerciaux vers la fin de la décennie, Sutherland se livre à un puissant duel d'acteurs en affrontant le monumental Marlon Brando dans le film antiapartheid de 1989 *Une saison blanche et sèche*. Au cours des années 1990, Sutherland joue dans pas moins de trente-neuf films et séries télévisées. Il s'installe dans une niche confortable d'acteur secondaire, livrant des prestations aussi excentriques qu'inoubliables, que ce soit en incarnant le magnifique personnage du pyromane emprisonné de *Backdraft*[3], de Ron Howard, ou en volant la vedette en tant que Monsieur X dans le *JFK* d'Oliver Stone. En 1995, il personnifie le colonel Mikhail Fetisov dans le téléfilm à suspense de HBO, *Citizen X*[4], ce qui lui vaut le prix Emmy du meilleur second rôle masculin dans un téléfilm.

C'est en 1996 que Sutherland tiendra l'affiche d'un film avec son fils Kiefer pour la deuxième fois, alors qu'ils joueront tous deux des rôles secondaires dans *Le droit de tuer ?*[5], une adaptation du roman *Non coupable* de John Grisham. Leurs personnages interagiront toutefois peu dans ce film.

À l'aube du nouveau millénaire, Donald Sutherland entame la cinquième décennie de sa carrière d'acteur. Il a réduit sa charge de travail, se faisant parfois remplacer par des doublures pour les scènes physiques, mais il travaille toujours régulièrement. Il apparaît dans *Retour à Cold Mountain*, film en nomination aux Oscars, ainsi que dans la comédie à gros

---

3. Titre au Québec : *Pompiers en alerte*.
4. Titre au Québec : *Le citoyen X*.
5. Titre au Québec : *Non coupable*.

budget *L'amour de l'or*[6] avec Matthew McConaughey. Puis, il retrouve son ancien partenaire Clint Eastwood lors du tournage du film à succès *Space Cowboys*[7].

En 2008, à l'âge de soixante-treize ans, Sutherland tient pour la première fois un rôle récurrent dans une série intitulée *Dirty Sexy Money*, dont l'action se déroule dans le milieu de la haute finance. Sutherland y joue le patriarche Patrick « Tripp » Darling III. Avec sa crinière et sa moustache blanches, sa voix profonde et retentissante, le vieux Sutherland possède toujours une grande prestance, même au petit écran.

Alors que la première décennie du 21e siècle tire à sa fin, Sutherland demeure toujours aussi actif. Il prête sa voix au film à gros budget *Astro Boy*[8] et participe à trois autres films qui seront tournés et/ou sur les écrans avant la fin de 2010 : *The Eastmans*, *The Love Child* et *This Side of the Looking Glass*.

Interviewé en 1998, à un moment où Kiefer, qui connaît un creux sur le plan professionnel, s'est rendu tristement célèbre pour ses excès en dehors des plateaux, Donald Sutherland réfléchit au parcours de son fils. « Je n'ai jamais encouragé Kiefer à devenir acteur, mais je ne l'ai jamais découragé non plus. Ce que j'ai tenté de faire, avec Kiefer, a été de lui dire et de lui montrer de quoi il retournait. Le jeu d'acteur est une chose, l'industrie du spectacle en est une autre. Il faut être prêt à affronter les deux. » Voici ce qu'il déclare à propos du battage médiatique entourant les frasques de

---

6. Titre au Québec : *Chasse au trésor*.
7. Titre au Québec : *Les pionniers de l'espace*.
8. Titre au Québec : *Astro*.

son fils : « L'ayant moi-même vécu, je sais ce que c'est. Mais c'est difficile de voir son fils vivre ça, parce qu'on se sent impuissant. Je sais ce qu'il vit, mais je ne peux rien faire pour empêcher que ça lui arrive. Tout ce que je peux espérer, c'est de lui avoir insufflé la force de caractère nécessaire pour y résister. »

L'ÉMERGENCE D'UNE VOCATION

« *Je ne suis pas un acteur compliqué. Je pars du principe qu'on ne peut jamais être quelqu'un d'autre. Quand on interprète un personnage, c'est sa propre personnalité qu'on laisse transparaître à divers degrés.* »
– *Kiefer Sutherland*

Malgré le succès de ses parents sur scène comme à l'écran, Kiefer Sutherland soutient qu'il n'a jamais vraiment envisagé de devenir un acteur lorsqu'il était enfant. À cette époque, il n'est pas décidé sur son avenir ; il sait simplement que ses parents réussissent si bien dans leur domaine que lui-même ne saurait sans doute se montrer à la hauteur. Mais tout ça commence à changer à l'adolescence.

Curieusement, ce n'est pas son déjà célèbre papa qui inspire le jeune Kiefer. Même s'il sait que son père est un acteur de cinéma, il ne l'a pas beaucoup vu à l'œuvre. « J'avais vu quelques-uns de ses films et je les avais adorés, dit-il, mais ce n'est qu'à la fin de mon adolescence que j'ai vraiment commencé à regarder ses prestations sur cassette. Et mon respect pour ses qualités d'acteur s'est accru à chaque visionnage. »

L'étincelle qui allume la passion de Kiefer pour le jeu d'acteur jaillit plutôt en allant voir sa mère sur scène à l'âge de treize ans. Cela se déroule au Centre national des Arts d'Ottawa, où elle interprète le rôle de Martha dans la pièce *Qui a peur de Virginia Woolf ?* d'Edward Albee. « Je crois que je n'avais encore jamais vu ma mère jouer une pièce entière, relate-t-il. Mais cette prestation particulière […] m'a tout simplement renversé. Alors que j'assistais à la représentation, j'ai cessé de voir ma mère pour ne plus voir que son personnage. À un certain moment, entre le premier et le deuxième acte, celle que j'appelais "maman" était devenue une autre. J'ai été à la fois terrifié et bouleversé de découvrir qu'une telle chose était possible. Je me rappelle m'être dit que ce serait fantastique de pouvoir faire ça. Après le départ des spectateurs, je suis resté assis dans la salle à fixer la scène au moins vingt ou trente minutes. Petit à petit, je prenais conscience de la distance qu'il y avait entre ma mère et le personnage qu'elle jouait, et que c'était une chose dont j'ignorais tout. Mais c'était ce qui rendait le métier d'acteur vraiment génial, et je voulais étudier ça. »

Aussi impressionné qu'il soit, Kiefer ne fera part de son désir de devenir acteur à quelqu'un que quelques années plus tard ; et, lorsqu'il le fera, ce sera, comme il se doit, à sa mère.

Près de deux décennies plus tard, lorsque Kiefer aura trente ans, la mère et le fils travailleront finalement ensemble. En 1996, à l'occasion du Shaw Festival, ils forment un tandem sur scène à Ottawa, puis à Toronto, dans une version brillante de *La ménagerie de verre*, de Tennessee Williams. Shirley Douglas y joue Amanda, la mère, et Kiefer son fils Tom. « C'est sans doute l'expérience professionnelle la plus extraordinaire que j'aie jamais connue, déclare Sutherland. J'étais terrorisé à l'idée de le faire, mais presque tout me terrorise. Puis j'ai pris conscience que c'était quelque chose que non seulement je pouvais faire, mais aussi que je devais faire. J'allais travailler une œuvre magnifique et je pourrais faire la fierté de ma mère tout en apprenant des tas de choses d'elle. »

Voici en quels termes le magazine *Maclean's* décrit leur interaction sur scène : « Il y a une scène silencieuse dans la pièce où Amanda vient se placer derrière Tom et dépose affectueusement ses mains sur ses épaules. Sutherland raconte : "La première fois qu'elle l'a fait, j'ai réalisé que si quelqu'un d'autre m'avait fait la même chose, il y aurait eu un malaise au début." Douglas regarde son fils et murmure : "Ah, vraiment ?" Sutherland secoue la tête : "C'était incroyable." Un sourire s'épanouit peu à peu sur son visage. "Je me suis arrêté un moment et j'ai pris conscience du fait que je me sentais tout à fait à ma place." »

* * *

Lorsque Shirley Douglas retourne à Toronto, en 1977, elle a bien peu d'argent, et la famille vit très simplement. « Il y a eu une période où on n'avait pas de canapé, alors on s'asseyait par terre, raconte Sutherland. On a aussi vécu pendant un certain temps dans les tout premiers HLM de Toronto. » Lorsqu'on lui demande comment son père, devenu une vedette de Hollywood, a pu laisser de telles choses se produire, Kiefer hausse les épaules : « Peut-être qu'il a offert une petite fortune à ma mère. Peut-être qu'elle n'en voulait pas. »

Douglas inscrit Kiefer et Rachel à la Crescent Town Elementary School, située dans le quartier East York. Après que Kiefer y a complété sa cinquième année[1], sa mère décide qu'il a besoin d'un environnement plus structuré, adapté à ses besoins. Pour attirer l'attention des autres, Kiefer adopte en effet un comportement de plus en plus délinquant. Les incidents, d'abord mineurs, dans lesquels il est impliqué deviennent plus sérieux. Pour sa sixième année[2], sa mère l'inscrit au St. Andrew's College, une école pour garçons située à environ quarante minutes au nord de Toronto, dans la ville d'Aurora. St. Andrew's est reconnu pour sa discipline et Shirley sent que le jeune Kiefer en a besoin. La devise de St. Andrew's peut se traduire ainsi : « Pars d'ici en homme, sois fort. » Sa mission est d'aider « au développement de l'homme complet, du citoyen éclairé ». Cette mission semble pourtant n'avoir aucun effet sur Kiefer.

---
1. Avant-dernière année de l'école élémentaire dans le système éducatif canadien.
2. Dernière année de l'école élémentaire.

Bien qu'il soit manifestement intelligent, l'école n'intéresse pas le jeune garçon. Il ne réagit pas bien au régime structuré de St. Andrew's. Il apprécie surtout le sport : il excelle en athlétisme et est un bon coureur. La chose la plus significative qu'il retire de son éducation à St. Andrew's demeure toutefois son surnom, « Reefer[3] ».

Des années plus tard, Kiefer dira qu'en fait, il a aimé cette école. Cinq ans après avoir quitté St. Andrew's, il reprend contact avec l'un de ses anciens professeurs pour lui réclamer une liste de suggestions de lecture. « J'avais dix-sept ans à l'époque et je sortais avec une fille un peu plus vieille que moi, relate-t-il. Un soir où nous mangions en compagnie d'un groupe de personnes, j'ai été affreusement embarrassé de l'entendre décrire Truman Capote comme s'il était son meilleur ami. Je lui ai demandé si c'était un de ses professeurs et tout le monde s'est moqué de moi. » À compter de ce jour, Kiefer met un point d'honneur à lire tout ce qui lui tombe sous la main.

Dans l'espoir d'intéresser davantage Kiefer à ses travaux scolaires, sa mère l'inscrit au Toronto's Martingrove Collegiate Institute, une école publique pour les élèves avancés et doués. Douglas pense que Kiefer pourrait bien s'adapter à un environnement ouvert et expérimental. L'encadrement est souple, et les élèves sont fortement encouragés à développer l'autodiscipline et à prendre leurs études en main. L'école a une intrigante devise latine : *Lumen in vobis est* (La lumière est en toi). Pourtant, Kiefer ne semble pas porter cette lumière en lui, puisque ses

---

3. Joint de marijuana en anglais.

résultats ne s'améliorent pas. Il néglige son travail scolaire pour fréquenter son groupe d'amis, faire la fête et jouer de la guitare. Il développe à cette époque une véritable passion pour la musique. Déjà, à l'âge de cinq ans, il suivait des leçons de violon, mais cet instrument n'avait pas retenu son attention. À douze ans, il commence à jouer de la guitare et tombe immédiatement sous le charme de cet instrument dont il joue encore avec plaisir aujourd'hui.

À Martingrove, il devient peu à peu un adolescent costaud. Sa carrure lui donne une plus grande confiance en lui, pour le meilleur et pour le pire. Vers la fin de l'année scolaire, après son treizième anniversaire, un incident survient lorsqu'un camarade de classe se moque de sa sœur Rachel. Kiefer le menace de le frapper s'il se moque encore d'elle. Alors que le jeune Sutherland tourne les talons, le garçon se jette sur lui par-derrière. Pour se défendre, Kiefer projette le garçon par-dessus son épaule et le frappe. Il lui fracasse littéralement la pommette. « J'ai ressenti un sentiment étrange, se souvient l'acteur. J'avais peur et j'étais paniqué, parce que j'étais conscient que j'avais blessé ce garçon et que j'allais probablement avoir des ennuis. Mais je savais bien qu'à l'avenir, on allait me considérer très différemment à l'école. J'avais l'impression d'avoir acquis un certain pouvoir. »

Kiefer Sutherland poursuit ensuite sa tournée des écoles ontariennes et fréquente le Harbord Collegiate Institute, l'une des plus vieilles écoles de Toronto. Le cercle de ses anciens élèves compte, entre autres, le réalisateur David Cronenberg, qui a grandi près de la Petite-Italie, et Morley Safer, l'ancien animateur de l'émission *60 Minutes*. Harbord Collegiate est une école traditionnelle. L'édifice, qui ressemble à une vieille cathédrale, peut accueillir approximativement mille étudiants. Situé en plein centre-ville, le collège est aussi l'une des écoles les plus multiculturelles de la ville.

À Harbord, Kiefer passe une grande partie de son temps hors de l'enceinte de l'école. Il traîne dans les cafés du quartier et les clubs sociaux. Il aime flâner, boire et blaguer avec ses amis. Pour éviter qu'il ne subisse l'influence de ses copains de Harbord, la mère de Kiefer décide de le changer encore une fois de milieu. Cette fois, son choix s'arrête sur le Silverthorn Collegiate Institute, une autre vieille école publique dont la méthode d'enseignement est plus ouverte et moins rigide. Mais Sutherland n'apprécie pas cet établissement situé dans le quartier résidentiel d'Etobicoke. Il change rapidement pour le Malvern Collegiate Institute, situé au centre-ville, dans un quartier appelé The Beaches. Malvern existe depuis 1903 et possède aussi une liste impressionnante d'anciens élèves, qui va du réalisateur Norman Jewison au génie du piano Glenn Gould en passant par l'animateur de jeux télévisés Alex Trebek. C'est une école réputée pour son programme d'anglais. Comme Kiefer commence à démontrer un intérêt pour le jeu d'acteur, on croit qu'il s'agit d'un endroit tout désigné pour lui. Mais, bien sûr, le jeune homme continue d'agir selon ses propres règles, ne s'appliquant que lorsqu'il le veut bien. Il s'implique par contre dans ses cours de théâtre et d'anglais, du moins pendant un certain temps. C'est alors qu'il réalise que le métier d'acteur n'est pas qu'un passe-temps à ses yeux ; c'est ce qu'il souhaite faire dans la vie.

Sutherland a sa propre opinion sur son expérience scolaire : « Je ne détestais pas particulièrement l'école, même si je crois que ça doit être une période très difficile et déplaisante sur le plan social pour tout le monde. Mais j'ai passé la majeure partie de ma jeunesse à voyager et à vivre avec des gens issus du monde du spectacle, qui étaient toujours créatifs et engagés. Il était presque impossible pour moi de me sentir à l'aise en restant assis dans une salle de classe à écouter quelqu'un parler sans fin. »

Il semble naturel que Kiefer choisisse d'embrasser la carrière d'acteur. De toute évidence, il est influencé par ses parents, mais son désir de jouer lui vient également de l'intérieur. Kiefer a en effet du mal à gagner l'amitié de ses pairs au collège. Il est nerveux et un peu étrange. Il utilise donc l'humour pour établir des liens avec les autres. Il veut être celui qui fait rire, celui que tout le monde trouve fou et rebelle, celui dont tout le monde veut devenir l'ami. L'adolescent a besoin de s'intégrer rapidement, en particulier lorsqu'il arrive dans une nouvelle école. Kiefer met tout en œuvre pour être le centre de l'attention et pour être toujours amusant. Bref, il devient un comédien.

Les premières leçons de théâtre de Kiefer débutent alors qu'il n'a que neuf ans. C'est à cette époque qu'il fait ses premiers pas en tant qu'acteur, à Los Angeles, où il joue un petit rôle dans *Throne of Straw* à l'Odyssey Theatre. La pièce, écrite par Harold et Edith Lieberman, est considérée comme l'une des meilleures pièces dramatiques écrites au sujet de l'Holocauste. Mais c'est seulement après avoir vu sa mère sur scène à l'âge de treize ans que l'intérêt de Kiefer pour le jeu devient vraiment sérieux. Il se met à prendre des cours de théâtre tous les week-ends, habituellement à la Sir Frederick Banting Secondary School, située à London, en Ontario, à plus d'une heure de route de chez lui. « J'ai commencé à explorer réellement le jeu scénique après avoir vu la performance de ma mère, raconte Sutherland. Jusqu'alors, je pensais qu'il s'agissait simplement de prétendre être dans la peau d'autres personnes, de créer une illusion. Mais ce soir-là, j'ai compris que cela nécessitait de la technique, du travail, une approche artistique. Je voulais découvrir comment entrer en contact avec ces choses. Je voulais savoir ce qu'*était* un acteur, pas seulement ce que faisait un acteur. »

En 1982, Kiefer, qui a alors quinze ans, croit avoir terminé l'école. Un dernier essai au Regina Mundi Catholic College à London, en Ontario, se termine avec les mêmes résultats que les tentatives précédentes : l'échec. C'est la goutte d'eau qui fait déborder le vase pour sa mère. Elle lui dit alors qu'ils feraient mieux de l'envoyer directement en prison, puisque c'est là qu'il semble se diriger inéluctablement.

Kiefer parle d'abandonner l'école pour poursuivre une carrière d'acteur, mais ses parents s'y opposent vivement. Durant l'automne 1982, ils l'inscrivent à la Venta Preparatory School à Ottawa, mais Kiefer sait qu'il n'y restera pas ; pour lui, l'école est terminée. Un jour, peu de temps après avoir commencé son premier trimestre, il décide tout simplement de partir. Il va habiter quelques jours avec une copine à Ottawa, puis prend un autobus pour Toronto où il va demeurer dans la maison d'un de ses amis, du nom de Greg.

Il arrive de nuit à la Gare Union. « Je me rappelle avoir marché dans cette gare immense avec des papillons dans l'estomac tellement je me sentais excité, déclare-t-il. Je pense que j'avais quelque chose comme quarante-six dollars en poche. Je me suis retrouvé dehors entre les piliers massifs de la gare. Un petit groupe de pigeons s'est envolé devant moi. Je me souviens de m'être dit que c'était le premier jour du reste de ma vie. En fait, je me sentais comme Rocky grimpant les marches de l'escalier dans le film. »

Comme il n'a encore que quinze ans, il ne peut quitter légalement l'école. Il prévoit donc de rester caché jusqu'en décembre, au moment où il atteindra ses seize ans. Mais un sentiment de culpabilité l'envahit rapidement. Il sait que ses parents seront très inquiets de ne pas avoir de ses nouvelles. Effrayé par la réaction que sa mère risque d'avoir, il téléphone à son père en Californie. Il lui raconte qu'il est sérieux à propos de sa carrière d'acteur, et qu'il a besoin d'aide pour obtenir des auditions et pour trouver un agent. Donald Sutherland lui offre de venir en avion sur la côte Ouest, pour qu'ils puissent discuter de la situation face à face. Trois semaines après avoir quitté l'école, Kiefer arrive donc à Los Angeles.

À l'époque, son père est en plein tournage du film *Le retour de Max Dugan*, écrit par Neil Simon et mettant aussi en vedette Jason Robards. Donald réussit à obtenir un petit rôle dans le film pour Kiefer, afin de donner au jeune homme un avant-goût du métier d'acteur. Il accepte de l'aider à condition que Kiefer se réinscrive à l'école une fois le film terminé. Il pourra poursuivre une carrière d'acteur sur son temps libre, mais il doit d'abord recevoir une éducation. Cette entente conclue, Donald renvoie Kiefer à la maison à Toronto, avec une allocation de quatre cents dollars par mois. Kiefer doit maintenant se consacrer aux études et aux auditions. Sa mère l'aide à trouver son premier agent et Kiefer se rend à toutes les auditions que ce dernier lui décroche. Tenant parole, il étudie sérieusement, mais se concentre sur le jeu plutôt que sur les matières scolaires. Malgré la promesse faite à son père, il reporte sa réinscription au collège.

Pendant la période où Kiefer tente de devenir acteur, avec l'appui de son père, il habite un appartement d'une pièce au sous-sol d'un immeuble d'habitation près de l'angle des rues Howland et Bloor, à Toronto. « Il n'y avait même pas de pièce séparée pour les toilettes, évoque-t-il. La cuvette était seulement camouflée par un rideau. Je traînais dans ce petit appartement en écoutant un album de Rush, *Hemispheres*. J'ai dû l'écouter pendant deux ans d'affilée. »

Kiefer a enfin trouvé sa voie, mais il développe parallèlement un penchant grandissant pour les comportements excessifs, souvent déclenchés par l'alcool et se terminant parfois en de violentes confrontations. En 2004, il raconte au magazine *Playboy* un incident qui s'est déroulé au centre-ville de Toronto lorsqu'il avait quinze ans, en compagnie de son ami Greg. Les deux adolescents, qui avaient bu, ont décidé d'acheter de la marijuana à un vendeur de drogue au centre commercial. « Mon ami a regardé le sachet et a dit que ce n'était pas de la drogue, mais de l'herbe à chat. » Ils ont ordonné au vendeur de leur rendre leur argent. Devant le refus de ce dernier, Kiefer a sorti un canif qu'il avait sur lui et menacé le vendeur de le poignarder s'il ne les remboursait pas. « Je n'ai jamais eu conscience qu'il m'avait frappé. La seule chose dont je me souviens, c'est d'être en train de me réveiller, raconte Sutherland à *Playboy*. J'étais complètement sonné, et mon ami avait été poignardé à la jambe. Le vendeur nous avait carrément battu tous les deux. Je ne me souviens de rien. » Les deux amis sont retournés chez eux en métro, Sutherland avec son œil enflé et Greg avec sa blessure à la jambe. À la fin de toute cette histoire, Sutherland se rappelle seulement avoir pensé : « Je dois apprendre comment frapper comme ça ! Ce vendeur de drogue savait se défendre. »

* * *

À Toronto se trouve un théâtre légendaire, le Bayview Playhouse, qui est à l'époque la propriété du futur documentariste primé Mark Terry. Terry y met lui-même en scène des classiques et des pièces expérimentales. Certaines d'entre elles obtiennent un tel succès qu'il part en tournée à Londres et à New York. « La mère de Kiefer soutenait le théâtre et venait souvent jeter un coup d'œil à nos pièces, explique Terry. Kiefer venait aussi traîner ici, regarder nos productions ; ça lui arrivait même d'y jouer. Il était vraiment passionné par le théâtre, extrêmement dévoué et avide d'apprendre. »

Le Bayview Playhouse est sur le point de monter une pièce expérimentale de Peter Garrett intitulée *American Modern*. Le jeune Kiefer, âgé de seize ans, veut désespérément jouer l'un des rôles principaux, celui d'un homosexuel de trente ans légèrement retardé. Même si le personnage est beaucoup plus âgé que lui, la passion et le désir de s'investir dont Kiefer fait preuve arrivent à convaincre Terry d'accéder à sa demande.

Les premières répétitions permettent de constater que la pièce comporte énormément de dialogues. Il faudra en couper près de la moitié, ne serait-ce que pour ramener la représentation à une durée acceptable de deux heures. « L'auteur original de la pièce a été mis à la porte, explique Terry. Kiefer a vite constaté par la force des choses que l'industrie du spectacle n'était pas aussi glorieuse que ce que la réussite de ses parents aurait pu lui donner à penser. » Kiefer est tellement excité qu'il demande même à son père de faire le voyage de Los Angeles à Toronto pour assister à la première. Mais, d'une répétition à l'autre, la pièce semble de moins en moins aboutie. À l'approche du jour J, Kiefer change d'avis. Il téléphone à son père pour lui demander de ne pas venir, sachant que sa prestation ne sera pas représentative de ce dont il est capable.

Pour rendre sa voix rauque et incarner de manière convaincante un personnage presque deux fois plus vieux que lui, Kiefer double sa consommation de cigarettes. Mais, juste avant la première, il attrape un mauvais rhume. Quelqu'un propose de reporter la première jusqu'à ce qu'il se sente mieux, mais Kiefer soutient qu'il est en mesure de jouer. « Nous avons décidé de lui faciliter les choses en rajoutant dans le texte que son personnage avait un gros rhume », raconte Terry.

La première a finalement lieu et les journaux qui en font la critique – le *Toronto Star* et le *Globe and Mail* – ne se montrent pas impressionnés par la pièce, la jugeant trop expérimentale. Mais ces quotidiens font tous deux l'éloge du jeune Kiefer, qui a su surpasser son manque d'expérience en livrant une prestation fondée sur l'audace et l'instinct.

Kiefer dira de cette expérience : « C'est la dernière longue période de travail [au théâtre] que j'aie eue avant de commencer dans le cinéma. Ça a été très formateur pour moi. Ça m'a fait découvrir que le jeu, le fait d'être un acteur, c'était une chose que je pouvais faire. Je n'avais pas peur de ça. »

Il est certain que le nom de Sutherland et les relations de sa mère dans l'industrie du film et de la télévision au Canada vont ouvrir des portes au jeune Kiefer. Mais il devra quand même mériter son succès par ses propres talents. « Je n'ai jamais cru qu'on me donnerait tout sur un plateau d'argent simplement à cause de mes parents, dit-il. Il faut se rappeler que lorsqu'on grandit dans un certain milieu, cela devient notre réalité ; on ne sait pas ce que c'est que de regarder cette existence de l'extérieur. Je ne me suis jamais demandé comment je parviendrais à devenir acteur. Je savais juste que c'était un métier avec lequel on pouvait potentiellement gagner sa vie, et je voulais tenter ma chance. »

THE BAY BOY

« À bien des égards, je dois ma carrière à Daniel Petrie. Non seulement il m'a donné un rôle exceptionnel alors que je n'avais aucune expérience, mais il a également insufflé en moi assez de confiance pour penser et agir selon mon instinct d'acteur, malgré mon très jeune âge. »
– Kiefer Sutherland

En 1983, après des mois d'auditions, Kiefer, qui a maintenant seize ans, est convoqué à une lecture en compagnie du scénariste et réalisateur Daniel Petrie pour le premier rôle masculin de son nouveau projet. Le scénario est complexe et introspectif, et ce rôle fait l'objet de la convoitise de tous les jeunes acteurs du Canada.

Le regretté Daniel Petrie reste assez méconnu en dehors de son pays d'origine, malgré une carrière cinématographique et télévisuelle prolifique, tant au Canada qu'aux États-Unis. Petrie naît le 26 novembre 1920 à Glace Bay, en Nouvelle-Écosse, où il grandit. Il quitte le

Canada après l'université et bâtit l'essentiel de sa carrière aux États-Unis. C'est son adaptation au grand écran de la pièce *Un raisin au soleil*, en 1961, qui lui vaut les éloges les plus fournis. Au Festival de Cannes, cette année-là, le film est en compétition pour la Palme d'Or et Petrie repart avec le prix Gary Cooper. Bien qu'il ait à son actif d'autres films renommés comme *Le policeman* (1981), avec Paul Newman, ou *Cocoon : Le retour* (1988), le réalisateur n'a jamais connu la notoriété que justifiait pourtant son talent.

Durant des années, Petrie travaille sur un projet de film plus personnel, une histoire qui prendrait place dans sa ville natale de Glace Bay, en Nouvelle-Écosse, ancienne ville minière et port de pêche perdu sur la côte nord de l'île du Cap-Breton. Autrefois prospère, Glace Bay connut un déclin qui n'était que trop visible quand Petrie était enfant. Mais malgré les éléments clairement autobiographiques du scénario, il ne s'agit pas de sa propre histoire. Il cherche plutôt à capturer l'essence, l'atmosphère de son milieu d'origine. Il veut faire le portrait de la vie dans les Provinces maritimes du Canada, dans ses contrastes les plus marqués, là où l'époustouflante beauté des paysages révèle l'extrême dureté de la vie. Il intitule son film *The Bay Boy*, mieux connu en français sous le titre *Un printemps sous la neige*.

Un printemps sous la neige raconte l'histoire de Donald Campbell, un adolescent de seize ans qui grandit à Glace Bay dans les années 1930. Donald a reçu une éducation catholique stricte, et sa mère le pousse à finir sa scolarité pour entrer au séminaire et devenir prêtre. Mais Donald aime les filles et rêve d'une vie au-delà de Glace Bay. Il doit composer avec une suite de drames et de bouleversements, allant d'une tentative d'agression par un curé jusqu'à un meurtre dont il est témoin et dont le coupable est à la fois policier et le père de sa petite amie. Plusieurs thèmes s'entrecroisent dans le récit : les brouillards de l'adolescence, les difficiles conditions de vie durant la Grande Crise et le quotidien de la classe ouvrière dans les Provinces maritimes, où le climat et l'éloignement pèsent comme une chape de plomb sur la vie des insulaires.

Financé grâce à l'aide de Téléfilm Canada, l'agence cinématographique gouvernementale, *Un printemps sous la neige* jouit d'un budget restreint mais convenable. La production est assurée par deux poids lourds du cinéma canadien de l'époque : John Kemeny et Denis Héroux. Petrie est ravi de confier l'aspect financier à Kemeny, à Héroux et à leur productrice déléguée, Susan Cavan, puisque cela lui permet de se concentrer sur le choix des acteurs. Parce que le film lui est particulièrement cher, il veut que la distribution soit parfaite, que chaque acteur endosse non seulement l'image de son personnage, mais aussi l'expression de sa personnalité propre dans le grand ensemble de l'histoire qu'il raconte. Son expérience de réalisateur de télévision en direct à New York, au début de sa carrière, lui a enseigné l'importance du choix des comédiens, de leur subtile adéquation avec le personnage qu'ils incarnent. Mais il a aussi travaillé suffisamment longtemps à Hollywood pour savoir qu'une production cinématographique est une entreprise commerciale et qu'il doit recruter au moins un acteur assez connu pour assurer au film une distribution à sa mesure. Dans le cas de *Un printemps sous la neige*, la tête d'affiche est l'actrice suédoise deux fois nominée aux Oscars, Liv Ullmann, égérie du légendaire réalisateur Ingmar Bergman.

L'agent de Kiefer lui a obtenu une audition pour le rôle de Donald Campbell. Daniel Petrie sait bien sûr qui sont Donald Sutherland et Shirley Douglas, mais il ne confierait jamais le premier rôle d'un des films les plus importants de sa carrière à un jeune acteur insatisfaisant, qui que soient ses parents. Il intègre donc Kiefer dans son agenda de lectures et d'auditions filmées, mais à ce stade, rien n'est encore acquis pour le jeune homme : il doit conquérir son rôle.

Des années plus tard, en 1999, le réalisateur se souvient qu'il s'intéressait davantage à Kiefer l'adolescent qu'à Kiefer l'acteur. « Ce qui est drôle, c'est que pour ce rôle, je cherchais un acteur qui saurait incarner la délicate combinaison entre la confusion, le manque de confiance en soi, mais aussi la détermination et l'indépendance. Comme je ne pouvais juger Kiefer sur rien d'autre que sur ses lectures hésitantes et sur les vidéos que j'avais prises de lui, je devais m'en remettre à mon instinct initial selon lequel il possédait lui-même ce mélange de qualités et traversait une transition similaire de l'enfance vers l'âge adulte. »

Lorsqu'un coup de fil l'informe qu'il a décroché le rôle, Kiefer réside toujours dans l'immeuble d'habitation situé près des rues Howland et Bloor, à Toronto. « J'étais tellement excité quand j'ai obtenu ce contrat, se rappelle-t-il. Je me souviens d'être sorti dehors, en face de mon petit appartement, et d'avoir sauté de joie sur place. »

Par la suite, Petrie se met à douter de son choix : « Le jeune avait en lui la profondeur voulue. Il a auditionné pour le rôle et il l'a obtenu. Pourtant, ce soir-là, je me suis mis à craindre qu'il n'ait peut-être en lui que cette merveilleuse part d'ombre et qu'il ne soit pas capable de jouer le côté comique. Alors je l'ai fait revenir pour lui soumettre toutes les répliques drôles, et il a été fabuleux. »

L'un des autres personnages clés de *Un printemps sous la neige* est une jeune femme, Saxon Coldwell, objet de l'affection de Donald. Il est intéressant de noter que le choix de Petrie pour ce rôle se porte sur Leah Pinsent, une autre actrice canadienne qui fait ici ses débuts à l'écran et dont le père, Gordon Pinsent, est également un acteur renommé.

Petrie décide de filmer principalement à Glace Bay et de compléter le tournage à Sydney, une ville située à une quinzaine de kilomètres. Sutherland rejoint le reste de l'équipe au Holiday Inn local où ils sont hébergés. Après s'être présenté à la réception et s'être rendu dans sa chambre, il ferme la porte et se laisse envahir par la sensation nouvelle d'être un acteur sous contrat dans un vrai film. « C'était un sentiment génial. Je me souviens avoir regardé mon reflet dans une porte vitrée et m'être souri en me disant : "Je l'ai fait. J'y suis. J'étais probablement fait pour ce métier." »

Son sentiment d'accomplissement sera pourtant ébranlé quelques heures plus tard, lorsque l'équipe se retrouvera pour manger dans un restaurant chinois des environs. Après le repas, Kiefer ouvre le traditionnel biscuit et y trouve une bande de papier où il peut lire ces mots : « Rentrez à la maison. » Malgré le défi que cela représente pour le jeune acteur, le tournage de *Un printemps sous la neige* se déroule sans encombre sous la direction assurée de Petrie.

« Kiefer travaillait dur et ses intuitions étaient toutes justes, confie Petrie à propos de son jeune protégé. Mon rôle était donc de guider ces intuitions dans la direction recherchée. Mais Kiefer était aussi en proie à la peur : peur de me déplaire, peur de décevoir ses parents. Si je n'avais pas réussi à l'aider à surmonter cette angoisse, sa performance n'aurait pas été si convaincante. »

Pour sa part, Sutherland déborde de gratitude envers celui qui lui a donné sa chance et lui a accordé son soutien, lui prodiguant toute l'attention dont il avait besoin pour que sa confiance s'épanouisse. « Je me souviens d'un jour où je discutais avec l'équipe de caméramans, confie-t-il. Ils étaient tous québécois, et ces types avaient tellement de style ! J'essayais de me rapprocher de leur équipe pour éventuellement dégoter un boulot d'estafette, au cas où mes ambitions d'acteur auraient tourné court. Je me montrais très réservé, ayant tendance à me dévaloriser, quand une main m'a tapé sur l'épaule. Je me suis retourné : c'était Dan. Il m'a entraîné doucement à l'écart et m'a dit presque sévèrement : "Tu n'as pas le droit de parler comme ça sur mon plateau". Il a ajouté, en me regardant dans les yeux : "Je ne te laisserai pas échouer, c'est mon travail. Et, en tant qu'ami, je ne te laisserai pas abandonner juste parce que tu as peur". » C'était précisément le genre d'appui dont Kiefer Sutherland avait besoin à ce stade.

Dans ce film, l'interprétation de Sutherland se révèle tout simplement magistrale. Elle est retenue et intelligente, capturant à la perfection la gêne et les questionnements du personnage. De son côté, Daniel Petrie parvient à raconter cette histoire complexe avec une simplicité remarquable. Les paysages et le cadre géographique lui permettent de réellement faire partager au spectateur ses souvenirs d'enfance. Les scènes de séduction, quant à elles, font preuve de goût et d'une magnifique maîtrise visuelle. *Un printemps sous la neige* est l'exemple parfait de la qualité que peut atteindre un film canadien-anglais lorsque tout est mis en œuvre pour raconter une grande fresque canadienne.

Un printemps sous la neige est présenté publiquement le 6 septembre 1984 lors du Festival international du film de Toronto. Plus tard, Petrie organisera un lancement spécial à Glace Bay, afin de remercier la ville pour avoir accueilli la production. Le film se retrouve onze fois en nomination aux prix Génie en 1985, l'équivalent canadien des Oscars. Kiefer Sutherland est en lice pour le prix du meilleur premier rôle masculin, et Leah Pinsent pour celui de la meilleure interprétation féminine dans un second rôle. Au final, *Un printemps sous la neige* gagnera six Génies cette année-là, dont celui du meilleur film. Daniel Petrie remporte celui du meilleur scénario, et Alan Scarfe celui du meilleur acteur dans un second rôle. La direction artistique, les costumes et le montage sonore sont également récompensés.

Sur un plan personnel, Daniel Petrie est ravi. Depuis le début, ce projet représente pour lui un travail émotif, et il a passé des années à y penser puis à l'écrire. « Vous savez, tout s'est finalement mieux passé que je ne le pensais. Je voulais restituer l'atmosphère et les péripéties de mon enfance, mais le film va bien au-delà. Il redonne vie à des choses qui n'appartiennent pas qu'à moi, mais à beaucoup de gens que j'ai côtoyés à l'époque. J'ai aussi un profond attachement, que je ne saurais définir, pour Kiefer Sutherland. Il a su être le *Bay Boy* que je cherchais. »

Sutherland demeure humblement conscient de la chance que Petrie lui a donnée. « Il y a des centaines et des centaines d'excellents acteurs. Ce qui fait qu'un acteur devient célèbre ou jouit d'une certaine popularité, c'est une simple question de chance. Il faut savoir saisir sa chance et la faire fructifier, même sans avoir la certitude de faire les bons choix. *Un printemps sous la neige* était ma chance. »

Daniel Petrie meurt en 2004 à Los Angeles. L'année suivante, il reçoit à titre posthume un prix pour l'ensemble de son œuvre de la Guilde canadienne des réalisateurs. Kiefer

Sutherland est désigné pour remettre le prix à la famille. Il écrit lui-même son discours et le livre avec une sincérité qui l'oblige à juguler les élans d'émotion qui montent en lui à plusieurs reprises. « Dan m'a donné ma chance. En plus de cette chance, il m'a inculqué un standard d'excellence en production qui reste mon étalon aujourd'hui encore. Et cela commence par l'humanité avec laquelle il traitait son équipe. Il y avait chez Dan la qualité rassurante d'un père qui a réponse à tout. »

Kiefer adoptera cette confiance inspirée de la bienveillance paternelle de Daniel Petrie, et parcourra le monde sans qu'elle ne le quitte. Sa première destination sera New York.

EN ROUTE VERS HOLLYWOOD

« *Après* Un printemps sous la neige, *j'avais environ trente mille dollars en poche. Cela m'apparaissait comme une véritable fortune. Alors, ma copine, quelques amis et moi avons décidé sur un coup de tête de partir pour New York.* »
– Kiefer Sutherland

En septembre 2008, Kiefer Sutherland finalise l'achat d'une maison dans la ville de New York ; une maison d'inspiration néo-grecque bâtie vers 1830 dans le West Village, comptant cinq étages, cinq chambres et un ascenseur. Le coût atteint l'impressionnante somme d'un peu plus de huit millions de dollars. Mais, grâce à une manœuvre dont seul l'alter ego de Jack Bauer est capable, ce prix est de plusieurs millions inférieur à celui auquel la propriété a été initialement mise en vente. D'abord fixé à près de treize millions, le prix de la maison a été baissé à dix millions et demi, puis, faute d'acheteur, à neuf millions et demi. Sutherland manifeste alors son intérêt, sous réserve d'une nouvelle réduction de plus d'un million de dollars. L'affaire est conclue.

* * *

Les premiers pas de Sutherland à New York, en 1985, s'inscrivent dans un contexte très différent. Fraîchement débarqué dans la métropole avec quelques amis et une confiance toute neuve, il veut tirer profit de l'exaltante expérience de *Un printemps sous la neige*, le film et son rôle ayant bénéficié d'une réaction extrêmement positive. Le jeune acteur de dix-huit ans pense se bâtir rapidement une carrière à New York grâce à son nom et au film primé dont il est la tête d'affiche. Il a raison, mais seulement jusqu'à un certain point.

« Je pensais que je pourrais prendre ma retraite avec tout cet argent, dit-il aujourd'hui. Et il y en avait assez pour prendre mon envol. J'avais les moyens de payer les cours de ma copine pour qu'elle entre à la Circle in the Square Theatre School, son rêve depuis toujours. » Cette école d'art dramatique est en plein cœur du quartier des théâtres de New York et offre la possibilité à ses étudiants de travailler avec les professionnels de Broadway. Le magot de Kiefer lui permet aussi de leur louer un appartement au centre-ville pendant une année.

Au bout du compte, New York sera plus qu'une étape transitoire sur la route menant Sutherland vers Hollywood.

Ainsi, malgré son jeune âge, il y développe des habitudes qui le suivront dans sa vie d'homme... même si ces habitudes ne sont pas toutes bonnes. Avec le recul, l'acteur décrit ainsi la différence entre New York et Los Angeles : « New York est un endroit animé où tu peux avoir des ennuis si tu les cherches. Mais à Los Angeles, tu te tiens tranquille et ce sont les problèmes qui te trouvent. » Ces paroles sont prophétiques.

C'est à New York, à cette époque, que Kiefer Sutherland connaît ses premières expériences avec la drogue, la marijuana en l'occurrence. Il relatera plus tard au magazine *Playboy* le récit de sa première tentative, le jour où il comprit que l'herbe n'était pas faite pour lui. « Ma copine de l'époque prétendait que la *mari* était bonne pour le sexe. Je me suis donc empressé d'aller en acheter un sachet de dix dollars à Central Park. On l'a fumée devant la télé. Et on s'est mis à s'embrasser et à faire l'amour. Je me sentais vraiment défoncé et ma conscience dérivait un peu dans tous les sens ; je pensais à ce que j'aurais à faire le lendemain, me demandais ce que mes parents étaient en train de faire, où était ma sœur. Je pensais à n'importe quoi sauf au sexe. Tout se déroulait très vite. Je me souviens en particulier d'un vendeur de voitures très drôle, juché sur un éléphant, qui passait à la télé au moment où on a commencé à s'embrasser. À la fin de notre séance, je me sentais incroyablement bien et j'étais sûr que ma copine aussi. C'était génial. Je me suis tourné, et le vendeur de voitures faisait au revoir de la main. Tout s'était passé en l'espace d'une séquence publicitaire de deux minutes. J'ai dit : "OK, la *mari*, c'est pas pour moi." »

À New York, Sutherland lit, étudie et joue de la musique tout en rencontrant des agents et en enchaînant les auditions. Un jour, il fait une lecture pour un rôle dans un feuilleton, sans être vraiment sûr que ce genre de travail correspond à ce qu'il veut faire, à ce qu'il peut faire. Les acteurs de feuilletons sont connus pour travailler très dur et pour mémoriser des pages de scénario d'une journée à l'autre, jour après jour. Quand Kiefer est retenu parmi les candidats et qu'on lui demande s'il est toujours intéressé, il dit aux producteurs qu'il va y réfléchir et leur promet une réponse rapide. Il appelle alors un agent d'artistes et lui dit qu'il est prêt à renoncer à un engagement dans un feuilleton et au salaire annuel de cent mille dollars qui l'accompagne si l'agent accepte de le représenter et de lui trouver des rôles au grand écran. Impressionné par l'assurance et la résolution du jeune acteur, l'agent accepte promptement.

Les mois passent avec leur lot d'auditions et de lectures, mais sans contrat. La cagnotte de *Un printemps sous la neige* est mise à profit, mais commence à diminuer dangereusement. Sans engagement en vue, Kiefer commence à envisager de déménager à Los Angeles pour tenter sa chance à Hollywood. Finalement, ses services sont retenus après une audition pour une publicité sur papier pour la marque Levi's. « J'étais prêt à accepter n'importe quoi. Si c'était payé, j'étais intéressé. »

Fort des quelques milliers de dollars gagnés avec cette publicité, Sutherland achète une voiture d'occasion et dépose deux mille sept cents dollars sur un chèque de banque qui devra servir de coussin financier lors de l'arrivée du couple en Californie. Ils surnomment affectueusement leur voiture « Lucy », une Mustang de 1969. Le voyage démarre dans un grand élan d'optimisme, mais avant même qu'ils n'arrivent à Los Angeles, la petite amie de Kiefer s'aperçoit qu'elle a perdu le chèque de banque. C'était pourtant leur seule ressource financière dans l'attente que l'un d'eux décroche un contrat rémunéré. « C'était un sacré coup dur, se souvient Sutherland. Mais l'aventure continuait, et il fallait bien se faire une raison : l'argent avait disparu. En arrivant à Los Angeles, nous étions sans argent mais à destination. » Son père aurait pu leur donner un coup de main, mais Kiefer ne le lui demande pas. « Pour qu'il sache que je me dirigeais vers L.A., il aurait fallu que je lui téléphone pour le lui annoncer. C'était hors de question. » Alors, le jeune acteur et son amie doivent bel et bien se débrouiller seuls. Complètement à sec financièrement, le couple en est réduit à stationner près de la plage, à vivre dans la voiture et à utiliser les douches publiques.

Kiefer et son amie vivent depuis près de trois semaines sur la plage comme des bohémiens, dans leur Mustang 1969, lorsque le jeune homme décroche une audition avec Steven Spielberg.

* * *

Au moment où le jeune couple arrive en Californie, le réalisateur Steven Spielberg a déjà à son actif une décennie de règne à Hollywood. En 1975, le film *Les dents de la mer* a réinventé le genre du film à succès estival, tout comme *Les aventuriers de l'arche perdue* en 1981 et *E.T. l'extraterrestre* en 1982. Au milieu des années 1980, Spielberg a le pouvoir de réaliser tout ce qui lui passe par la tête. Il caresse alors l'idée de faire renaître le genre des séries d'anthologie qui l'ont inspiré dans son enfance : une série comme *La quatrième dimension* ou *Au-delà du réel*, basée sur les très populaires magazines d'aventure bon marché des années 1930, 1940 et 1950. Il a déjà recréé certains aspects de ce genre dans *Les aventuriers de l'arche perdue* et les autres *Indiana Jones*, mais il a le sentiment que la télévision permettrait de replacer le concept dans son milieu d'origine. Dans cet esprit, il crée *Histoires fantastiques*, reprenant le nom du magazine de science-fiction qu'il dévorait dans son enfance.

La série est extrêmement prometteuse, ne serait-ce que parce que Spielberg assure lui-même la réalisation de plusieurs épisodes en plus d'en écrire ou d'en coécrire un grand nombre. *Histoires fantastiques* fait son apparition sur NBC le 29 septembre 1985, avec un épisode passionnant intitulé « Le train fantôme », l'histoire d'un vieillard qui attend un train dont il est convaincu d'avoir provoqué le déraillement dans son enfance. Les rails ont disparu, mais le vieil homme croit que le train va revenir le chercher pour l'emmener vers sa mort. Spielberg réalise l'épisode, qui met notamment en scène le jeune Lukas Haas, récemment découvert dans *Witness*[1] aux côtés d'Harrison Ford.

Spielberg, connu pour son habileté à dénicher de nouveaux talents, utilise cette nouvelle série comme un laboratoire vivant pour former jeunes acteurs et scénaristes de la relève. À ce propos, il déclare : « Comme [les *Histoires fantastiques*] sont des œuvres courtes, et comme la série se renouvelle, la pression est moins grande pour les jeunes acteurs que dans un long métrage, lorsqu'ils portent l'histoire sur leurs épaules. Ils sont donc plus détendus et plus à même de démontrer leurs qualités. »

* * *

Sutherland anticipe avec fébrilité cette occasion de tenter sa chance avec le réalisateur le plus en vue de Hollywood. « Je me rappelle être arrivé à cette rencontre avec Steven Spielberg en proie à un mélange d'anxiété et d'excitation, raconte-t-il. J'étais très impressionné de sortir de ma bagnole sur la plage pour aller parler avec Spielberg. Ça avait un côté magique, surréaliste. Alors j'y suis allé et j'ai fait de mon mieux. »

Il décroche le rôle. Que ce soit grâce à son jeu brillant, à un bon *timing* ou par simple chance, le premier contrat hollywoodien que Kiefer Sutherland ne doit qu'à lui-même lui viendra donc de nul autre que Steven Spielberg. Deux

---

1. Titre au Québec : *Témoin sous surveillance*.

ans auparavant, c'est son père qui lui avait obtenu son tout premier rôle secondaire à Hollywood dans *Le retour de Max Dugan*. Kiefer est embauché pour jouer dans le cinquième épisode de la première saison d'*Histoires fantastiques*, intitulé « La mascotte ». L'épisode laissera le souvenir d'un chapitre à part dans cette série qui durera deux années, principalement parce que c'est le seul épisode de soixante minutes, au lieu des trente minutes habituelles. On y suit l'histoire de l'équipage d'un bombardier B-17 de retour d'une mission offensive, pendant la Deuxième Guerre mondiale. L'un des artilleurs est coincé dans la tourelle inférieure alors que le train d'atterrissage refuse de sortir. Si un atterrissage sur le ventre est tenté, le soldat sera inévitablement broyé sous la carlingue de l'avion. Mais l'artilleur, un jeune dessinateur de bandes dessinées, parvient à sauver l'équipage par la seule force de son imagination.

Sutherland interprète Static, l'opérateur radio, et c'est Kevin Costner qui joue le capitaine. Il s'agit de l'une des dernières apparitions de Costner à la télévision avant longtemps, puisque *Silverado*, son premier grand succès au cinéma, sort cette année-là, le propulsant au pinacle de la célébrité. Kiefer fait de son mieux parmi les autres jeunes acteurs – dont Casey Siemaszko, qu'il côtoiera en 1986 dans *Stand by me*[2] et en 1988 dans *Young Guns*, ainsi qu'Anthony LaPaglia, qu'on verra plus tard au petit écran dans *FBI : Portés disparus*[3], et qui tient ici un petit rôle de mécanicien. LaPaglia relatera ainsi son expérience :

---

2. Titre au Québec : *Compte sur moi*.
3. Titre au Québec : *Sans laisser de trace*.

« J'étais tellement content d'être dans cette série dirigée par Steven Spielberg ! Je savais que Kiefer en était à ses débuts. Costner était au centre de l'attention à cause de *Silverado*, mais il devait encore travailler sa notoriété. C'était un projet magique, tant en ce qui concerne le résultat final que la signification qu'il revêtait pour nous tous. »

L'épisode est diffusé une première fois le 3 novembre 1985, lançant pour de bon la carrière de Sutherland.

Comme il s'y attendait, Kiefer constate que le nom de Spielberg sur son curriculum vitae facilite les entrevues et rapporte des contrats. Alors il le mentionne aussi souvent que possible à ses contacts professionnels dans les semaines suivantes. Et cela porte ses fruits, comme il en témoignera : « Après cette première apparition dans "La mascotte" sous la direction de Spielberg, je n'ai jamais vraiment arrêté de travailler, sauf quand je le décidais. »

Son rôle suivant au cinéma est tout aussi magique que ses débuts avec Spielberg, mais pour des raisons différentes. *Comme un chien enragé* est probablement l'un des films américains les plus sous-estimés de ces trente dernières années. S'il n'obtient pas le succès qu'il aurait mérité, c'est principalement à cause de problèmes de distribution. Mais, aux yeux de nombreux critiques, il n'en est pas moins l'un des grands films américains de l'époque. Il s'agit d'une adaptation de l'histoire vraie d'un criminel de Pennsylvanie qui enrôlait ses propres enfants dans son gang. Fidèle à la réalité, le scénario montre comment l'un des fils devient un informateur de la police après que son père eut violé sa fiancée. Lorsque les autorités commencent à interroger les membres du gang, le père tente de tous les éliminer, y compris ses fils. Le plus vieux d'entre eux survivra pour témoigner contre son père au tribunal.

Le scénario est l'œuvre de Nicholas Kazan, auteur accompli et fils du légendaire réalisateur Elia Kazan. Il traîne pourtant au fond d'un tiroir depuis des années, malgré l'avis du magazine *American Film* qui y voit l'un des meilleurs scénarios américains non réalisés de tous les temps. Le scénario est finalement repêché et c'est à James Foley, réalisateur prometteur, que revient la tâche de le diriger. Robert De Niro est pressenti pour incarner le père, Brad Whitewood Sr., mais il préfère renoncer, jugeant le propos trop sombre. Le rôle échoit finalement à Christopher Walken, qui livrera l'une des performances les plus saisissantes de sa carrière.

Sean Penn, qui défraie alors la chronique à cause de son tumultueux mariage avec la chanteuse Madonna, incarnera Brad Whitewood Jr. avec une ardeur éclatante. Penn participera également à la production du film, et Sutherland considèrera toujours que c'est à lui qu'il doit d'avoir obtenu le rôle de Tim, un ami des frères Whitewood. Lors du montage final, le plus gros de la performance de Sutherland est coupé, ne le laissant malheureusement apparaître que dans quelques scènes. James Foley s'en explique ainsi : « Le personnage de Kiefer tenait une place plus importante dans le scénario et dans le premier montage. Toutefois, le film a dû être très resserré pour que l'intrigue fonctionne. Nous avons donc dû sacrifier beaucoup de personnages secondaires pour recentrer l'action sur Brad père et Brad fils. Mais quand Kiefer a été recruté, c'était en tant que jeune acteur talentueux, et non comme un gamin ayant pour seule fonction de remplir le décor. »

Pour Sutherland, ce film lui offre avant tout l'opportunité de collaborer avec quelqu'un qui lui inspire une vive admiration. « L'une des principales raisons qui m'a poussé à venir aux États-Unis et à y chercher des contrats d'acteur, c'est l'influence de Sean Penn, confie-t-il. Quand Sean, Timothy Hutton et Tom Cruise ont joué dans *Taps*[4], ça m'a vraiment fait comprendre le boulot d'un jeune acteur, et c'est ce film et les autres projets de Penn qui ont ouvert des portes pour les comédiens débutants en mal de reconnaissance. » Il confie à l'intervieweur Lawrence Grobel qu'il restait sans arrêt aux côtés de Penn lors du tournage au Tennessee : « Pendant que nous tournions *Comme un chien enragé*, nous bavardions généralement avant les prises. Mais un jour, je l'ai trouvé très silencieux. Plus tard, quand je l'ai interrogé à ce sujet, il a répondu qu'il était habituellement très actif sur un plateau, se promenant et parlant à tout le monde, mais que, quand venait le moment de jouer sa scène, il manquait d'énergie. Il avait compris que certains jours, il devait se refermer sur lui-même et garder chaque parcelle d'énergie pour la consacrer à son art. Je me suis dit que c'était sage, et j'ai tiré beaucoup de cet enseignement. »

---

4. Titre au Québec : *Le dernier clairon*.

L'année du tournage de *Comme un chien enragé*, Kiefer participe à un autre film, son quatrième long métrage et troisième rôle marquant de suite, une œuvre qui lui permettra d'accéder enfin à la reconnaissance hollywoodienne que recherchent avidement des centaines de jeunes comédiens. En l'espace de quelques mois, il est passé des nuits sur la plage, dans sa voiture, à un tournage dans le désert avec Steven Spielberg, puis à un plateau au Tennessee avec Sean Penn. Mais il s'apprête à gravir un nouvel échelon vers la gloire. Ce quatrième film sera *Stand by me* de Rob Reiner.

Tout comme *Un printemps sous la neige*, *Stand by me* dresse le portrait d'une jeunesse trouble. Cette fois, le récit est le fruit de l'imagination de Stephen King, puisqu'il est tiré de la superbe nouvelle *Le corps*. Comme souvent à Hollywood, le projet connaît une gestation longue et compliquée. Adrian Lyne est d'abord pressenti pour en assurer la réalisation, mais il est retenu par un autre film complexe, *9 semaines et demie*. Les studios Columbia Pictures ayant déjà défini un échéancier pour *Stand by me*, la décision est prise de remplacer Lyne par Rob Reiner. Pour incarner l'écrivain, le personnage adulte qui raconte l'histoire en flashback, Reiner opte d'abord pour l'acteur David Dukes, avant d'avoir des doutes sur la pertinence de ce choix. Il pense ensuite à Michael McKean, la vedette de *Spinal Tap*, avant d'arrêter son choix sur son ami de longue date, Richard Dreyfuss.

Stand by me s'appuie également sur une remarquable brochette de jeunes acteurs à l'aube de leurs carrières :

River Phoenix, qui mourra tragiquement d'une surdose de drogue à vingt-trois ans, Jerry O'Connell, Corey Feldman, Wil Wheaton et Casey Siemaszko. On y suit l'histoire d'un écrivain du nom de Gordie LaChance qui, après la mort d'un ami, revient sur sa propre vie et sur un incident particulièrement déterminant. Le film met en scène LaChance et ses amis dans leurs années d'adolescence. Apprenant que le corps d'un garçon tué par un train repose près de la voie ferrée qui traverse la ville, ils tentent de le trouver afin de gagner une modeste reconnaissance en le signalant aux autorités. Durant leur expédition, les jeunes gens partagent une expérience humaine qui illustre les valeurs de l'amitié, de l'écoute et du pardon.

Un des rôles convoités est celui du dur à cuire, un caïd local nommé Ace Merrill. Kiefer Sutherland auditionne pour ce personnage et fait grande impression sur Reiner. « Il faut se souvenir que *Stand by me* était seulement mon troisième film en tant que réalisateur, dit-il. J'avais donc une relative confiance, mais je craignais encore de commettre le genre d'erreurs de casting qui peuvent avoir de graves conséquences sur le film. Dans le cas de Kiefer, je n'avais pas l'ombre d'un doute sur sa capacité à incarner Ace. Je me rappelle qu'il m'a dit vouloir devenir le pire emmerdeur du monde et que je finirais probablement par le virer du film pour ne plus avoir à supporter un tel connard. Non seulement il a apporté à son personnage la profondeur que j'attendais, mais il se l'est également approprié en empruntant des directions auxquelles je n'avais même pas pensé. »

Plus le tournage avance, plus Sutherland gagne cette confiance en lui qui est la marque de fabrique des vrais monstres sacrés du cinéma. Il prend le rôle d'Ace Merrill à bras le corps et ne quitte jamais la peau de son personnage, allant jusqu'à s'en prendre à Wil Wheaton ou à Corey Feldman, autant en dehors du plateau que pendant les prises. River Phoenix décide un jour de riposter en recouvrant d'une épaisse couche de boue la voiture de Sutherland. « Quand j'ai su que c'était River qui avait fait ça, raconte-t-il, je l'ai traqué et je l'ai traité exactement comme Ace Merrill l'aurait fait. »

Jerry O'Connell, l'une des covedettes du film, formule les choses ainsi : « J'étais un jeune New-Yorkais qui débarquait à Hollywood ; rien ne m'effrayait. Je n'avais peur de personne sur le plateau... sauf de Kiefer Sutherland, qui me terrorisait ! Il devenait vraiment menaçant envers nous quatre. Avec le recul, je suis conscient qu'il le faisait uniquement pour habiter son personnage, pour s'assurer que nous ayons peur de lui. Mais je vous jure que ça marchait ! Ce gars-là me foutait la frousse. »

Stand by me sort à la fin de l'été 1986 et conquiert le cœur d'un large public, avec les recettes que cela implique. Stephen King lui-même déclare qu'il s'agit à son avis de la meilleure adaptation cinématographique d'un de ses livres. Les scénaristes Raynold Gideon et Bruce Evans sont en nomination pour un Oscar et toute l'équipe est gratifiée de commentaires élogieux. Pour Kiefer Sutherland, un nouvel échelon est gravi.

Sutherland gagne beaucoup d'argent, se fait remarquer, travaille constamment et commence à réaliser pleinement ce qu'est la vie de vedette de cinéma. Il est encore à un âge où cette prise de conscience peut se révéler dangereuse, et, inévitablement, il fait l'expérience de la drogue, principalement de la cocaïne. Bien qu'il admette en avoir consommé à l'excès, il tient à mentionner que ce n'était pas sa tasse de thé. À l'intervieweur Lawrence Grobel, il déclare : « J'en ai pris pendant un an, j'ai adoré, et puis j'ai tout simplement arrêté. » Et, bien qu'il ait également consommé de la marijuana, il décide assez rapidement qu'il ne veut plus continuer.

Par la suite, Sutherland apparaît dans deux téléfilms produits rapidement, *Trapped in Silence* and *Brotherhood of Justice*. Dans *Trapped in Silence*, il incarne le rôle difficile d'un jeune muet qu'une équipe de psychologues étudie, intriguée par son refus de parler, physiologiquement inexplicable. La prestation de Sutherland est à la fois sensible et techniquement remarquable.

Le scénario de *Brotherhood of Justice* est quant à lui un peu caricatural, véhiculant une série de clichés à propos d'un groupe de jeunes garçons qui, exaspérés par la violence qui sévit dans leur communauté, décident de réagir en constituant une sorte de milice. Sutherland partage l'affiche avec un autre débutant venu du Canada, Keanu Reeves, de même que Billy Zane, qui deviendra un ami intime de Kiefer. À cette époque, Zane habite le garage de ce qui fut autrefois le manoir de Charlie Chaplin. Il le partage avec Robert Downey Jr. et sa petite amie d'alors, Sarah Jessica Parker. Une fois bouclé le tournage de *Brotherhood of Justice*, Kiefer passe du temps avec Zane dans la maison et finit par faire connaissance avec tous les colocataires. Et, comme il reste une chambre inoccupée, on lui propose d'y emménager. À ce moment-là, Robert Downey Jr. est souvent absent, puisqu'il fait partie de l'équipe de *Saturday Night Live*. Sarah Jessica Parker travaille aussi la plupart du temps et, quand ils reviennent tous les deux en ville, c'est Kiefer qui est parti. Ainsi, même s'ils partagent techniquement la même maison, ils se retrouvent rarement tous ensemble.

« C'est un épisode un peu bizarre de ma vie, magnifiquement surréaliste, se souvient Sutherland. C'était comme si nous vivions tous dans un *Melrose Place* grandeur nature pour acteurs. On allait, on venait, on partait en tournage et puis on rentrait. Quand quelqu'un était à la maison, il s'occupait de tout, comme de nourrir les chats de Sarah. J'ai dû vivre là-bas avec eux presque trois ans. » Pendant tout ce temps, Sutherland ne versera jamais un seul sou pour le loyer. Pourquoi ? « Parce qu'ils ne me l'ont jamais demandé », répond-il.

Kiefer doit bientôt partir pour Reno, au Nevada, puis pour l'Utah, où se tourne son prochain film. *Promised Land* est un drame humain poignant sur deux amis d'université qui quittent leur ville natale pour parcourir le monde, mais qui doivent finalement rentrer quand les choses tournent mal. Davey Hancock (incarné par Jason Gedrick) est une ancienne vedette de basket-ball qui abandonne ses études pour devenir agent de police. Le personnage de Sutherland, Danny Rivers, qui quitte la ville en nourrissant de grandes ambitions politiques, finit par sombrer dans l'errance et revient en disgrâce au chevet de son père mourant.

Avec *Promised Land*, Kiefer Sutherland confirme son aisance dans tous les types de rôles : le bon, le méchant, le bon qui devient méchant... Rien ne lui résiste. Il n'est encore qu'un jeune homme, mais il a l'étoffe d'une vedette de Hollywood. Il a la jeunesse, l'énergie et surtout une farouche volonté d'atteindre la perfection sur le plan professionnel.

Même son père est impressionné : « Il est venu me voir un soir lorsque je vivais à Los Angeles. Il est arrivé au pied de mon lit et m'a demandé s'il pouvait répéter son texte devant moi. Je me suis dit : "Pitié, mon Dieu ! Bon, OK." Puis il l'a fait, et c'était génial. J'étais tellement soulagé. Ensuite, il m'a dit : "Bon, ça, c'était la façon dont ils veulent que je le fasse. Est-ce que je peux te montrer comment moi je veux le faire ?" Alors il a recommencé, d'une manière complètement différente. Et c'était encore mieux. J'en avais des frissons. Je ne me rappelle pas s'il a eu le rôle, mais je savais qu'il allait s'en tirer. Il était fabuleux. »

GÉNÉRATION PERDUE

« *Laissez-moi vous dire que 1987 a été pour moi une année marquante à plusieurs niveaux. Ce que j'ai fait cette année-là a tout changé, pour le reste de ma vie.* »

– Kiefer Sutherland

L'année 1987 représente un tournant décisif dans la carrière de Sutherland. Tout en continuant à jouer dans des films aux scénarios surprenants qui le poussent à sans cesse se surpasser, il accepte la proposition d'un grand studio et apparaît dans un long métrage qui le fait passer du statut de jeune talent prometteur à celui d'authentique vedette de Hollywood. À partir de ce moment, quand son nom apparaît sur la liste des acteurs pressentis pour une grosse production, les cadres des studios ne disent plus : « Qu'est-ce qu'il a fait déjà ? », mais plutôt : « Oui, engagez Kiefer si vous le pouvez. »

Cela dit, tous les rôles ne lui conviennent pas pour autant. En 1987, le réalisateur Stephen Herek, qui a à son actif un film d'horreur à petit budget intitulé *Critters*, entre en contact avec deux scénaristes en vue, Ed Solomon et Chris Matheson. Ensemble, ils conçoivent les aventures de deux cancres prénommés Bill et Ted qui, dans leurs tentatives pour réussir un examen d'histoire, vont être amenés à rencontrer des personnages historiques marquants. Il s'agit d'une parabole grossière et maladroite dont l'atmosphère s'inscrit dans la tendance des films pour adolescents de l'époque.

Tous les jeunes acteurs en ville, y compris Sutherland, tentent d'obtenir une audition pour les rôles de Bill et de Ted. « On auditionnait énormément de jeunes, se souvient Herek. On n'avait pas une idée précise du genre de physiques qu'on recherchait ; on savait seulement quels types d'attitude et de prestation on voulait. » Quand Sutherland vient le voir pour lui parler du rôle de Ted Logan, Herek sait qu'il a les aptitudes nécessaires, mais il y a chez lui quelque chose qui ne colle pas avec le personnage. « Kiefer ne pouvait pas avoir l'air idiot, explique Herek. Quand on le regardait, même si sa proposition était intéressante, il avait toujours cette pointe de sarcasme, ce regard intelligent. » Sutherland n'est donc pas retenu. Ce sera finalement Keanu Reeves qui jouera Ted, tandis qu'Alex Winter incarnera Bill.

Pour les scénaristes, le milieu des années 1980 représente un âge d'or. Tout à coup, les scénarios spontanés – ceux qui sont écrits hors contrat et proposés à tous les producteurs ou studios susceptibles de les acheter – se mettent à générer des profits records. Cette frénésie commence alors qu'un jeune scénariste du nom de Shane Black écrit *L'arme fatale*, l'histoire d'un policier de Los Angeles incontrôlable, et la vend près d'un million et demi de dollars à Warner Bros. Le film sort en 1987 et atteint des sommets de popularité, générant des bénéfices de cent vingt millions de dollars dans le monde entier, avant d'engendrer trois suites et près d'un milliard de dollars au total. Black amassera quelques millions supplémentaires grâce au film *Le dernier samaritain* (1991), mettant en vedette Bruce Willis, qui sera pourtant un échec commercial. D'autres scénaristes profitent de la manne. Le prolifique Joe Eszterhas se vante d'avoir vendu trois millions l'ébauche du scénario de *Basic Instinct*, griffonnée sur une serviette en papier. C'est dans ce contexte inespéré que le tandem constitué par Janice Fischer et James Jeremias réussit à vendre à Warner Bros un scénario intitulé *Génération perdue*. Si le montant de la transaction n'est pas un record en soi – quelques centaines de milliers de dollars –, il dépasse de loin les attentes des plus optimistes de ses auteurs.

Génération perdue est le genre de projet qui émane d'un gros studio et semble à première vue avoir été conçu dans le chaos total. La gestation du film s'étend sur des années, avec d'innombrables changements de scénarios et d'équipes, pour finalement aboutir à un immense succès populaire qui passe pour un chef-d'œuvre de planification artistique.

Dans sa forme première, le scénario est une version noire de l'histoire de Peter Pan, de J.M. Barrie, dont les jeunes héros qui refusent de vieillir se surnomment les « garçons perdus ». La bande de jeunes du premier scénario de Fischer-Jeremias se compose d'écoliers du primaire un peu niais. L'astuce réside dans l'idée d'en faire des vampires. La production désigne d'abord Richard Donner en tant que réalisateur, mais ce dernier décline l'offre. « Oui, *Génération perdue* est passé entre mes mains, mais je n'ai fait que transmettre le relais de la réalisation, affirme-t-il. La première ébauche du scénario était assez différente et ressemblait plutôt à une version action-comédie-horreur du film *Les Goonies*, que j'avais fait auparavant. Mais j'aimais ces scénaristes, et j'adorais l'énergie et l'idée derrière le scénario. J'ai donc décidé de m'associer pour pousser le projet au mieux de son potentiel afin qu'un autre réalisateur puisse l'exécuter. J'étais débordé par des projets qui s'enchaînaient sans interruption, et même si j'avais voulu diriger le film dans sa version finale réécrite, j'aurais été pris par autre chose. » En l'occurrence, l'autre chose en question est le film *L'arme fatale*. Donner s'implique ainsi à titre de producteur délégué de *Génération perdue* et use de son influence auprès de Warner Bros pour que le film soit un succès.

Mary Lambert, qui a déjà réalisé quelques films mais qui est surtout connue pour certains des premiers vidéoclips de Madonna, est sollicitée pour prendre les commandes. Toutefois, sa sensibilité se révèle vite incompatible avec la mentalité des studios. Elle quitte donc le navire pour cause de « différences créatives », avant d'aller réaliser le grand classique de l'épouvante *Simetierre*[1].

---

1. Titre au Québec : *Cimetière vivant*.

Warner Bros et Donner approchent alors le réalisateur Joel Schumacher. Ce dernier n'a que cinq réalisations à son actif – il en a trente aujourd'hui –, dont son premier téléfilm, l'excellent *The Virginia Hill Story* (1974), sur la fiancée du gangster Bugsy Siegel. Avant de se voir offrir *Génération perdue*, il dirige *St. Elmo's Fire*[2], l'un des grands succès de l'année 1985. Cette œuvre, de même que *The Breakfast Club* que John Hughes réalise la même année, révèle au public un groupe de jeunes acteurs qui se fera connaître sous le nom de *Brat Pack* – qui peut se traduire par « bande de petits cons ».

Schumacher ne cache pas son intérêt, mais souhaite pouvoir modifier le scénario afin de mettre en scène des adolescents plus âgés, dont une fille. Les producteurs acceptent et confient les révisions au scénariste indépendant Jeffrey Boam. « J'adorais ce film et j'étais fier d'avoir tenu bon dans mes modifications, témoigne Schumacher. Je n'aurais pas pu le mettre en scène tel qu'il était écrit, ça ne me correspondait pas. Mais avec des personnages plus mûrs, je voyais jaillir plein de nouvelles dimensions passionnantes. Depuis l'aspect sentimental jusqu'aux costumes, en passant par les motos, tout me semblait plus sexy. Et on dirait que le public a complètement adhéré à cette vision. »

Une fois de plus, Kiefer Sutherland endosse un rôle de méchant : David, le chef des vampires, vêtu d'un long manteau noir et de gants noirs qui contrastent avec ses cheveux décolorés. « Le gant était un ajout de dernière minute, révèle l'acteur. Je tuais le temps sur l'une des motos

---
2. Titre au Québec : *Le feu de St. Elmo*.

quand, subitement, je suis tombé et me suis cassé le bras. Pour cacher mon plâtre, j'ai dû porter un gant, mais Joel s'est débrouillé pour lui donner un air très cool, comme toujours. »

La distribution rassemble du beau monde, de la future lauréate d'un Oscar Dianne Wiest au jeune canadien Corey Haim, en passant par la future tête d'affiche Jason Patric. La jeune actrice Jami Gertz interprète Star, la fille-vampire, et la vedette de téléréalité Corey Feldman prête ses traits à Edgar Frog, le chasseur de vampires aux faux airs de Rambo.

Le film devient peu à peu le reflet de son réalisateur, dont le flamboyant passé de directeur artistique et de costumier imprègne chacune des productions, reconnaissables à leur touche visuelle éblouissante. Il a depuis démontré qu'il savait faire preuve de discrétion sans pour autant perdre son efficacité.

Schumacher choisit Kiefer Sutherland pour incarner David avec le sentiment que, malgré son jeune âge, l'acteur possède une maturité singulière. Sa voix étonnamment mûre et son front haut le vieillissent, et par-dessus tout, c'est un bon comédien. Dans les années qui suivront, Schumacher fera d'ailleurs appel à lui pour plusieurs autres projets, dont *Twelve*, en 2009. « Kiefer est un acteur fantastique qui porte en lui sa part d'obscurité, confie Schumacher. Ça fait de lui un artiste passionnant à regarder. Il n'a pas peur de s'enlaidir, d'avoir l'air fatigué ni de jouer les méchants. Ce dont il a peur, c'est d'être médiocre. Il ne ressent pas le besoin de plaire au public comme c'est le cas pour d'autres vedettes. »

L'histoire de *Génération perdue* est celle de deux frères, Michael et Sam, qui, après le douloureux divorce de leurs parents, vont s'installer avec leur mère dans la ville côtière de Santa Clara, en Californie, chez leur excentrique grand-père maternel. Ce dernier est interprété par l'extraordinaire acteur Barnard Hughes. Santa Clara se révèle être une ville hors de l'ordinaire où sévit une bande de jeunes gens qui n'apparaissent que la nuit et ressemblent à des pirates des temps modernes. Les deux frères réaliseront bientôt que la ville est infestée de vampires dont ce groupe, mené par le charismatique David aux cheveux blancs, constitue l'élite. C'est sur l'invitation de Star, la mystérieuse fiancée de David, que Michael, l'aîné, se rendra dans le repère de la bande, un vieil hôtel partiellement démoli par un tremblement de terre. Sans savoir qui sont réellement ces jeunes gens, il sera convié à une étrange cérémonie qui, à son insu, fera de lui une créature initiée, un « demi-vampire ».

Sam fait la connaissance de deux frères un peu maladroits qui savent qui sont les vampires et se sont juré de découvrir où ils dorment dans le but de les éliminer. Quand Sam découvre ce qui est arrivé à son frère, tous trois décident de traquer Max, le vampire en chef plus âgé que ses congénères, de le tuer et de ramener Michael à sa condition de simple mortel.

Génération perdue sort le 31 juillet 1987 dans des milliers de salles en Amérique du Nord, et rapporte trente-deux millions de dollars à l'échelle nationale, un bon score pour un film d'épouvante interdit aux mineurs. Les principaux bénéficiaires de l'entreprise sont Jason Patric, qui endosse avec le personnage de Michael son premier grand rôle, et Kiefer Sutherland, qui lui vole quasiment la vedette et laisse aux spectateurs un souvenir marquant. L'acteur se souvient avec enthousiasme de cette expérience. « C'était la première d'une série de collaborations géniales que j'allais avoir avec Joel Schumacher. Je me souviens m'être bien amusé cette fois-là. Jouer David était un pur plaisir. Je portais des fringues bizarres, je roulais à moto, je me baladais avec une fille superbe au milieu d'acteurs incroyables. C'était vraiment super. »

Toujours en 1987, Sutherland participe à deux projets mineurs : *Crazy Moon*[3], une petite production canadienne, et *L'heure du crime*, dans lequel il joue un tueur dérangé, le premier d'une longue série. Le personnage, simplement désigné dans le générique comme « L'étranger », exécute un homme sur une autoroute. La victime se rendait dans une petite localité frontalière de Californie où elle devait prendre ses nouvelles fonctions de shérif adjoint. Le tueur usurpe son identité et se met en route pour prendre sa place. À son arrivée, il se retrouve au cœur d'un complot, alors que le shérif et sa maîtresse tentent d'assassiner le mari de celle-ci et d'attribuer le crime au nouvel arrivant. Sutherland livre une fois de plus une performance mémorable dans la peau d'un psychopathe à la fois charismatique et perturbé.

---

3. Titre au Québec : *D'amour et d'eau fraîche*.

Ce film pourrait apparaître d'une importance négligeable s'il n'y avait cette jeune actrice qui joue la femme du shérif. Camelia Kath, la jolie brune qui incarne Laura Winslow, est la veuve de Terry Kath, l'un des membres fondateurs du groupe rock Chicago. Elle se fait remarquer à l'écran grâce à son large sourire lumineux et à ses yeux magnifiques. En septembre 1986, Sutherland et Kath commencent à sortir ensemble, multipliant les apparitions en couple dans les restaurants et les événements publics. Kiefer Sutherland a alors vingt ans et Camelia Kath en a trente-deux.

Leur différence d'âge n'empêche pas la naissance d'une passion réciproque, et ils se marient le 12 septembre 1987, presque un an jour pour jour après le début de leur relation. Ce mariage est une idée de Kiefer, une idée qui le plonge dans un mélange d'excitation et de nervosité. Pour l'une des rares fois de sa vie, il ressent le besoin de solliciter l'avis de son père. « Je lui en ai parlé alors qu'on se promenait dans la grande et magnifique propriété qu'il possède au Québec, dit-il. Je lui ai confié que j'aimais follement cette femme, que je voulais l'épouser, et que mes raisons me semblaient être les bonnes. Mais cette perspective m'effrayait quand même un peu. Je l'ai senti hésiter avant de me répondre. Finalement, il a choisi de m'encourager, m'a dit que c'était merveilleux mais que je devrais adorer ma femme, la combler et prendre soin d'elle à chaque instant. J'ai trouvé ce conseil épouvantable, mais je n'ai pourtant jamais ressenti autant de tendresse pour mon père qu'à ce moment-là. Il me soutenait dans mes choix de vie et partageait ma joie et mon enthousiasme. »

Sutherland finit l'année 1987 au sommet. Il est devenu une vraie star de cinéma, vient de se marier, et peut se vanter d'avoir devant lui une liste enviable de projets. Étoile montante dans le firmament hollywoodien, il peut maintenant revendiquer de plein droit le titre d'acteur, même si on ne lui fait pas encore assez confiance pour porter à lui seul un film sur ses épaules. Un schéma se dessine dans sa carrière : chaque grosse production est suivie d'un projet moins exigeant. Mais il est encore jeune, il n'a que vingt-et-un ans, et il se donne à fond sur tous les fronts. Acteur doté d'une véritable intensité dramatique, il fait preuve d'un professionnalisme irréprochable sur les plateaux, mais il doit aussi relâcher la pression de temps à autre. À mesure que sa carrière prend de l'envergure, sa témérité s'accroît. Il ne s'en cache pas. Même si de nombreux regards sont désormais tournés vers lui, il agit comme s'il mettait les autres au défi de l'accepter tel qu'il est.

YOUNG GUNS

« Je mets ma fille dans l'embarras, je mets ma mère dans l'embarras et je me mets moi-même dans l'embarras. Je le sais. Je le regrette. Mais je continue à le faire. »
— Kiefer Sutherland

Depuis *Génération perdue*, Kiefer Sutherland surfe sur la vague du succès fraîchement acquis et se voit offrir de nombreux rôles. N'étant plus obligé d'accepter tout ce qu'on lui propose et de tenter de tirer son épingle du jeu, il peut enfin choisir ses films.

Il est toutefois engagé dans un projet de film qu'il doit achever avant de pouvoir se considérer vraiment libre d'accepter les projets de haut vol qui l'attendent. Ce film s'appelle *1969*, et sa décision d'y participer est liée à la promesse qu'il a faite à son ami et colocataire Robert Downey Jr. de travailler avec lui. *1969* raconte l'histoire de deux amis prénommés Scott et Ralph qui vivent dans une petite ville américaine, à l'époque de la guerre du Vietnam. Scott, un antimilitariste farouche, voit son frère s'enrôler dans l'armée, ce qui crée une vive tension dans la famille, surtout entre Scott et son père. Ralph et Scott décident alors de quitter la ville durant l'été à bord de leur fourgonnette afin de vivre la nouvelle liberté promise par la mythique ère du Verseau. Ils reviendront finalement chez eux pour apprendre la mort du frère de Scott au Vietnam. La douleur rapprochera les membres de la famille et enseignera au père comme au fils le véritable prix de la guerre.

Le tournage débute au début du mois de novembre 1987. Tout se déroule en décors naturels, à Savannah et à Statesboro, en Georgie, avec quelques prises additionnelles à Hardeeville, en Caroline du Sud, sous la direction du scénariste et réalisateur Ernest Thompson, qui vient de gagner un Oscar pour le scénario de *La maison du lac*. Il recrute donc Downey et Sutherland, amis dans la vraie vie, et complète la distribution en faisant appel à Bruce Dern, Winona Ryder et Mariette Hartley.

La reconstitution est sensible, les dialogues brillamment écrits et l'interprétation remarquable, mais la réalisation souffre de faiblesses notoires. La période des années 1960 est certainement l'une des époques les plus délicates à recréer, culturellement comme esthétiquement, et Thompson ne relève le défi qu'à moitié. L'un des atouts du film réside dans l'alchimie qui lie les deux personnages principaux. « Je pense que le fait que Kiefer et moi soyons de bons amis dans la vie nous a bien sûr donné un certain naturel à l'écran, confirme Downey. Nous partagions aussi l'étrange impression d'incarner nos parents, ou du moins d'endosser leur cause, puisque Kiefer et moi avions comme parents des pacifistes convaincus qui ont vécu pleinement la libération des mœurs dans les années 1960. C'était plutôt cool. »

Au départ, *1969* n'est présenté que dans quelques cinémas de Los Angeles en août 1988. Il reprend toutefois l'affiche avec plus d'ambition en novembre de la même année, quand Sutherland et Downey voient leurs réputations respectives croître soudainement sous l'effet des grosses productions dans lesquelles ils ont joué entre-temps. Le film amasse finalement quelque cinq millions de dollars aux États-Unis.

Le sursaut de popularité de Downey est dû à son apparition dans deux comédies, *Rented Lips* et *Johnny Be Good*, cette dernière lui ayant permis de travailler avec son père, l'acteur, auteur et metteur en scène Robert Downey Sr. Mais Sutherland s'est distingué avec plus d'éclat encore pour ses rôles dans *Les Feux de la nuit* et, surtout, dans le grand succès *Young Guns*.

Les feux de la nuit fait partie des quelques projets ambitieux qui tombent entre les mains de Sutherland à cette époque. Le roman sur lequel se base le scénario, *Journal d'un oiseau de nuit*, est dû à la plume d'un jeune romancier de New York, Jay McInerney. Tout comme Hollywood a son *Brat Pack*, la scène littéraire new-yorkaise chérit à cette époque un groupe de jeunes auteurs âgés d'une vingtaine d'années que leurs premiers romans ont poussés sous le feu des projecteurs, leur garantissant d'un coup de mirobolants contrats d'édition et une renommée enviable. Le succès de ces jeunes stars de la littérature est foudroyant, voire excessif. Dès la parution de *Journal d'un oiseau de nuit*, on voit en McInerney un nouveau F. Scott Fitzgerald. L'ouvrage décrit la vie trépidante et hédoniste de jeunes New-yorkais dopés à la cocaïne dans les années 1980 ; les critiques vantent aussitôt les mérites de ce fidèle tableau de l'essence de la métropole.

Le personnage principal du livre est un écrivain cynique du nom de Jamie Conway qui tente de noyer ses problèmes personnels dans la drogue, le sexe et les sorties. À l'origine, le rôle de Conway est offert à un jeune acteur très en vue : Tom Cruise. Mais ce dernier, bien que conscient de la qualité du projet, refuse le rôle parce qu'il n'est pas à l'aise avec la consommation de stupéfiants à laquelle s'adonne son personnage. Le contrat est repris par un autre acteur d'origine canadienne très en vogue : Michael J. Fox. L'autre rôle principal, l'ami riche et téméraire de Jamie, Tad Allagash, est endossé par son compatriote Kiefer Sutherland. Ce dernier se plaît dans ce rôle : « J'adorais ce personnage : Tad me ressemblait à plusieurs égards, alors j'ai pu faire passer beaucoup de mes lubies à travers lui. »

L'intégralité du tournage se déroule à New York, ce dont profitent les jeunes comédiens – parmi lesquels Tracy Pollan, la future épouse de Fox, et la belle Phoebe Cates –, qui s'imprègnent du rythme de la métropole pour faire revivre à l'écran la faune des fêtards urbains. Michael J. Fox est conscient du délicat parallèle qui existe entre la narration du film et le quotidien des acteurs hors du plateau : « Il y avait quelque chose de grisant, quelque chose de dangereux à travailler à New York dans un grand film aussi ambitieux, à se sentir au-dessus du commun des mortels malgré notre jeune âge. Cette combinaison a donné lieu à des moments formidables, mais elle a aussi poussé certains d'entre nous à se laisser complètement guider par leurs instincts les plus primaires. » Il y a fort à parier que Fox fait ici principalement allusion à Sutherland.

Les feux de la nuit sort en salles le 1er avril 1988 et récolte mollement cinq millions de dollars lors du premier week-end, malgré sa projection sur près de mille deux cents écrans. Les recettes totales s'élèveront à près de seize millions de dollars à l'échelle nationale, soit bien moins que son budget de production de vingt-cinq millions de dollars. En dépit de ces résultats décevants, Sutherland s'en tire indemne, une fois de plus. La qualité de l'interprétation n'est pas en cause dans ce désaveu public : les acteurs sont tous bons. Le critique Roger Ebert considère par exemple que Michael J. Fox offre dans ce film l'une de ses meilleures compositions. De son côté, Kiefer Sutherland livre une performance désabusée et sardonique pleine de justesse, un parfait équilibre entre l'envoûtement et la répulsion. Dans la scène où il reproche son retard à Jamie en lui disant qu'il y a « des danses à danser, des drogues à sniffer, et des femmes à *Allagasher*[1] », Sutherland assène sa réplique avec brio, provoquant chez les spectateurs une double réaction d'attrait et de dégoût pour le personnage.

---

1. Terme créé à partir du nom du personnage, Tad Allagash.

Le prochain rôle de Sutherland l'amène à quitter le New York décadent des années 1980 pour les grands espaces de l'Ouest sauvage du 19e siècle. *Young Guns* constitue un tournant dans l'envol de sa carrière, puisqu'il s'agit de l'un de ses plus éclatants succès avant *24 heures chrono*. Mais ce film marque aussi la fin de l'adolescence professionnelle de Kiefer, car, bien qu'il possède la maturité d'un acteur plus âgé, son but n'est plus dorénavant de se faire connaître mais bien de stabiliser sa notoriété et sa vie privée. S'il s'agit d'une tâche délicate pour n'importe quel jeune acteur, elle l'est doublement dans le cas d'une personnalité comme la sienne. La créativité de Sutherland se nourrit de l'intensité de son mode de vie et, malgré ses tentatives sincères pour acquérir une stabilité intime, ses exigences d'artiste apparaissent comme un obstacle. C'est aussi lors du tournage de ce film que naîtra une nouvelle passion qui jouera un rôle central dans la vie et la carrière de Kiefer.

Young Guns est écrit par John Fusco, un jeune auteur aux airs de star de cinéma qui fait partie des quelques scénaristes chanceux qui profiteront du marché cinématographique florissant de la deuxième moitié des années 1980. Esprit libre, Fusco quitte l'école à seize ans pour sillonner le sud des États-Unis, gagnant sa vie en jouant du *blues* dans les bars. Il relate son expérience dans un premier scénario, une œuvre autobiographique intitulée *Crossroads*[2]. Le réalisateur Walter Hill en tire un long métrage qui non seulement deviendra un film culte, mais servira aussi de

---

2. Titre au Québec : *À la croisée des chemins*.

source d'inspiration pour le jeu vidéo *Guitar Hero III : Legends of Rock.*

Fusco recentre ensuite son talent et son imagination sur l'Ouest américain. C'est ainsi qu'il accouche de *Young Guns,* un scénario qui offre une vision très personnelle de la légende de Billy the Kid. Dans la version de Fusco, Billy the Kid dirige un groupe de jeunes francs-tireurs chargés de rétablir la justice dans l'affaire du meurtre d'un propriétaire de ranch. Le fermier, John Tunstall, avait autrefois hébergé et élevé les jeunes gens, qui le considéraient comme une sorte de père adoptif. Mais ils abuseront finalement de leur autorité en tuant les hommes qu'ils étaient venus arrêter. Et les justiciers deviendront à leur tour des fugitifs.

Le scénario de Fusco apparaît vite comme un vecteur idéal pour exploiter le talent des jeunes acteurs convoités de l'époque. Des critiques moqueurs surnommeront d'ailleurs le film « *Young Guns : le* Brat Pack *fait du cheval* ». Un jeune réalisateur prometteur, Christopher Cain, est sollicité pour prendre en charge le film, et ce dernier voit en son ami Emilio Estevez un parfait Billy the Kid. Cain a déjà dirigé Estevez en 1985 dans *That Was Then... This Is Now*, une adaptation du roman éponyme de S.E. Hinton dont l'acteur avait lui-même signé le scénario.

Sutherland incarne Josiah Gordon « Doc » Scurlock, un enseignant à lunettes new-yorkais devenu tireur d'élite. Le personnage tire clairement son inspiration du légendaire Doc Holliday, le dentiste-mercenaire qui accompagnait Wyatt Earp et ses frères. Le rôle est particulièrement haut en couleur, tout comme les autres personnages, tous bien campés par une brochette d'excellents acteurs. C'est Lou Diamond Phillips, qui se liera d'amitié avec Sutherland, qui incarne José Chavez y Chavez, le membre amérindien de la bande des six. Les deux comédiens travailleront ensemble à plusieurs reprises par la suite, et, bien des années plus tard, la fille de Phillips partagera la vedette avec Kiefer dans *24 heures chrono*. Charlie Sheen, Dermot Mulroney et Casey Siemaszko personnifient les trois autres mercenaires, et les acteurs chevronnés Terence Stamp, Jack Palance et Terry O'Quinn (que l'on verra par la suite dans *Lost, les disparus*[3]) complètent la distribution.

Terence Stamp évoque *Young Guns* avec une certaine tendresse : « Il y avait quelque chose de magique à tourner un western. J'en avais fait quelques-uns avant, bien sûr, mais celui-là s'inscrivait dans la pure tradition du genre. Ce que je retire de ce film, cependant, c'est une immense admiration pour cette nouvelle génération de jeunes acteurs, principalement Emilio et Kiefer. Kiefer possède l'intensité et l'instinct de jeu d'un acteur très expérimenté. »

Le tournage débute au Nouveau-Mexique le 8 février 1988, et se poursuit jusqu'à la fin mars. Sutherland doit s'absenter une dizaine de jours pour retourner auprès de sa femme Camelia, qui donne naissance à leur fille, Sarah Jude. Aussitôt la mère et l'enfant installées à la maison, il regagne le tournage. Le film exploite le cadre naturel du nord du Nouveau-Mexique, de Santa Fe à Ojo Caliente, en passant par Tesuque Pueblo. Sutherland s'extasie devant

---

3. Titre au Québec : *Perdus*.

ces magnifiques paysages : « J'ignore si c'est parce que je viens du Canada, où nous avons l'habitude des grands espaces, ou si j'avais simplement besoin d'un changement de décor, mais l'ouest des États-Unis me maintenait dans un émerveillement perpétuel en raison de la beauté de ses paysages naturels. »

Lou Diamond Phillips déclarera en 1999 que *Young Guns* est un de ses films favoris : « C'est un vrai film de cow-boys, dit-il. C'était super de pouvoir enfiler ces costumes, se balader avec un six coups, monter à cheval et explorer cette mythologie américaine. Kiefer et moi avons tout de suite embarqué là-dedans. Je crois que nous nous sommes reconnus mutuellement comme deux âmes anciennes dans des corps de jeunes hommes. Dès que *Young Guns* a été bouclé, nous avons cherché d'autres choses à faire ensemble au cinéma. »

Si Phillips semble avoir pris plaisir à endosser les costumes d'époque et à manier le six coups, ce film a eu l'effet d'une révélation pour Kiefer : « Je ne sais pas vraiment ce qui s'est passé. J'ai juste ressenti un bonheur naturel et fantastique à me retrouver à cheval. Sur le tournage de *Young Guns*, je ne voulais plus descendre de ma monture ; les scènes de chevauchée étaient celles que je préférais faire. »

Le long métrage sort en salles le 12 août 1988 et récolte sept millions de dollars en un seul week-end, soit plus de la moitié des treize millions de son modeste budget de production. Les bénéfices aux États-Unis s'élèveront finalement à plus de quarante-cinq millions de dollars. Selon la logique de Hollywood, le destin d'un film aussi profitable est souvent tracé à l'avance : *Young Guns* aura une suite. Mais avant cela, Sutherland a d'autres projets.

À vingt-deux ans à peine, Kiefer doit s'adapter à sa vie de jeune père, ainsi qu'à sa carrière florissante et à la personnalité publique qu'il devient, semaine après semaine. « Je voulais être plus vieux que je n'étais, aller plus vite que je n'aurais dû. Et me voilà, très jeune, avec une épouse, un enfant, une maison et une carrière très active. Mais je cédais encore à ces pulsions auxquelles cèdent parfois les gars qui réussissent. J'y cédais simplement plus souvent. Je croyais pouvoir tout gérer. »

Mais comme Hollywood autorise tous les excès, surtout de la part de quelqu'un qui crée de la richesse, son attitude est le plus souvent pardonnée, voire dissimulée. Malheureusement, le problème ne se limite pas à la réputation douteuse qu'il se bâtit. Il devient évident pour tous, sauf peut-être pour lui-même, que la situation deviendra bientôt intenable.

JULIA

« Je suis reconnaissant à Julia d'avoir compris à quel point nous étions jeunes et stupides, même à la dernière minute, même si c'était douloureux et difficile. Dieu merci, elle l'a compris. »

– Kiefer Sutherland

Après *Young Guns*, Sutherland fait de nouveau équipe avec Lou Diamond Phillips dans un film policier intitulé *Flic et rebelle*[1]. L'auteur David Rich a réussi à trouver preneur pour son tout premier scénario, qui raconte l'histoire d'un agent infiltré. Buster McHenry, interprété par Sutherland, enquête sur la corruption au sein de la police, ce qui le rend très impopulaire auprès de ses collègues. Pendant sa mission d'infiltration, il est impliqué dans un cambriolage qui tourne mal et dont il ressort blessé. Au moment du vol, une ancienne lance amérindienne est subtilisée. Le personnage incarné par Pillips, Hank Storm, va tout mettre en œuvre pour récupérer la lance de son peuple. McHenry, lui, veut retrouver ceux qui lui ont

---

1. Titre au Québec : *Les renégats*.

tiré dessus. D'abord adversaires, les deux hommes feront finalement équipe pour parvenir à leurs fins.

Flic et rebelle est tourné à Philadelphie et à Toronto. Voici ce que déclare le réalisateur Jack Sholder à propos de sa collaboration avec Sutherland : « Ce que j'aime chez Kiefer, c'est qu'il peut aussi bien tenir le premier rôle et porter le film sur ses épaules, qu'être un acteur de groupe très efficace, selon ce que requiert le rôle. Dans ce film, il doit interpréter un type fondamentalement honnête qui se fait sans cesse détourner du droit chemin, mais qui décide de rester fidèle à ses convictions, quel que soit le prix à payer. » Phillips se montre tout aussi admiratif : « Kiefer et moi, ça fonctionne à l'écran. Quand ce genre de trucs arrive, mieux vaut ne pas chercher à comprendre ni se poser trop de questions, sinon on se met constamment à vouloir faire en sorte que ça marche plutôt que de laisser les choses se faire naturellement. »

Dans ce film, Sutherland porte la moustache afin de se vieillir un peu. À vingt-trois ans à peine, il joue un agent de police vétéran près de l'épuisement professionnel, un vrai rôle de composition. *Flic et rebelle* met aussi en vedette Jami Gertz, l'héroïne de *Génération perdue*, ainsi qu'un jeune acteur du nom de Rob Knepper, qui trouvera plus tard le succès à la télévision dans la très populaire série *Prison Break*[2].

* * *

---

2. Titre au Québec : *La grande évasion*.

Quiconque a déjà fréquenté un plateau de cinéma sait combien le rythme y est ennuyeux. La mise en place des éclairages et des rails de travelling, le réglage des mouvements de caméra, etc., requièrent de longues heures de travail pour une prise de seulement quelques minutes. Et tout est à recommencer pour le plan suivant.

Lors du tournage de *Flic et rebelle*, à Toronto, l'attente est multipliée par la complexité des installations que les effets spéciaux et la pyrotechnie nécessitent. Pendant que l'équipe technique s'active, une jeune assistante de production patiente souvent aux côtés de Sutherland. « Ce que je me rappelle à propos de mes conversations avec Kiefer, c'est à quel point cet homme est complexe, témoigne-t-elle. Je me souviens d'un soir où il avait l'air déprimé et où je lui ai demandé ce qui n'allait pas. Il m'a répondu qu'il était récemment devenu papa et que ça l'angoissait. C'était une nouvelle formidable pour lui, mais il se sentait dépassé par la tâche. » Elle tente alors de le rassurer en lui disant que tous les jeunes pères partagent ce genre de doutes, que c'est une chose parfaitement naturelle. « Il m'a confié qu'on lui avait recommandé de suivre une thérapie pour explorer sa propre enfance, mais il ne pensait pas en avoir besoin. Le problème, c'était tout simplement la vie de famille des acteurs, une vie qui implique des tournages loin de chez soi et la nécessité de se déplacer pour aller chercher le travail là où il se trouve. Il craignait que cela ait des conséquences sur son enfant. »

L'assistante de production est aux côtés de Sutherland lorsqu'une journaliste l'interroge sur sa réputation de fêtard et de buveur invétéré. « Il a souri à cette femme en hochant la tête, puis il s'est tourné vers moi avec l'air de dire : "Tu vois ce que je dois endurer ?" Et puis, il lui a répondu : "Écoutez, j'aime boire un coup de temps en temps, j'aime fumer, j'aime me détendre avec mes amis en dehors du boulot. Je n'ai aucun problème avec tout ça. Si ça en devenait un, je crois que je serais le premier à le savoir." »

... Ou peut-être pas. Plus tard la même année, Sutherland est arrêté pour conduite en état d'ébriété et port d'arme chargée et dissimulée. Comme il ne conteste pas son ivresse au volant, les autres poursuites sont abandonnées. Il s'en tire à bon compte, pour cette fois...

* * *

Flic et rebelle reçoit un accueil pour le moins mitigé lors de sa sortie, le 2 juin 1989. Siskel et Ebert démolissent le film dans leur émission télévisée, jugeant qu'il ne s'agit que d'une grossière opération commerciale, sans originalité ni ambition. Toujours est-il que le film génère des recettes d'à peine huit millions de dollars à l'échelle nationale. Sans être un fiasco total, il ne rivalise absolument pas avec le succès de *Young Guns* ou de *Génération perdue*.

Le film suivant dans lequel Sutherland apparaît suscite des attentes plus élevées. *Flashback* raconte la vie d'un activiste des années 1960, Huey Walker, qui est recherché par la police et parvient à se cacher pendant vingt ans. Le personnage de Walker est joué par Dennis Hopper, l'archétype de l'acteur hippie des années 1960. Lorsque le fugitif est finalement arrêté, on assigne à un jeune agent du FBI nommé John Buckner, interprété par Sutherland, la tâche de l'escorter en train jusqu'à l'autre bout du pays, où se tiendra son procès. Malheureusement, Buckner n'est pas un homme de terrain et, alors qu'il est à bord du train avec Walker, ce dernier en profite pour le droguer et usurper son identité : il se coupe les cheveux, se rase la barbe, enfile l'uniforme de Buckner et arbore son insigne. Puis, Walker continue de droguer Buckner jusqu'à leur arrivée à bon port.

L'échange d'identité est un ressort largement exploité dans les comédies hollywoodiennes, mais ce qui distingue ce film, c'est la façon dont les deux acteurs interagissent. Dennis Hopper insuffle à son personnage la juste dose d'ironie nécessaire, lui-même ayant été une icône de la contre-culture des années 1960. Il y fait même allusion dans le film lorsqu'il lance : « Pour être un rebelle, il suffit pas d'aller louer *Easy Rider* au club vidéo du coin. »

L'agent du FBI incarné par Kiefer Sutherland a été élevé par des parents hippies. Enfant, il aurait voulu être comme les autres jeunes gens de son âge, et il a fini par devenir le type même du personnage collet monté contre lequel ses parents l'avaient mis en garde. Sutherland joue de magnifiques scènes où il raconte combien il détestait être l'enfant qui mangeait de la luzerne et portait des vêtements teints artisanalement, et où il s'effondre en larmes en regardant des vidéos familiales des années 1960.

Flashback sort en salles le 2 février 1990. Même si le film est bien meilleur que *Flic et rebelle*, il génère des recettes d'à peine plus de six millions de dollars à l'échelle des États-Unis, ce qui déçoit grandement Paramount Pictures. L'accueil du public ne rend pas justice à la qualité de ce long métrage. Les critiques concernant le travail de Sutherland, notamment, sont unanimement élogieuses, et le chroniqueur Roger Ebert applaudit l'admirable retenue avec laquelle il incarne son personnage.

*   *   *

Depuis le début de sa carrière d'acteur, Kiefer Sutherland bénéficie invariablement de critiques positives, même si tous les films dans lesquels il a joué n'ont pas toujours été des succès commerciaux. Il est encore jeune, mais sa carrière progresse bien plus que celle de ses camarades acteurs du *Brat Pack*. La plupart d'entre eux se trouvent cantonnés dans des films portant sur les angoisses adolescentes ou dans des comédies érotiques poussives, alors que Sutherland s'est taillé une belle carrière cinématographique grâce à quelques choix judicieux.

Mais sa vie familiale est en pleine déroute. À la fin de 1989, il est déjà séparé depuis plusieurs mois de sa femme, Camelia Kath, dont il divorce officiellement le 1er février 1990. Leur fille, Sarah Jude, demeurera avec sa mère.

Sutherland n'a alors que vingt-trois ans. « Tout ça était entièrement de ma faute. J'ai voulu être un adulte trop vite. […] Mais nous avons quand même eu une belle fille ensemble, et nous sommes restés amis. Malgré toutes mes défaillances, il y a du bon qui est sorti de tout ça. »

Serait-ce le contrecoup émotif de sa séparation et de son divorce ? Toujours est-il que Sutherland chancelle dans son projet suivant, un film à la Dennis Potter qui s'intitule *Chicago Joe et la Showgirl*. Tournée en Angleterre, la production fantaisiste et ambitieuse se veut une adaptation libre de la célèbre affaire de meurtre de 1944 connue en Angleterre sous le nom de « *Cleft Chin Murder Case* » – « L'affaire de la fossette de menton ». Avant la sortie officielle du film, son réalisateur, Bernard Rose, le décrit comme le meilleur film britannique jamais tourné. L'affirmation est pour le moins imprudente, puisque *Chicago Joe et la Showgirl* sera un flop monumental et vaudra à Sutherland ses pires critiques.

L'intrigue met en scène Karl Hulten, un militaire américain déserteur qui erre à Londres durant la Deuxième Guerre mondiale. En faisant des affaires sur le marché noir, il rencontre Betty Jones, une effeuilleuse au regard enivrant dont il s'entiche. Pour l'impressionner, Hulten prétend être un gars de Chicago, un prête-nom à la solde de gangsters américains désireux d'étendre leurs activités au Royaume-Uni. Jones, pour sa part, vit dans un monde imaginaire tout droit sorti des films de Hollywood. Elle se joint à Hulten et l'incite à commettre une série de petits délits, qui s'aggravent rapidement jusqu'à ce que le couple se rende coupable d'un meurtre.

Sutherland fait piètre figure dans ce film. Son personnage, faible et crédule, se fait manipuler par sa flamboyante maîtresse, incarnée par Emily Lloyd. L'acteur semble avoir encore une fois pris le parti de jouer avec retenue, peut-être dans le but d'éviter de reléguer sa partenaire au second plan. Dans ce cas précis, toutefois, la stratégie n'a pour seul effet que de rendre un personnage déjà doux carrément insipide. Mais Kiefer ne regrette pas cette expérience pour autant : « Je ne crois pas du tout avoir fait un mauvais choix. C'était un scénario fabuleux, et le réalisateur était un type intéressant aux idées ambitieuses. Au moment d'entreprendre le projet, ça semblait solide. Mais on ne sait jamais comment les choses vont s'emboîter, en fin de compte. Et on ne peut jamais deviner si ce qu'on présente plaira au public. »

Le film est lancé aux États-Unis et au Canada le 29 juillet 1990. Le premier week-end, il est présenté dans seulement six cinémas et fait moins de quinze mille dollars de recettes. En tout, il est distribué dans seulement dix-huit cinémas et récolte à peine plus de quatre-vingt-cinq mille dollars à l'échelle nationale. Sutherland se remet toutefois rapidement de l'échec. Déjà de retour à Los Angeles, il reprend sa vie de vedette de cinéma là où il l'avait laissée.

* * *

La période des scénarios spontanés à gros succès s'achève vers la fin des années 1980, mais quelques belles affaires se concluent encore. Au moment où il imagine *L'expérience interdite*[3], Peter Filardi est un auteur inexpérimenté qui n'a à son actif qu'un crédit professionnel, l'écriture d'un épisode de *MacGyver*. Son scénario met en scène un groupe de brillants étudiants en médecine qui, pour découvrir ce qu'il y a après la mort, font des expériences où ils provoquent mutuellement leur mort clinique, puis se ressuscitent les uns les autres. Graduellement, pendant leur mort temporaire, ils se mettent à voir des fantômes tout droit sortis de leur jeunesse, qu'ils se trouvent forcés d'affronter pour résoudre leur passé.

Le scénario attire l'attention de l'acteur Michael Douglas et de son producteur associé, Rick Bieber. Ils achètent le projet pour l'exploiter par l'entremise de leur société Stonebridge Entertainment, qui a conclu une entente de production avec Columbia Pictures. Non seulement Michael Douglas est un merveilleux acteur, mais il est probablement encore un meilleur producteur. Il a d'ailleurs remporté l'Oscar du meilleur film lors de sa toute première expérience à titre de producteur, pour le film *Vol au-dessus d'un nid de coucou*. Douglas voit dans *L'expérience interdite* un succès commercial potentiel. Sous réserve que la distribution soit bien effectuée, il sent que l'œuvre pourrait devenir un conte gothique contemporain dans l'air du temps.

Le réalisateur Joel Schumacher accepte de faire le film, à condition de pouvoir laisser libre cours à ses excentricités

---

3. Titre au Québec : *Lignes interdites*.

visuelles uniques pour donner au film une touche réellement personnelle, comme il l'a fait pour *Génération perdue*. Finalement, l'école de médecine fréquentée par les étudiants ressemblera plutôt à l'intérieur d'une cathédrale gothique, et Schumacher recourra à divers effets d'éclairages minutieusement dosés pour chaque personnage, de manière à refléter la sensibilité de chacun.

La première décision de Schumacher en matière de distribution est de sélectionner la star de *Génération perdue*, Kiefer Sutherland, pour le rôle principal de Nelson, le plus brillant et le plus hardi de ces étudiants en médecine. « Kiefer était mon seul choix d'acteur préétabli, raconte-t-il. J'espérais avoir Julia Roberts, mais je savais que Kiefer serait le pilier du film. »

Le reste de la distribution est composé d'autres étoiles montantes. Certains d'entre eux ont déjà goûté au succès, alors que d'autres espèrent que *L'expérience interdite* leur permettra de percer. Au moment de signer son contrat, Julia Roberts n'est qu'une simple actrice débutante, mais les choses changent avant même la fin de la production. À la sortie de l'énorme succès *Pretty Woman*[4] en mars 1990, film dans lequel elle partage la vedette avec Richard Gere, Roberts devient soudain l'une des actrices les plus en vue de Hollywood. L'autre vedette de *L'expérience interdite*, Kevin Bacon, a déjà à son actif l'immense succès *Footloose*, sorti en 1984. William Baldwin est à la recherche d'un grand rôle qui le fera connaître, même s'il vient lui aussi de tourner avec Richard Gere l'excellent film *Affaires*

---

4. Titre au Québec : *Une jolie femme*.

privées. Et Oliver Platt, cet acteur au visage familier dont les cinéphiles peinent souvent à se remémorer le nom, complète la distribution principale.

Les performances de Kiefer Sutherland et de Julia Roberts dominent le film. Le personnage de Sutherland, Nelson, qui est à la fois arrogant et ambitieux, passionné et intense, donne le ton dès sa première réplique : « Aujourd'hui est un bon jour pour mourir. » Cette fois, Sutherland choisit de ne pas sous-jouer son personnage, ce qui rend Nelson plus crédible. « Je trouvais que *L'expérience interdite* était un film intelligent et provocateur, dit Sutherland. Mais c'était aussi un divertissement palpitant. C'est ce qui m'a intéressé dans ce projet-là. En plus, je savais que Joel Schumacher lui donnerait une facture visuelle inoubliable. »

Même si l'intrigue s'essouffle un peu lorsque le récit dérive vers une réflexion existentialiste sur la rédemption et le pardon, dans l'ensemble, *L'expérience interdite* reste une grosse production hollywoodienne habile bien que très commerciale. Le film sort le 10 août 1990 et connaît un énorme succès : d'un coût de production de vingt-six millions de dollars, il rapporte près de soixante-dix millions aux États-Unis.

L'expérience interdite remet la carrière de Sutherland sur les rails du succès. Il porte le film sur ses épaules, ce qui est nouveau. Les éloges qu'il en retire sont largement mérités, mais le *timing* joue en sa faveur : il partage l'affiche avec l'actrice la plus en vue du moment, et leur relation à l'écran comme à la ville enflamme l'imaginaire hollywoodien.

C'est un moment privilégié, mais, pour des raisons en grande partie mystérieuses, cela ne durera pas.

Aussitôt terminé le tournage de *L'expérience interdite*, Sutherland part jouer dans *Young Guns II*, la suite de son plus grand succès à cette date. Du 19 janvier à la fin mars 1990, alors que se conclut son divorce avec Camelia Kath, il tourne en extérieur au Nouveau-Mexique et en Arizona. Kiefer reprend son rôle de Doc Scurlock, Emilio Estevez celui de Billy the Kid et Lou Diamond Phillips celui de Chavez y Chavez. Quelques nouveaux acteurs se joignent à l'ancienne distribution. Christian Slater apparaît sous les traits d'Arkansas Dave Rudabaugh, tandis que William Peterson, future vedette des *Experts*[5], personnifie Pat Garrett.

John Fusco est encore l'auteur du scénario, mais cette fois, c'est Geoff Murphy qui est sollicité pour le réaliser. Le film sort le 1er août 1990, une semaine avant le lancement de *L'expérience interdite*. Bien que *Young Guns II* soit un énorme succès, il ne se révèle pas aussi réussi que le premier. Le film semble se prendre trop au sérieux, cherchant à rivaliser avec les mythiques westerns à la Sam Peckinpah et John Ford plutôt que de se contenter d'être un simple divertissement, comme c'était le cas du premier. De son côté, le *Brat Pack* a vieilli, et il ne peut rivaliser avec les icônes bien établies du western traditionnel.

* * *

---

5. Titre au Québec : *CSI : Les Experts*.

Si l'amour de Kiefer pour le grand Ouest et les chevaux est né pendant le tournage de *Young Guns*, *Young Guns II* ne fait que le confirmer. L'acteur ira jusqu'à acheter les chevaux qu'il a montés dans ces deux films et à s'offrir un terrain dans l'Ouest américain. Bien que ces westerns aient été tournés dans les paysages pittoresques et arides du nord du Nouveau-Mexique et de l'Arizona, il se laisse convaincre par quelques relations de Hollywood et par John Fusco, le scénariste de *Young Guns*, de chercher du côté du Montana. Début 1989, il fait l'acquisition d'un terrain de trois cent soixante-cinq hectares dans la région de Whitefish, au Montana, plus de mille cinq cents kilomètres au nord du Nouveau-Mexique. Plusieurs autres vedettes de Hollywood y ont déjà fait construire leur résidence secondaire, à commencer par Steve McQueen, dans les années 1970, ainsi que Tom Cruise et Emilio Estevez.

* * *

Lorsque Sutherland termine son tournage en extérieur de *Young Guns II*, il revient à Los Angeles et se consacre à la nouvelle relation qu'il vient d'entreprendre avec Julia Roberts. L'homme se rappelle avoir ressenti une attirance instantanée pour l'actrice lorsqu'ils se sont rencontrés et ont commencé à travailler ensemble dans *L'expérience interdite*. Toutefois, si tous deux se sont rapprochés pendant le tournage du film, ce n'est qu'après le succès foudroyant de *Pretty Woman* que l'idylle de Roberts et Sutherland fait tout à coup la Une des journaux. Où qu'ils aillent, ils sont photographiés et, quasi quotidiennement, les hauts et les bas de leur relation s'étalent dans les tabloïds.

À l'époque, Sutherland décrit Roberts en ces termes : « C'est une femme pleine de vie, belle, intelligente et incroyablement sexy qui possède un rire merveilleux. Comment ne pas tomber amoureux d'elle ? » L'attirance est mutuelle, mais la passion ne dure pas. La relation devient une affaire publique et prend des proportions complètement démesurées, comme ce sera plus tard le cas pour Ben Affleck et Jennifer Lopez, ou encore pour Brad Pitt et Angelina Jolie. La frénésie augmente encore à la sortie de *L'expérience interdite*, alors que les spectateurs voient le couple partager la vedette du film à succès.

Julia Roberts et Kiefer Sutherland annoncent leurs fiançailles en mars 1991. Sutherland habite dorénavant la résidence de Roberts à Hollywood Hills, et la date du fastueux mariage du siècle est fixée au vendredi 14 juin 1991. L'événement doit avoir lieu dans un studio de la Twentieth Century Fox transformé en jardin de rêve pour l'occasion. Mais la période qui sépare les fiançailles du mariage n'a rien d'un rêve. La célébrité affecte Julia Roberts. Transformée du jour au lendemain en tête d'affiche, elle est assaillie par une foule de personnes qui cherchent à exploiter sa gloire naissante.

D'aucuns insinuent que la séparation extrêmement médiatisée de Roberts d'avec Sutherland remonterait à février 1991, alors que des rumeurs au sujet d'« une autre femme » commencent à circuler. Sutherland se prépare alors en vue d'un rôle dans le film *In From The Cold*, qui ne sera finalement jamais produit. Aux fins de sa recherche, il quitte le domicile de Roberts et s'installe au St. Francis Hotel, un hôtel bas de gamme dans un secteur décrépi du Hollywood Boulevard. En face de l'hôtel se trouve une salle de billard, le Hollywood Billiards Parlor, exactement le genre d'endroits que Sutherland aime fréquenter. Il y rencontre Amanda Rice, et tous deux deviennent compagnons de beuverie. Selon les rumeurs, il commence ensuite à lui rendre visite au Crazy Girls Club où elle travaille comme effeuilleuse et où il se fait de plus en plus remarquer en raison de cuites mémorables. Une autre histoire circule, selon laquelle Sutherland et Rice auraient emmené leurs enfants ensemble à Disneyland.

Comme si la relation de Roberts et de Sutherland n'était pas déjà digne des meilleurs vaudevilles, il y aurait également « un autre homme » dans le décor. Quelques années avant de faire connaissance avec Sutherland, Roberts a rencontré et fréquenté Jason Patric, l'ami et partenaire de Sutherland dans *Génération perdue*. Leur romance n'a pas duré, mais leur amitié semble profonde et authentique. Dans les premières étapes de planification du mariage de Sutherland et de Roberts, Patric compte bien sûr au nombre des cent cinquante invités. Toutefois, quelques semaines avant la noce, son nom est retiré de la liste. À l'époque, la rumeur veut que ce soit sur l'insistance du futur marié.

Après son court passage au St. Francis Hotel, Sutherland réintègre la demeure de Roberts. Les mois suivants semblent s'écouler paisiblement quand, à la mi-mai, tout juste un mois avant le mariage, un coup de théâtre sonne le glas de la relation : Amanda Rice a vendu son histoire aux tabloïds. Elle y révèle des confidences que Sutherland lui aurait faites à propos de Roberts, à savoir qu'elle serait maladivement possessive et préoccupée par son apparence, et qu'elle serait devenue une diva ayant pris la grosse tête à la lecture des coupures de presse la concernant.

Roberts encaisse difficilement cette affaire et, quelques jours plus tard, se fait admettre à l'hôpital. Elle y restera finalement près d'une semaine. Son attaché de presse publie un communiqué expliquant qu'elle a été hospitalisée pour une grave grippe. Sutherland rend publiques ses visites à Roberts et charme apparemment toutes les infirmières et tous les employés de l'étage. Dans le même temps, il nie publiquement les allégations d'Amanda Rice. Son attachée de presse, Annett Wolf, diffuse un communiqué affirmant que Sutherland connaît bel et bien Rice, mais qu'il n'a pas eu d'aventure avec elle.

Lorsque Roberts rentre à la maison, les choses semblent reprendre leur cours. Son agente, Elaine Goldsmith, organise une fête en l'honneur de la future mariée où sont invitées sa mère et quelques amies d'école venues de Géorgie par avion pour l'occasion. Pendant ce temps, Sutherland se rend à la maison qu'il vient de bâtir dans le Montana et y prépare le terrain en vue de leur lune de miel.

Roberts obtient un congé lors du tournage du film à gros budget *Hook ou la revanche du Capitaine Crochet*, de Steven Spielberg, et s'offre une pause au Canyon Ranch Spa de Tucson, en Arizona. Puis, le 9 juin, à peine cinq jours avant la date du mariage, Roberts est vue en train de manger au spa en compagnie de nul autre que Jason Patric. Selon le magazine *People*, Patric a alors l'air de la rassurer. Deux jours plus tard, alors que Roberts revient à Los Angeles, son attaché de presse annonce que le mariage n'aura pas lieu ; il n'est alors pas officiellement annulé, mais à tout le moins reporté. Cependant, il sera bientôt clair que les fiançailles sont rompues. Il semble que la décision ait été prise unilatéralement par Roberts ; Sutherland l'apprendra d'un ami qui l'a entendu aux nouvelles.

Sutherland prend très mal la chose. Les propos tenus par Amanda Rice dans les tabloïds donnent l'impression que c'est lui qui a laissé tomber la nouvelle idole des Américains, alors qu'en fait, il s'est fait éconduire. Il lui est encore plus difficile d'avaler le fait que Roberts se soit jetée directement dans les bras d'un autre homme. Le jour même où le mariage aurait dû avoir lieu, Sutherland vient récupérer ses affaires à la résidence de Hollywood Hills de Roberts, tandis qu'elle prend son repas avec Patric au Nowhere Café de Los Angeles. Aussitôt après, tous deux se dirigent vers l'aéroport pour s'envoler ensemble vers l'Irlande. Ils se présenteront à un hôtel de Dublin, mais, voyant que l'endroit est pris d'assaut par une horde de reporters et de photographes, ils repartiront, vraisemblablement en direction de la maison d'Adam Clayton, du groupe U2, à Galway.

Bien que la supposée relation entre Sutherland et Amanda Rice soit souvent invoquée comme cause de la séparation, on ne peut passer sous silence l'instabilité affective de Julia Roberts. À vingt-trois ans à peine, l'actrice a déjà la réputation d'enchaîner les relations et les ruptures. Alors qu'elle n'a que dix-neuf ans, elle emménage avec son amoureux, Liam Neeson, alors âgé de trente-cinq ans. Tous deux viennent de prendre l'affiche d'un film intitulé *Satisfaction*. Après avoir mis un terme à cette relation, elle s'éprend de l'acteur qui joue son mari à l'écran dans *Potins de femmes*, Dylan McDermott. À la suite de sa rencontre avec Kiefer Sutherland sur le plateau de *L'expérience interdite*, elle rompt ses fiançailles avec McDermott pour commencer à fréquenter Sutherland.

Lorsqu'il repense à ce gâchis, Kiefer Sutherland se comporte en gentleman : « J'ai passé deux ans avec elle parce que je l'aimais et qu'elle comptait plus à mes yeux que quoi que ce soit d'autre à ce moment-là. Je ne suis pas quelqu'un de facile à côtoyer, et ce qui s'est passé m'a aidé à me voir tel que j'étais, ce qui n'est pas si simple. Mais elle a eu raison de dire qu'elle ne croyait pas que ce mariage était une bonne idée. C'était très courageux de sa part de le dire. » Est-il aussi indulgent à l'égard de Jason Patric ? « Nous étions amis, et je suis surpris qu'il ne m'ait jamais appelé. Au lieu de cela, c'est un étranger qui m'a appris la nouvelle. »

Après l'annulation du « mariage hollywoodien de l'année », Sutherland se rend compte qu'il commence à se lasser de Los Angeles et du vedettariat de Hollywood. « C'est l'une des raisons pour lesquelles Julia et moi nous sommes séparés, précise Sutherland. Je voulais faire de bons films et travailler dur, mais j'avais envie de vivre au Montana et d'élever des chevaux entre les tournages. Julia était soudain devenue l'actrice la plus en vue du monde ; elle voulait s'approprier ce nouveau statut et voir où ça pourrait la mener. Nous nous appréciions beaucoup, mais nos chemins divergeaient. »

Après la séparation, Sutherland trouve effectivement refuge au Montana, mais les souvenirs avec Julia y sont omniprésents, car ils y ont passé beaucoup de temps ensemble. Il décide finalement de vendre la propriété.

UN HOMME D'HONNEUR

« *J'ai constaté un changement dans le genre de films qu'on me proposait. Je tournais toujours, j'étais toujours capable de travailler, mais les choses avaient changé.* »
— *Kiefer Sutherland*

Le dernier film auquel Sutherland travaille en 1990 est un dessin animé. L'acteur est la voix du rôle-titre du *Prince casse-noisette*, une production canadienne. Ce film mineur marque un double tournant dans la carrière de Sutherland. Premier changement : c'est la première fois qu'il prête sa voix à un projet. La raison pour laquelle il accepte ce travail n'est pas claire, mais elle a probablement un rapport avec le deuxième changement : il ne reçoit aucune autre offre.

Pour quelqu'un qui vient de passer les cinq dernières années à travailler sans arrêt à Hollywood, c'est un signe alarmant. Il faut toutefois rendre hommage à son instinct de survie, car Kiefer semble avoir compris que sa voix constitue un atout professionnel à part entière. Par chance, d'autres s'en étaient déjà rendu compte.

En fait, l'idée de prêter sa voix pour des annonces publicitaires et des dessins animés lui a peut-être été inspirée par son père. Lorsque, plus jeune, il a vu les sommes rondelettes que ce dernier gagnait en périodes de vaches maigres en vendant son timbre si particulier pour des publicités, l'idée a commencé à trotter dans sa tête. « Mon père fait de la narration pour n'importe quoi, de Sunkist jusqu'à Volvo. Un jour, je me suis dit que c'était un moyen facile et efficace de gagner sa vie. Alors j'ai appelé Volvo et j'ai dit : "Je peux faire un excellent Donald Sutherland. Et je le ferai pour la moitié de ce que vous le payez." » C'était une blague, mais Sutherland admet piteusement : « Je ne suis pas sûr que mon père m'ait pardonné cette trahison. Je suis un mauvais fils. »

Le prince casse-noisette exploite aussi les talents de Peter O'Toole et de Phyllis Diller, deux autres acteurs ayant connu la gloire avant de retomber dans l'ombre. Ceci n'est pas un phénomène rare à Hollywood : les films d'animation et les publicités apparaissent souvent comme une bouée de sauvetage pour les acteurs vieillissants dont la carrière décline. Le problème, c'est que Sutherland n'a alors que vingt-quatre ans.

* * *

Pour le prochain film dans lequel il apparaît physiquement, *Article 99*, Sutherland se rend à Kansas City, au Missouri. *Article 99* met en scène un groupe de médecins travaillant dans un hôpital pour anciens combattants qui sont à la fois surmenés et frustrés par la bureaucratie abrutissante dans laquelle ils baignent. Le titre fait référence à une clause d'assurance stipulant que les ex-soldats ne sont pas admissibles à des prestations médicales si leurs blessures ne sont pas survenues pendant la guerre ou toute autre action militaire. Fidèles à leur serment d'Hippocrate, ces médecins décident d'assumer leurs responsabilités à l'égard de leurs patients, même s'ils doivent pour ce faire transgresser au passage les règlements de l'hôpital et du gouvernement. Sutherland interprète le Dr Peter Morgan, un médecin peu orthodoxe mais profondément dévoué. Ray Liotta, Forest Whitaker, Lea Thompson et John McGinley incarnent les autres jeunes médecins de l'hôpital.

C'est au cours de la production d'*Article 99* que le projet de mariage de l'acteur avec Julia Roberts tombe à l'eau. Le soutien moral qu'offre alors Donald Sutherland à son fils s'avère précieux. « Mon père m'a beaucoup soutenu dans l'histoire de l'annulation de mon mariage, explique Sutherland. Il était venu à Los Angeles pour assister à la cérémonie et, quand je l'ai vu après l'annonce de l'annulation, il a secoué la tête, mis sa main sur mon épaule et dit quelque chose comme "Oh, mon fils..." » À un certain moment du film, Sutherland porte des lunettes et un chapeau de pêcheur, ressemblant à s'y méprendre à

Hawkeye Pierce, le personnage qu'incarnait son père dans *M*A*S*H*. C'est évidemment un clin d'œil à son géniteur, le discret hommage d'un fils reconnaissant.

Article 99 est un film à la fois bien écrit et solidement réalisé par Howard Deutch, qui a fait ses débuts avec *Rose bonbon* quelques années auparavant. Sorti en mars 1992, *Article 99* aurait sans doute eu un plus vaste auditoire n'eût été des problèmes de distribution et de marketing. Le long métrage est produit par la société Orion Pictures, fondée en 1978 par trois cadres d'United Artists frustrés que les patrons s'ingèrent dans le processus créatif.

Orion se positionne comme une *mini-major*, autrement dit comme une petite entreprise désireuse de se mesurer aux gros studios en produisant des films dont ces derniers ne veulent pas. Or, bien qu'Orion ait produit des films primés aux Oscars tels que *Platoon*, *Danse avec les loups* et *Le silence des agneaux*, la majeure partie de ses productions sont déficitaires, et la compagnie est acculée à la faillite en décembre 1991. Même lorsqu'elle produit des films à succès, leur rentabilité est menacée par les ententes faramineuses qu'Orion conclut avec des acteurs et des réalisateurs renommés pour les attirer dans l'entreprise. *Le silence des agneaux*, par exemple, obtient un immense succès, mais une grande part des profits est finalement divisée entre les vedettes Jodie Foster et Anthony Hopkins, et le réalisateur Jonathan Demme.

Alors qu'*Article 99* stagne, Sutherland part en direction de l'État de Washington en septembre 1991 pour se joindre à la distribution de *Twin Peaks, les sept derniers jours de Laura Palmer*[1]. Bien que sa participation soit minime, Sutherland déclare à l'époque qu'il aurait joué n'importe quel rôle dans le film pour pouvoir collaborer avec David Lynch. Le tournage a lieu de début septembre à début décembre 1991, et, comme presque tout ce que fait Lynch, *Twin Peaks* est d'une facture surréaliste, au point qu'il en devient parfois presque indéchiffrable. La série télévisée sur laquelle ce long métrage est basé était un succès culte, mais les films de Lynch sont tellement empreints de sa sensibilité excentrique qu'ils attirent rarement les foules. Par conséquent, malgré un modeste budget de dix millions de dollars, le film est déficitaire.

* * *

C'est à peu près à ce moment que Sutherland connaît ses premiers véritables démêlés avec la justice. Après une soirée bien arrosée avec des copains, Sutherland se retrouve passager d'une voiture conduite par l'acteur Gary Oldman. La police les prend en filature et les oblige à se ranger sur le bas-côté. Échouant à l'alcootest qu'on lui administre, Oldman se fait arrêter et passer les menottes. Dans une entrevue avec le magazine *Rolling Stone*, Sutherland relate l'incident : « [Oldman] était à genoux, le visage à hauteur de la vitre de la voiture dans laquelle j'étais assis. Il fixait le sol, puis il a subitement levé les yeux et a dit : "OK, la prochaine fois, on se contentera d'un simple repas." On se

---

1. Titre au Québec : *Twin Peaks : Feu marche avec moi*.

serait vraiment cru dans *Luke la main froide* ! » Oldman se battra encore quelques années contre son alcoolisme avant d'entreprendre une cure de désintoxication en 1993.

* * *

Une fois terminée sa participation mineure à *Twin Peaks*, Sutherland reçoit un appel de Rob Reiner, le tout premier réalisateur qui lui a donné une chance à Hollywood, au sujet d'un rôle dans un film qui va se révéler être le plus grand succès cinématographique dans lequel Sutherland a jamais joué. Mieux encore, ce projet lui offre l'opportunité de travailler avec l'une des icônes de Hollywood : Jack Nicholson.

À l'origine, *Des hommes d'honneur* est une pièce écrite par Aaron Sorkin. Les droits d'adaptation cinématographique de la pièce ont été versés avant même qu'elle n'ait été jouée, et Sorkin lui-même a été engagé pour en faire un scénario – son premier. L'histoire s'articule autour d'une enquête menée suite au décès suspect d'un jeune Marine sur la base américaine de Guantanamo Bay, à Cuba. Sorkin, qui créera plus tard la série *À la Maison-Blanche*, s'est inspiré d'un incident dont il a entendu parler par sa sœur, une avocate militaire. Dans ce drame très tendu qui se joue en plein tribunal militaire, deux avocats de la Marine américaine sont sollicités pour défendre deux soldats accusés d'avoir tué un camarade au cours d'une séance de bizutage. Les défendeurs soutiennent non seulement qu'il s'agissait d'une mort accidentelle, mais que le bizutage était le résultat d'un ordre direct.

Columbia Pictures projette de sortir *Des hommes d'honneur* durant la période des fêtes de 1992. Une règle tacite de l'industrie du cinéma veut que les gros studios lancent en été les films dont ils attendent de gros revenus et à Noël ceux dont ils attendent de gros revenus *et* des mises en nomination aux Golden Globes et aux Oscars. Vu la brochette de vedettes au générique – Jack Nicholson, Tom Cruise, Kevin Bacon, Kiefer Sutherland et Demi Moore –, ainsi que l'auteur Aaron Sorkin et le réalisateur Rob Reiner, il est attendu que ce long métrage récolte des mises en nomination.

Le réalisateur Rob Reiner a eu beaucoup de chance pour la distribution d'acteurs. Il est exaucé dans ses premiers choix pour le rôle central du commandant, le colonel Nathan Jessep (Nicholson), et pour le principal avocat de la Marine, le lieutenant Daniel Kaffee (Cruise). Pour jouer le rôle de l'autre avocat de la Marine, le lieutenant JoAnne Galloway, c'est Demi Moore qui est choisie, après avoir éclipsé Linda Hamilton, Elizabeth Perkins et Helen Hunt, qui ont également auditionné.

Sutherland lui-même a été trié sur le volet par Rob Reiner pour le rôle du lieutenant Jonathan Kendrick, un Marine dur à cuire qui sert en quelque sorte d'homme de main au commandant Jessep. Bien que Sutherland ne joue que quelques scènes dans le film, il s'agit de moments clés dans le déroulement de l'intrigue.

Sutherland se sent impressionné de côtoyer Nicholson et cela l'emplit d'humilité. L'acteur chevronné doit reprendre plusieurs fois son célèbre monologue : « Vous ne sauriez pas quoi en faire, de la vérité », afin que le réalisateur puisse couvrir la scène sous divers angles et capter les réactions des autres acteurs en présence. Nicholson reproduit à chaque fois la scène avec la même intensité, même lorsque la caméra n'est pas pointée dans sa direction. « C'était fantastique de travailler avec Nicholson. Et ça a été un apprentissage incroyable de le voir s'approprier ses répliques. Chaque fois qu'il reprenait une scène, il y ajoutait quelque chose de différent. Il était capable d'y mettre de la profondeur, même s'il la refaisait sans cesse. »

Il y a cependant quelques Marines qui ne gardent probablement pas un aussi bon souvenir du tournage. Au début du film, le lieutenant Kendrick incarné par Sutherland conduit Kaffee et Galloway dans la base militaire à bord d'un Humvee. Sutherland éprouve de la difficulté à manœuvrer le véhicule ultra-large et, lors de plusieurs prises, il heurte des Marines. Comme le véhicule avance lentement, personne n'est blessé, mais c'est une journée de tournage plutôt embarrassante pour l'acteur.

Tourné avec un budget de trente-trois millions de dollars, *Des hommes d'honneur* connaît un immense succès aussi bien auprès des critiques que du public. Sa diffusion en salles rapporte près d'un quart de milliard de dollars, et le film est mis en nomination aux Oscars dans quatre catégories, y compris celle du meilleur film.

Sutherland termine de tourner *Des hommes d'honneur* en janvier 1992 et, dès avril, il reprend du service dans *La disparue*, une nouvelle version à gros budget du film franco-néerlandais *L'homme qui voulait savoir*. Il s'agit d'un rare exemple d'une reprise hollywoodienne où le réalisateur du film original est sollicité pour réaliser la nouvelle version. Mais, comme c'est souvent le cas, le studio pose une condition au réalisateur européen George Sluizer : il ne pourra tourner la version hollywoodienne que s'il propose une fin plus optimiste. Les producteurs ont en effet le sentiment que le public américain n'appréciera pas la conclusion sinistre de la version originale.

Dans *La disparue*, un jeune couple en vacances, Jeff et Diane (Sutherland et Sandra Bullock), s'arrête à une station d'essence au bord de la route. Diane sort pour aller y faire un achat, puis disparaît mystérieusement. Plus le temps passe, plus Jeff éprouve le besoin obsessionnel de la retrouver, sans se douter qu'il est épié. Trois ans plus tard, celui qui l'épie, un professeur de chimie psychopathe du nom de Barney (Jeff Bridges), se présente à l'appartement de Jeff et avoue avoir kidnappé sa femme. Il lui dit que s'il veut savoir ce qui est arrivé à Diane, il doit accepter de subir le même traitement qu'elle, c'est-à-dire se faire droguer puis kidnapper.

Sutherland s'acquitte honorablement de sa tâche, mais le film essuie des reproches sévères. La plupart des critiques considèrent que la version américaine ne rend pas justice à l'original néerlandais de Sluizer et à sa chute nihiliste. À la fin de *L'homme qui voulait savoir*, Jeff est enterré vivant et Barney s'en tire sans se faire prendre. Dans *La disparue*, Jeff a désormais une nouvelle femme dans sa vie, Rita, interprétée par Nancy Travis. Lorsque Jeff disparaît, Rita le retrouve et vient lui porter secours là où il est enterré. Une fois libéré, Jeff traque Barney, puis le tue. Une fin propre et nette, comme le public américain les aime.

Suite au tournage de ce film, aucun autre projet ne se présentera avant un bon moment. Bien qu'il vienne de travailler avec David Lynch et Jack Nicholson – le genre d'expériences pour lesquelles la plupart des jeunes acteurs de Hollywood vendraient leur âme –, Sutherland est insatisfait, et à juste titre. Hormis dans des films secondaires, on ne lui propose plus que de jouer des rôles mineurs dans les grosses productions. Il se sent sous-exploité et contrarié. Il sait que quelques changements s'imposent.

DE CAPE ET D'ÉPÉE

« Au final, nous savons tous ce que nous avons fait. »
— Kiefer Sutherland interprétant
Nelson dans L'expérience interdite

Désireux de faire bouger les choses pour retrouver le moral et relancer sa carrière, Sutherland prend la courageuse décision de passer derrière la caméra pour diriger un fascinant téléfilm intitulé *Last Light, le couloir de la mort*.

Écrit par Robert Eisele, scénariste de télévision chevronné et producteur délégué du film, *Last Light* raconte comment deux personnages tourmentés parviennent, au-delà de leurs blessures respectives, à se guider mutuellement sur le chemin de leur rédemption. En plus d'en assurer la réalisation, Sutherland y incarne Denver Bayliss, un tueur professionnel qui attend le jour de son exécution dans le couloir de la mort. Forest Whitaker joue Fred Whitmore, un ex-policier devenu gardien de prison, miné par une vie de famille malheureuse avec sa femme et son fils. Amers, reclus, incapables de voir en eux-mêmes autre chose que l'échec, les deux hommes se montrent d'abord méfiants l'un envers l'autre. À force de se côtoyer, ils découvrent pourtant des similitudes dans leurs vies, puis en arrivent à une forme de compréhension silencieuse mais profonde de l'autre. Bien que sa dernière heure approche, Bayliss aide Whitmore à tirer un trait sur certains épisodes troubles de son passé. De son côté, Whitmore pousse Bayliss à regarder en face le gâchis qu'il a fait de sa propre vie et à trouver en lui les ressources nécessaires pour accepter son destin.

Last Light est un film lourd d'émotions que Sutherland dirige avec une assurance surprenante. Il évite l'écueil répandu chez les réalisateurs débutants d'imprimer au projet une signature personnelle envahissante ; il laisse simplement parler l'histoire pour permettre à l'empathie contenue dans le scénario de s'emparer du public. Il prend aussi la décision audacieuse de tourner l'intégralité du film entre les murs d'une vraie prison – Soledad Prison en Californie –, un choix qui renforce l'authenticité du film.

Forest Whitaker se déclare impressionné par la façon donc Sutherland à mener à bien ce projet : « Kiefer dirige d'une manière très personnelle, et je trouve qu'il s'en sort très bien. À mon avis, le film fonctionne à merveille. Évidemment, il comprend parfaitement le jeu d'acteur, et je suis surpris de sa capacité à diriger et à jouer en même temps, surtout que son personnage est plutôt sombre. Il a terminé en avance, bien que nous n'ayons eu que cinq semaines. »

Sutherland applique à la réalisation le professionnalisme qui le caractérise en tant qu'acteur.

Malgré le succès de cette première réalisation, Kiefer doute encore de son talent derrière la caméra : « J'ai toujours eu envie de me frotter à la réalisation. Quand l'occasion s'est présentée, j'ai choisi de me faire la main sur un projet qui ne s'accompagne pas de trop de pression commerciale, parce que j'y allais un peu au feeling. Voilà pourquoi j'ai d'abord opté pour quelques réalisations de télévision. » Son père, en revanche, ne cache pas sa fierté face aux talents de son fils : « Je ne suis qu'un acteur et rien d'autre, et c'est très bien ainsi, confie Donald Sutherland. Kiefer possède des qualités de cinéaste ; sa créativité est plus variée que la mienne ne l'a jamais été. »

Pour son prochain contrat d'acteur, Kiefer renoue avec les grands studios, Disney en l'occurrence. En ce début d'année 1993, deux compagnies de production, Disney et TriStar, se livrent une compétition féroce pour recruter les jeunes acteurs les plus en vue, chacune dans le but de produire une adaptation du roman classique de cape et d'épée écrit par Alexandre Dumas, *Les trois mousquetaires*. Point évidemment crucial pour les deux rivales : le choix des acteurs qui incarneront le légendaire trio. Disney porte son choix sur Johnny Depp pour le rôle d'Athos, mais ce dernier refuse l'offre et choisit plutôt de participer à la version TriStar sous la direction de Jeremiah Chechik. Depp et Chechik viennent tout juste d'achever une collaboration fructueuse avec le film *Benny & Joon*, pour lequel Depp sera nominé aux Golden Globes dans la catégorie du meilleur acteur. TriStar offre le rôle de Porthos à Oliver Platt, le partenaire de Kiefer dans *L'expérience interdite*, mais l'acteur a déjà accepté le même rôle dans la version de Disney. Billy Baldwin et Gary Oldman font également partie du premier choix d'acteurs, mais tous deux sont trop occupés pour accepter. Disney va jusqu'à proposer le rôle de d'Artagnan à Brad Pitt. Mais ce dernier, en pleine ascension vers la célébrité après ses apparitions dans *Thelma et Louise* et dans *Et au milieu coule une rivière*[1], décline poliment. Le studio se rabat alors sur Chris O'Donnell, qui accepte le rôle avec joie.

Quand la poussière retombe, Disney semble en mesure d'achever plus rapidement sa version. TriStar décide donc d'abandonner son projet. Le scénario de Disney, librement adapté, met en scène Athos, Porthos et Aramis, trois mousquetaires qui sont les derniers membres de la garde d'élite du roi. Le maléfique cardinal de Richelieu a dissous la garde dans le but affiché d'enrôler ses membres dans l'armée française, qui se prépare à entrer en guerre contre l'Angleterre. Les trois mousquetaires refusent toutefois de démissionner, suspectant à juste titre que Richelieu fomente un complot pour renverser le souverain. Le Cardinal charge son homme de main, le mesquin mousquetaire borgne Rochefort, de régler leur compte à ces trois incorruptibles. Mais les mousquetaires vont recevoir l'aide d'un jeune aventurier, d'Artagnan, venu de Gascogne pour rejoindre la garde royale.

---

1. Titre au Québec : *La rivière du sixième jour*.

Le film de Disney semble plein de promesses et permet à Sutherland et à Charlie Sheen, partenaires dans *Young Guns*, de se retrouver dans les rôles d'Athos et d'Aramis. Un brin de confusion règne toutefois dans la distribution des rôles. Sutherland, Charlie Sheen et l'acteur Cary Elwes donnent des entrevues de préproduction au Planet Hollywood de New York pour parler de leurs personnages respectifs dans *Les trois mousquetaires*, alors qu'Elwes n'apparaîtra jamais dans le film. On le verra en revanche dans *Sacré Robin des Bois !*[2] de Mel Brooks.

L'adaptation du classique de Dumas est signée David Loughery, le scénariste de *Flashback*. La réalisation est de Stephen Herek, qui vient d'ajouter un succès au palmarès de Disney avec le film *Les petits champions*[3], mettant en vedette Emilio Estevez, un autre ancien de *Young Guns*. La distribution bénéficie également d'une intéressante brochette de personnalités féminines. Rebecca De Mornay, célèbre pour son travail dans *Risky Business*[4], incarne Milady de Winter, le premier rôle féminin ; Gabrielle Anwar joue la reine Anne, et la jeune star française Julie Delpy endosse le personnage de Constance, l'objet du désir de d'Artagnan. Le rôle du cardinal de Richelieu est confié à Tim Curry, et celui de Rochefort au Canadien Michael Wincott.

Sutherland, Oliver et O'Donnell doivent s'astreindre à six semaines d'entraînement intensif à l'escrime et au maniement de l'épée avant le début du tournage. Charlie Sheen est quant à lui dispensé car il participe à la même période à un

---

2. Titre au Québec : *Robin des Bois : Héros en collants*.
3. Titre au Québec : *Jeu de puissance*.
4. Titre au Québec : *Quelle affaire !*

autre film, et il ne rejoindra ses camarades que plus tard. Le premier tour de manivelle est donné en Angleterre, en avril 1993, après quoi l'équipe se déplace en Autriche, où le plus gros du film sera tourné. Quand Sheen arrive enfin sur les lieux, de nombreux témoignages rapportent qu'il profite largement des bars et autres boîtes de nuit du secteur avec son frère d'armes, Sutherland, et que les deux fêtards ne laissent pas dans leur sillage le meilleur des souvenirs à la population locale. Selon un témoin, Sutherland et Sheen boivent et se déchaînent tellement lors de leur séjour autrichien qu'ils se voient interdire l'entrée d'une taverne.

Les carrières de Sheen et de Sutherland connaissent de curieux parallèles, tant par leurs inconduites publiques que par leur incontestable réussite professionnelle. Aujourd'hui, ils partagent la distinction d'être les deux acteurs les mieux payés de la télévision, Sutherland s'assurant la première place grâce à son impressionnant cachet pour *24 heures chrono*, et Sheen arrivant deuxième pour son rôle central dans la série *Mon oncle Charlie*. À l'époque des *Trois mousquetaires*, les agents des deux vedettes bataillent pour leur protégé respectif et, au final, Sheen obtient le plus gros cachet, tandis que la photo de Sutherland sur l'affiche est plus grosse et plus centrale. Quoi qu'il en soit, les deux hommes prennent plaisir à se côtoyer.

Le tournage se poursuit jusqu'au début du mois d'août 1993, permettant au film de sortir en salles le 12 novembre, soit trois mois plus tard. Bien que l'œuvre ait un certain panache, la distribution ne semble pas sans défauts, comme si les acteurs n'habitaient pas réellement le film. Chris O'Donnell joue d'Artagnan avec un accent qui évoque davantage Malibu que la France rurale. L'articulation relâchée de Sheen est peu crédible. Les deux seuls acteurs qui parviennent à donner une touche minimalement européenne à leur composition sont les Canadiens Michael Wincott et Kiefer Sutherland. Quant à la pauvre Française Julie Delpy, elle se voit contrainte d'américaniser sa prononciation pour ne pas créer un trop fort contraste avec ses partenaires.

Les trois mousquetaires n'est pas vraiment bien reçu, malgré le poids de la marque Disney. Un certain nombre de critiques influents, dont Roger Ebert, questionnent la pertinence d'une énième version de ce classique, et Leonard Maltin renomme le film *Young Swords* – traduire « jeunes épées » –, en faisant allusion aux deux vedettes de *Young Guns*, Sutherland et Sheen. Plus de cinquante millions de dollars de recettes n'empêchent pas *Les trois mousquetaires* de décevoir. En revanche, tous les artisans du film repartent heureux d'avoir été grassement payés pour aller tourner nonchalamment un film en Europe.

De retour à Hollywood, Sutherland écope rapidement d'une deuxième arrestation pour conduite avec facultés affaiblies. Cette fois-ci, le juge sera moins clément. Forcé à choisir entre douze jours d'emprisonnement et plus de deux cents heures de travaux communautaires, il décide finalement d'éviter la prison.

C'est par amitié pour Lou Diamond Phillips que Sutherland accepte de participer à son film suivant. Il apparaît très brièvement à un barrage routier sous les traits d'un policier, dans un long métrage intitulé *Teresa's Tattoo*, son nom ne figurant même pas au générique. Le film en question est loin d'être un chef-d'œuvre. Il raconte les mésaventures d'une humble étudiante en mathématiques que ses amis forcent à sortir faire la fête pendant les vacances de mars, et qui se fait enlever, droguer, tatouer et habiller de cuir moulant. Il s'agit d'une réalisation de Julie Cypher, dont le plus grand fait d'armes à ce jour est d'être la mère des deux enfants de son ex-conjointe de même sexe, Melissa Etheridge, celle-ci faisant d'ailleurs une apparition dans le film dans le rôle d'une prostituée. Phillips et Casey Siemaszko, deux stars de *Young Guns*, tiennent deux des principaux rôles masculins.

L'absence de propositions cinématographiques intéressantes, combinée à une vie personnelle sans réel ancrage, pousse Sutherland à chercher quelque chose de nouveau dans quoi il pourrait s'investir. Le prochain rôle lui donne enfin l'occasion de cristalliser sa passion, au point de le convaincre de quitter Hollywood pendant un temps. Le film s'appelle *Deux cow-boys à New York*, et ce « quelque chose » est le rodéo.

Deux cow-boys à New York est un film modeste. On y dépeint l'amitié de deux professionnels du rodéo, Sonny et Pepper. Lorsque leur ami hispanique Nacho Salazar est porté disparu à New York, où il était parti chercher sa fille, les deux compères décident d'aller à sa recherche. Mais, en bons cow-boys du Nouveau-Mexique, ils ignorent tout de la vie urbaine et se retrouvent plongés dans des mésaventures de toutes sortes. Aidés par un policier new-yorkais, Pepper et Sonny découvrent que Nacho a été tué et que sa fille, Teresa, a été enlevée par un réseau de trafiquants d'esclaves. Les deux hommes décident de la délivrer, à la manière rude des cow-boys.

Le film exploite le thème classique du poisson hors de l'eau, mais ce qui rend *Deux cow-boys à New York* regardable, ce sont les formidables performances de Sutherland dans le rôle de Sonny Gilstrap et de Woody Harrelson dans celui de Pepper Lewis. La quasi-totalité des critiques voient dans ce film un divertissement mineur sauvé par l'interprétation des deux principaux acteurs. Peter Travers, du magazine *Rolling Stone*, salue l'intensité contenue de Sutherland et souligne le plaisir manifeste que prend Woody Harrelson à tenir son rôle, initialement destiné à Kevin Costner. Le méchant de l'histoire, un chef de bande, est ridiculement surjoué par Dylan McDermott, tandis que le policier cynique mais sympathique est correctement interprété par le toujours fiable Ernie Hudson.

Deux cow-boys à New York sort sur les écrans au début de l'été 1994 et récolte un peu plus de vingt millions de dollars, c'est-à-dire beaucoup moins que prévu. « À la première lecture, j'ai trouvé l'idée amusante, témoigne Sutherland. Je voulais incarner ce cow-boy de rodéo. Je me suis donné à fond, j'ai vraiment passé tout mon temps à perfectionner ma technique au lasso. Je m'asseyais dans ma chambre d'hôtel et j'attrapais tout ce que je voyais autour de moi jusqu'à ce que je sois vraiment bon. »

Selon une anecdote, cette période d'entraînement intensif au lasso l'incite à tenter d'attraper n'importe quoi, y compris sur les lieux du tournage. Un jour, alors qu'une jeune assistante de production traverse le plateau, Sutherland, embusqué avec sa corde derrière un poteau téléphonique, la capture avec précision. La boucle passe par sa tête et ses épaules, puis glisse le long de ses hanches jusqu'aux chevilles. Sutherland tire alors sur la corde pour resserrer le nœud avec un peu trop de fougue, ce qui déséquilibre la jeune femme et la projette brutalement au sol. Bien qu'indemne, elle se montre fâchée et sous le choc. « Là, je me suis senti horriblement mal », confiera Sutherland à propos de l'incident.

Le titre original du film, *The Cowboy Way*, qui peut se traduire par « l'attitude cow-boy », était-il prophétique ? À la fin du tournage, Sutherland prend une importante décision. Sa carrière d'acteur l'a amené à découvrir de nouvelles passions, telles que l'équitation et le lasso. Ainsi, à l'instar d'un Mickey Rourke délaissant les studios pour devenir boxeur professionnel, Sutherland interrompt sa carrière pour se lancer dans le rodéo.

DES CHEVAUX ET UN LASSO

« *Je me promenais d'un bout à l'autre du pays, et je m'amusais beaucoup. J'avais l'impression d'être un vrai dur.* »
– Kiefer Sutherland

Sutherland est le fruit de l'union de deux acteurs talentueux, et c'est presque naturellement qu'il a épousé leur profession, comme si elle était inscrite dans ses gènes. Sa vie se joue sur les scènes de théâtre, sur les plateaux de cinéma et jusque dans les tabloïds. Son âme se nourrit du quotidien de l'homme de la rue, et il aime être entouré. C'est un interprète qui a besoin de spectateurs. Toutefois, lorsqu'il tourne ses premiers films dans les grands espaces silencieux de l'Ouest américain, une toute nouvelle facette de sa personnalité se révèle, et il se découvre une véritable passion pour les chevaux. Ses quelques rôles de cow-boys ont initié cette attirance, mais c'est son apparition dans un film de cape et d'épée à l'européenne qui confirmera ce penchant. L'acteur présente les choses ainsi : « C'est au moment de *Young Guns* que j'ai commencé à aimer les chevaux, mais c'est pendant le tournage des *Trois mousquetaires* en Europe que mon amour de l'équitation s'est vraiment confirmé. C'est à ce moment-là que je suis devenu un cavalier accompli. »

Sutherland achète les chevaux qu'il a montés pendant le tournage de *Young Guns* et *Young Guns II*, puis les installe sur le nouveau terrain d'environ trois kilomètres carrés qu'il vient d'acquérir dans la Santa Ynez Valley, à près de trois heures de route au nord-ouest de Los Angeles. Il en fait un ranch fonctionnel en se procurant du bétail et des équipements, puis se met à y passer la majeure partie de son temps. Lorsqu'il ne travaille pas, il chevauche et prend soin de ses montures. Désormais, il ne se contente plus de jouer les cow-boys.

* * *

Les acteurs américains – et, bien que né en Angleterre et citoyen canadien, Sutherland est bel et bien un acteur américain – entretiennent des rapports complexes avec les rôles de cow-boys, qui ont longtemps été des icônes du cinéma aux États-Unis. Ce type de personnage symbolisait les qualités que l'on prisait autrefois chez un homme. Solitaire, le cow-boy incarnait les idéaux de l'Amérique : force morale, héroïsme, courage et stoïcisme. Gary Cooper a été la figure emblématique de ces valeurs dans des films tels que *The Virginian*, *Une aventure de Buffalo Bill* et *Le train sifflera trois fois*.

Les quelques acteurs qui sont parvenus à incarner ces qualités de manière convaincante sont eux-mêmes devenus des icônes. Le New-yorkais Humphrey Bogart n'a presque jamais été vu sur un cheval, mais ses personnages dans *Le faucon maltais* et *Casablanca* étaient de la même trempe. John Wayne détestait les chevaux, mais John Ford a quand même fait de lui un cow-boy mythique. De nombreux autres comédiens ont tenté de jouer du pistolet, mais n'ont pu éviter de tomber dans la caricature. Seuls quelques acteurs ont vraiment su donner vie à cet idéal.

L'âge d'or du western est aujourd'hui révolu. *Impitoyable*[1], de Clint Eastwood, pourrait bien être le dernier film de ce genre, et Eastwood lui-même le dernier cow-boy crédible. Mais de nos jours, les Américains continuent de s'identifier intimement à ces valeurs et demeurent sensibles aux qualités qui ont élevé le cow-boy au rang d'idole. La question est aujourd'hui de savoir quelle nouvelle icône saura lui succéder et incarner les mêmes idéaux.

* * *

Dans *Deux cow-boys à New York*, Sutherland interprète un professionnel du rodéo spécialisé dans la capture au lasso. Bon cavalier, l'acteur sent qu'avec un peu d'entraînement, il pourrait s'acquitter de son rôle de manière convaincante. Mais, par souci de vraisemblance, une doublure devra tout

---

1. Titre au Québec : *Impardonnable*.

de même exécuter les manœuvres les plus difficiles. Cet homme sera John English, un authentique cow-boy du Nouveau-Mexique.

« J'avais déménagé en Californie avec ma famille, raconte English. Là-bas, les cow-boys arrondissent leurs fins de mois en faisant des cascades et des doublures pour le cinéma ou la télé. Quelqu'un m'a présenté à des gens du milieu, ce qui m'a permis d'être engagé comme doublure de Kiefer dans *Deux cow-boys à New York*. [...] On s'est tout de suite bien entendus. On était souvent ensemble sur le plateau et aux costumes parce qu'on portait les mêmes vêtements. Il me posait sans arrêt des questions sur la vie dans le circuit. Il disait régulièrement : "J'aimerais vraiment essayer ça", ou "Il faut absolument que j'essaie ça." Je pensais qu'il était seulement excité par le film, mais en fin de compte, j'ai vu que ça allait plus loin. »

Après le tournage, Sutherland demande à English de le rejoindre à son ranch à Santa Ynez, et tous deux discutent de la possibilité de former une équipe pour participer à certains événements de l'USTRC[2]. « Je me suis assuré que Kiefer savait que ce n'est pas le genre de sport qui se pratique à la légère, insiste English. Le lasso, ce n'est pas comme le golf. C'est un sport qui coûte cher, et c'est ce qui force certains bons cow-boys à quitter la compétition. Dans le cas de Kiefer, l'aspect financier ne posait pas de problème particulier, même s'il serait faux de prétendre que les vedettes de cinéma comme Kiefer Sutherland ne sont jamais à court d'argent. »

---

2. L'U.S. Team Roping Championships est l'organisme national qui supervise les compétitions dans cette discipline sportive.

Le lancer du lasso en équipe demande aussi beaucoup d'habileté. Mais, sur ce plan, English apprécie le travail de Sutherland : « Il était motivé pour s'entraîner et il prenait la chose très au sérieux, autant que tous ceux que j'avais vus à l'œuvre dans ce sport. Même lorsqu'il était en plein tournage, si nous étions en préparation d'une épreuve, je pouvais l'appeler pour lui demander de venir s'entraîner. Quelles que soient les circonstances, il venait au ranch et faisait tout ce qu'il fallait pour qu'on soit prêts. »

La prise du veau au lasso en équipe est une véritable course contre la montre. Un jeune bœuf est relâché de son enclos et, dès qu'il a franchi une distance préétablie, les deux coéquipiers s'élancent à sa poursuite. Puis, le premier cavalier, le *header*, doit attraper le veau avec son lasso de l'une des trois façons suivantes : autour du cou, autour du cou et d'une corne, ou autour des deux cornes. Une fois que le *header* a attaché le veau de manière réglementaire, il doit rapidement enrouler sa corde plusieurs fois autour de son pommeau de selle et manœuvrer sa monture de façon à tendre la corde et à aligner les pattes arrière de l'animal pour que son partenaire, le *heeler*, puisse facilement les attraper. « C'est la partie la plus difficile, souligne English. Une fois que la bête est capturée, il faut beaucoup de précision et d'instinct pour arriver à faire pivoter le veau et à tendre la corde tout en étant en mouvement. »

Le *heeler* doit s'assurer que le lasso entoure les deux pattes de derrière ; si une seule des pattes arrière est attachée, une pénalité de cinq secondes sera ajoutée, ce qui représente un énorme handicap dans ce genre d'épreuve. L'habileté à attraper les deux pattes dès le premier lancer est donc cruciale. Puis, le *heeler* doit sans tarder tendre la corde en l'enroulant à son tour autour de son pommeau de selle et faire reculer sa monture. L'épreuve se termine quand les cordes des deux cavaliers sont tendues et que le veau est immobilisé. C'est en s'empressant d'entourer le lasso autour de son pommeau que Sutherland se fracturera plusieurs fois les doigts.

Lorsque l'avant et l'arrière de l'animal sont attachés, les deux coéquipiers font reculer légèrement leurs chevaux afin d'étendre le veau de tout son long et de l'immobiliser. L'arbitre agite alors un fanion pour faire stopper le chronomètre. « Dans une petite arène bien entretenue, une bonne équipe peut y arriver en cinq ou six secondes, explique English. Dans un espace plus grand, ça peut être deux fois plus long. Il n'y a donc pas de temps record absolu, puisque ça varie d'une compétition à l'autre. »

Kiefer agit toujours comme *header*. « Il était doué. Il montait bien et savait se servir de son lasso, affirme English. À ce niveau-là, vous ne pouvez pas être dans la course si vous ne vous donnez pas à fond ; vous devez savoir exactement ce que vous faites. » English attribue une partie du talent de Sutherland à sa profession : « Vous savez, le fait d'être un acteur professionnel [...], ça l'a vraiment aidé à devenir bon au lasso. Les acteurs sont des imitateurs, ils observent les gens et les situations, et ils sont capables de se servir de ce qu'ils voient pour créer des personnages et les incarner. Kiefer a une grande faculté d'observation, et ça lui a donné un avantage sur beaucoup de débutants, parce qu'il se rendait compte de ce que les autres faisaient de bien ou de mal et qu'il prenait ça en note. »

Sutherland et English gagnent leur première compétition importante. « On a remporté la boucle[3] à la première épreuve qu'on a disputée, en Arizona, raconte English. On avait participé à quelques autres événements auparavant, mais c'était la première épreuve sanctionnée par le USTRC à laquelle on était inscrits, et on s'en est très bien sortis. »

« J'étais aussi surpris que tout le monde quand nous avons remporté ce premier rodéo, explique Sutherland. Mais j'ai un esprit très compétitif, et je voulais la boucle. » Il y aura cependant un prix à payer pour cette première victoire, selon English : « Kiefer n'a pas été épargné, il s'est brisé quelques doigts. Mais ce sont des blessures qui se produisent souvent avec le lasso. Il y a même des gars qui ont les pouces tellement amochés qu'ils doivent se faire amputer. Ce sont les risques de la capture du veau au lasso. »

Sutherland dit s'être « brisé chacun des os du corps » au lancer du lasso. Bien que l'affirmation soit exagérée, English reconnaît que Sutherland a eu son lot de blessures : « Kiefer est un dur, mais il s'est fait pas mal esquinter. Il s'est brisé tous les doigts des deux mains, il s'est fracassé la rotule, il s'est fait mal à l'épaule et au poignet. Mais il s'en est toujours remis très vite. La plupart du temps, il a tenté de cacher ses blessures pour ne pas en faire toute

---

3. Les gagnants d'un rodéo reçoivent, en plus d'un prix en argent, une boucle de ceinture ornementée en guise de trophée.

une histoire. Même dans les compétitions où il y avait peu d'argent en jeu, il se donnait à cent cinquante pour cent. Le lendemain, quand on se préparait à repartir, je voyais qu'il avait très mal ou il me le disait en passant. Mais il ne se plaignait jamais, il continuait comme si de rien n'était. Je pense que c'est une des raisons qui le poussaient à faire ça. Tout ce qui se passe après l'ouverture de la barrière, c'est réel ; ce qu'on ressent est réel, y compris les coups et la montée d'adrénaline qui vient quand on veut réussir. Je pense que c'est ce que Kiefer recherchait, qu'il voulait être en contact avec des choses dures et réelles. »

Après cette première victoire, Sutherland, English et leur équipe passent la plus grande partie de l'été 1994 à faire le tour des compétitions de rodéo de l'ouest des États-Unis. Ils ne récoltent qu'une autre victoire la première année, à Albuquerque, au Nouveau-Mexique, mais c'est une vie qu'ils apprécient. « J'ai quitté l'école à l'âge de seize ans, explique Sutherland. Je n'ai pas appris à socialiser comme les autres, à être simplement un gars qui vit au milieu d'autres gars. Dans mon cas, l'apprentissage que procurent les vraies expériences de la vie a été remplacé par les recherches que j'ai menées pour incarner des personnages. Et voilà que je me suis retrouvé à vingt-cinq ans à traverser le pays avec quelques camarades sympathiques et trois chevaux. C'était mes années universitaires, en quelque sorte, et c'était fantastique. »

Une rumeur persistante veut que Sutherland et English aient remporté un tournoi national de prise du veau au lasso en équipe : « J'ai lu ça un peu partout moi aussi, déclare English. Mais ni moi ni Kiefer n'avons jamais prétendu une chose pareille. Lui et moi, on a gagné quelques boucles à Scottsdale, en Arizona, et au Nouveau-Mexique. Il a aussi remporté quelques compétitions en équipe avec d'autres gars avec lesquels je l'avais couplé. »

Bien qu'il soit novice, Sutherland est doué pour la compétition. « Il était vraiment bon à cheval. Je m'en suis rendu compte dès que nous avons travaillé ensemble sur [*Deux cow-boys à New York*]. Il adore les chevaux et sait comment les monter et en prendre soin. Je dirais que c'était son plus grand atout. Le talent de cavalier est sans doute la principale chose dont un compétiteur a besoin pour être bon dans ce sport, et une partie de ce talent consiste à établir un lien avec un bon cheval. Habituellement, on ne travaille qu'avec un cheval quand on commence à s'entraîner, alors l'animal finit par connaître la routine et suivre la séquence. Ensuite, il ne reste plus qu'à se concentrer sur le jeu de lasso ; le cheval fait son travail pratiquement de lui-même. »

L'équipe voyage avec plusieurs bêtes parce que, comme English l'explique, « une fois que la personne sait bien manier le lasso, elle a généralement besoin d'un cheval d'entraînement pour courir après un plus grand nombre de bouvillons tout en gardant sa meilleure monture pour les compétitions ». Le cheval avec lequel Sutherland commence s'appelle Till ; puis suivront Guthrie et Bucky.

Sutherland travaille aussi très dur pour maîtriser son jeu de lasso. « Il était fort au lasso également, insiste English, et on ne peut pas atteindre ce niveau de compétition sans l'être. Il s'entraînait constamment ; même quand nous attendions notre tour, il s'entraînait. »

Malgré le plaisir qu'il prend à pratiquer le rodéo dans sa propre équipe, Kiefer doit faire ses preuves. « La première année, les autres cow-boys en compétition – les vrais de vrais – ne me prenaient pas au sérieux. Mais ils ont vu que leurs critiques ne me faisaient pas reculer et, après un certain temps, ils ont cessé de me voir comme un acteur de cinéma pour se rendre compte que je savais vraiment manier le lasso. » Sutherland n'oublie pas pour autant de rendre à César ce qui appartient à César : « Pour moi, ce n'était pas "naturel" d'être un cow-boy ou de manier le lasso, mais j'ai compensé mes lacunes grâce à mes chevaux, dit-il. La capture au lasso, comme le polo, c'est un sport où l'on est d'autant meilleur que l'on a un bon cheval. J'avais d'excellents chevaux. »

La vie itinérante des compétiteurs de rodéo est bien loin du confort douillet dans lequel évoluent habituellement les acteurs. Pour se rendre d'une compétition à l'autre, l'équipe doit endurer de longues journées de route et d'innombrables nuits en motels. Pendant ces longs trajets, les discussions vont bon train. « Kiefer se montrait très intéressé par les conversations sur notre monde. C'était devenu son monde, mais il avait encore quelque chose d'un étranger, se souvient English. Il était très ouvert à tous les sujets dont on voulait parler. Il racontait plein de choses négatives sur Hollywood, comment chacun était prêt à écraser les autres, comment ça devenait naturel de mentir et de tricher tous les jours pour arriver au sommet. Il disait qu'il aimait le monde du rodéo parce que les gens y étaient honnêtes. On aimait ce qu'on faisait. On encourageait tous les cow-boys à faire de leur mieux et on voulait vraiment que la meilleure équipe gagne. Je me rappelle qu'il parlait énormément de sa fille, aussi. Il est tellement fier d'elle. »

Sutherland est le moins expérimenté de l'équipe, et il accepte sans rechigner de s'acquitter des tâches les moins valorisantes. Il écope de la responsabilité de nourrir, d'abreuver et de brosser les chevaux, ainsi que de prendre soin de leur harnachement. English s'avoue impressionné : « Ce qui m'a marqué chez Kiefer à cette époque, c'est qu'il ne se plaignait jamais de rien. Il travaillait au moins aussi dur que les autres. C'était comme s'il cherchait à compenser, peut-être parce qu'il pensait que tout le monde dans notre milieu le méprisait à cause de qui il était dans son propre monde. »

Sutherland semble aussi avoir réprimé son penchant pour les excès. « C'est sûr qu'après les épreuves, on s'amusait et on laissait retomber la pression, confie English. Mais quand on était sur la route, qu'on allait d'un événement à un autre, [...] tous les membres de l'équipe devaient avoir l'esprit alerte. On ne peut pas gagner un tournoi de capture de veau au lasso si on est éméché ou fatigué : c'est un sport professionnel. »

Aux yeux des autres cow-boys, Sutherland n'a rien de spécial. Comme le résume Jeff Sanders, qui s'est lui-même bâti une belle réputation au lasso dans les événements de l'USTRC : « Il faut garder à l'esprit que ces concours sont pleins de gens de tous les horizons. Il y a des chefs d'entreprise millionnaires qui participent aux compétitions pour se prouver qu'ils sont de vrais hommes, et il y a les vrais cow-boys qui concourent pour remporter le chèque du vainqueur, parce que s'ils ne l'obtiennent pas, ils n'auront pas les moyens de faire le plein pour rentrer chez eux. Vu la multitude de profils parmi les participants, la plupart de ceux qui reconnaissaient Kiefer disaient quelque chose comme : "Ah tiens, ce gars-là, c'est Kiefer Sutherland, l'acteur de cinéma." Mais c'était toujours suivi par : "Comme ça, il sait manier le lasso ?" Parce que c'est tout ce qui compte ici, et ce que vous êtes ou ce que vous faites en dehors ne signifie rien pour personne. Ça s'applique à Kiefer, ça s'applique à moi et ça s'applique à n'importe quel expert du lasso. »

Sanders poursuit : « Je me rappelle avoir vu Kiefer parmi les autres. Il n'a jamais joué les stars. Il prenait les choses au sérieux. Je l'ai vu concourir à quelques occasions, et j'ai concouru contre lui une fois, je crois que c'était en Arizona. Il était doué et il se débrouillait très bien. Mais, encore une fois, il n'était qu'un concurrent parmi les centaines de gars et de filles du circuit. On annonce ta catégorie, on t'appelle au micro, on appelle ton partenaire, les portes s'ouvrent et tu y vas. Et ensuite, tu quittes l'arène et on appelle les suivants. »

John English confirme que le nom de Kiefer Sutherland ne faisait ni chaud ni froid aux vrais cow-boys : « Ouais, ils se foutaient complètement de qui il était. Généralement, la seule chose qui leur importe, c'est de savoir si le gars est capable de monter à cheval et de manier la corde, et Kiefer savait faire les deux. »

Contrairement à la plupart des vedettes, Sutherland reste parfaitement accessible quand il évolue parmi les cavaliers de rodéo. « Kiefer ne refusait jamais de parler à quelqu'un, jamais, insiste English. Si quelqu'un venait discuter de lasso ou de compétition, il lui parlait. Si on voulait lui parler d'un de ses films, il répondait aussi avec plaisir. Il voulait juste être à sa place et faire de son mieux pour mériter ses applaudissements. »

L'inverse est également vrai. Sutherland aime à observer et à apprendre des autres, et quand il ressent le besoin de féliciter un autre cow-boy pour sa performance ou de lui poser une question sur son équipement, il le fait toujours avec respect. « Les autres gars du circuit ne l'ont jamais vraiment remarqué, témoigne English. En fait, pour être plus précis, ils l'ont remarqué autant que n'importe quel autre concurrent. Tout ce qui comptait pour eux, c'était d'évaluer ses capacités au lasso et de tenter de battre notre chrono, c'est tout. Mais grâce à son travail acharné et au respect qu'il avait pour tous les autres cow-boys, il était assez apprécié. »

Pendant le temps de leur association, Sutherland et son équipe remportent la boucle de la victoire à trois reprises et réussissent à se classer en bonne position dans plusieurs concours, ramassant un peu d'argent à chaque fois.

* * *

Le rodéo a la réputation d'être un sport violent. Ce qui n'est pas totalement faux, mais pas nécessairement pour les raisons que l'on croit. English et Sanders, qui sont tous deux des vétérans de ce sport, disent n'avoir jamais vu un bouvillon gravement blessé durant une compétition. « Les cordes autour de leur cou et de leurs pattes se détachent très vite et facilement après l'immobilisation, confirme English. Par contre, j'ai vu de nombreux compétiteurs se blesser sérieusement. » En effet, le rodéo est un sport beaucoup plus risqué pour les humains que pour les animaux qu'ils attrapent ou chevauchent. Sanders a vu le doigt d'une concurrente se faire sectionner entre une corde et le pommeau de sa selle. Les fractures sont légion dans la plupart des événements, et quiconque a vu un taureau Brahma piétiner le cow-boy qu'il vient d'éjecter de sa monture est en mesure d'apprécier la fragilité de l'homme face à la nature.

Personne ne survivrait longtemps au rodéo sans être un vrai dur. Il ne s'agit pas ici d'une simple remise en forme avec un entraîneur personnel, mais de la capacité à aller jusqu'au bout malgré la souffrance. La douleur est un rite de passage vers le monde du cow-boy, et Sutherland en a fait l'expérience. Il a eu son lot de souffrances physiques, a travaillé sa technique et a remporté des compétitions. Il a gagné le respect des cow-boys avec qui – et contre qui – il a concouru, et a su se faire accepter comme l'un des leurs.

***

Sutherland passera cinq années dans le circuit des compétitions de lasso. English précise : « On a couru les concours de lasso de 1994 à 1999, environ. Mais Kiefer n'était pas avec nous tout le temps ; il était souvent parti en tournage. On a voyagé ensemble peut-être six ou huit mois, si on met tout ensemble, mais ça s'est étalé sur une période de cinq ans. Il travaillait à ses films sur une base régulière, parfois même en dehors du pays. Mais on restait en contact et si je lui disais qu'on devait se retrouver pour un événement, il était toujours là, et il était prêt. »

Après une victoire lors d'une grosse compétition de l'USTRC à Scottsdale, en 1998, Sutherland et son équipe participent encore à quelques événements, avant de se retirer définitivement en 1999. Selon English, il y a plusieurs raisons à cela : « Ça coûte très cher de pratiquer ce sport à ce niveau, et Kiefer était de plus en plus occupé. Il m'a dit une fois, pas longtemps avant qu'on arrête la compétition, qu'il réalisait que sa vie d'acteur de cinéma était un privilège. Il l'avait tenue pour acquise pendant longtemps, et, autant il avait senti le besoin de faire une pause à un moment donné, autant il sentait maintenant qu'il devait revenir au jeu. Peu après, il a commencé *24 heures chrono*, qui lui laissait encore moins de disponibilités. »

« De temps en temps, je reçois un coup de téléphone de Kiefer, poursuit English. Il veut savoir comment ça va, prendre des nouvelles des autres gars. Moi aussi, ça m'arrive de l'appeler quand je pense à lui et que je me demande ce qu'il fait. Ça rapproche de faire le circuit ensemble, et ce n'est pas parce que la compétition s'arrête que le lien disparaît. » Lorsqu'on lui demande s'il y a des chances que tous deux reprennent la route des rodéos, il rit : « Eh bien, le lasso, ce n'est pas un sport qu'on peut arrêter et reprendre comme ça. Mais je vais vous dire : une fois que ce sport est en vous, il ne vous quitte plus. Même si on ne fera probablement plus jamais de concours de rodéo, ça ne nous empêche pas d'y penser souvent. »

Quand Sutherland arrête la compétition et décide de se recentrer sur sa carrière d'acteur, il retourne s'installer à plein temps à Los Angeles. En janvier 2000, il vend son ranch de Santa Ynez environ trois millions et demi de dollars et cesse d'être un cow-boy, sauf au cinéma.

* * *

Lorsqu'on demande à English pourquoi Sutherland s'est lancé dans le maniement du lasso, il prend une pause avant de répondre : « On a discuté de ça. On a passé beaucoup de temps ensemble, sur la route et dans les compétitions. Il était à un moment crucial de son existence à cette époque-là. Il travaillait dans l'industrie du cinéma et gagnait bien sa vie, mais il avait l'impression que ce qu'il faisait était mauvais et que ce pour quoi il avait tant travaillé s'envolait en fumée. Il avait aussi des problèmes personnels et familiaux. Le lasso constituait un centre d'intérêt qui lui permettait

Kiefer Sutherland en mars 2009, à la première allemande du film *Monstres contre aliens.*

Photo by DPA/ZUMA Press/KEYSTONE Press

La famille Sutherland en mai 1970. De gauche à droite : Kiefer, son père Donald, son demi-frère Thomas, sa sœur Rachel et sa mère Shirley Douglas.

Donald Sutherland dans *Commencez la révolution sans nous* (1970).

Kiefer Sutherland et son épouse Kelly Winn en 1999.

HRC/Wenn.com/KEYSTONE Press

Donald Sutherland et Shirley Douglas.

Getty Images/Frank Edwards/Contributor

Kiefer Sutherland avec sa fiancée Julia Roberts à la cérémonie des Oscars de 1991.

Kiefer et Donald Sutherland.

**Image tirée du film *Génération perdue*
(Sutherland est le deuxième à partir de la droite).**

Donald Sutherland.

Kiefer et sa mère, Shirley Douglas.

La distribution de *24 heures chrono* célèbre son 150ᵉ épisode, le 6 janvier 2008 (de gauche à droite : Anne Wersching, Kiefer Sutherland, Howard Gordon, Carlos Bernard et Mary Lynn Rajskub).

Kiefer Sutherland se voit décerner son étoile sur le Hollywood Walk of Fame, le 9 décembre 2008.

Sutherland tenant dans les mains une guitare Gibson de collection.

de s'évader de Hollywood. Et il m'a dit que c'était grâce à cette expérience, grâce au lasso, qu'il avait pu revenir régénéré à ce qu'il faisait le mieux : jouer la comédie. »

LE DÉBUT DU DÉCLIN

« À une certaine époque, soit on ne me proposait rien du tout, soit on me proposait de répliquer exactement mes rôles précédents. Ou encore, on me proposait tout simplement des projets inintéressants. Je ne me sentais pas l'énergie nécessaire pour m'impliquer dans des productions. J'imagine qu'on peut dire que j'étais au bout du rouleau. »
— Kiefer Sutherland

Après *Deux cow-boys à New York*, la carrière cinématographique de Sutherland semble aller à vau-l'eau. La qualité des projets qui lui sont proposés diminue, de même que la qualité de son propre travail. Une opportunité intéressante surgit cependant, qui fait passer Sutherland derrière la caméra pour une deuxième fois. Il s'agit d'un mandat télévisuel, cette fois pour un épisode de *Fallen Angels*, une série d'anthologie mise en nomination aux prix Emmy, qui est diffusée sur le réseau Showtime pendant deux saisons, de 1993 à 1995. La série s'inspire des fictions de grands maîtres de la littérature criminelle et sombre tels Raymond Chandler, Dashiell Hammett et Jim Thompson, pour créer des mini-films hebdomadaires.

La série est produite par Mirage Enterprises, dont le regretté fondateur, le grand cinéaste Sydney Pollack, est le producteur délégué. Tout au long de sa carrière, Pollack a su discrètement dénicher de jeunes talents, et il se servira de cette série pour donner leur première chance à de nombreux cinéastes. Le deuxième épisode de la première saison, « Mortelle attente », inspiré de la nouvelle *I'll Be Waiting* de Raymond Chandler publiée en 1939, est réalisé par Tom Hanks. Tom Cruise dirige quant à lui le quatrième épisode de cette même saison, « Une arnaque de première classe », une adaptation du récit de Jim Thompson *The Frightening Frammis*.

Sutherland est choisi pour réaliser le premier épisode de la deuxième saison, « L'amour qui cogne ». Cet épisode est inspiré d'une histoire écrite par Evan Hunter dans laquelle la femme d'un boxeur quitte son mari pour un autre homme avant de changer son fusil d'épaule. Elle réalise qu'elle aime son époux et veut donner une deuxième chance à son mariage. Elle retourne donc vers lui au moment même où, victime d'un coup monté, il est accusé d'un meurtre qu'il n'a pas commis.

Sutherland réalise non seulement l'épisode, mais il interprète également Matt Cordell, le personnage du boxeur. Sa femme est incarnée par Mädchen Amick, connue pour son rôle dans *Twin Peaks*. Il complète sa distribution avec

Edward Bunker et Danny Trejo, qui ont tous deux fait de la prison avant de percer en tant qu'acteurs. Cette fois encore, Sutherland fait montre d'assurance derrière la caméra. Il insuffle au film une ambiance et un style particuliers, mais laisse les acteurs et l'histoire guider l'action.

Après le tournage, Sutherland retourne terminer son année sur le circuit de rodéo avec John English et, au début de 1995, se voit offrir un rôle dans un film à suspense intitulé *Freeway*. Ce long métrage à petit budget – à peine trois millions de dollars – est écrit et dirigé par Matthew Bright, dont le scénario post-moderne cauchemardesque est basé sur le conte du *Petit chaperon rouge*.

Freeway raconte l'histoire de Vanessa, interprétée par la jeune Reese Witherspoon, une adolescente en fugue qui tente de se rendre chez sa grand-mère. Sur son chemin, elle est suivie et harcelée par le personnage de Bob Wolverton, un homme charismatique incarné par Sutherland. Cet homme se révèle finalement être un pédophile et un tueur en série. De tous les méchants joués par Sutherland, celui-ci est indubitablement le pire, et l'acteur prend beaucoup de plaisir à lui donner vie. Il alterne sourires angéliques et grimaces diaboliques, discours rassurants et grognements. Sa performance est si impressionnante qu'il est difficile d'imaginer qui que ce soit d'autre tenir ce rôle à sa place.

Film à donner la chair de poule, *Freeway* est un voyage obsédant, blasphématoire et violent. Bien que maîtrisé et élégant, le long métrage provoque un profond malaise chez le spectateur. La plupart des personnages y sont moralement répugnants, y compris les propres parents de Vanessa : sa mère est une prostituée et son père un toxicomane. Dans sa critique du film, Roger Ebert écrit : « Qu'on aime ou qu'on déteste le film, voire les deux, on doit s'incliner devant le talent et la virtuosité inouïe de Kiefer Sutherland et de Reese Witherspoon dans les rôles du loup et du petit chaperon. »

Lancé en janvier 1996, *Freeway* est présenté dans les festivals du monde entier, faisant dès le départ une entrée remarquée au festival de Sundance. Les ventes aux guichets américains sont décevantes lors de sa sortie en salles, sans doute à cause de son contenu, ce qui ne l'empêchera toutefois pas de devenir plus tard un film culte dans les clubs vidéo.

La carrière cinématographique de Sutherland stagne jusqu'à la fin de 1995. Certains avanceront que c'est pendant cette période qu'il accomplira son travail le plus intéressant jusqu'alors, mais il reste que les rôles se font rares. L'acteur éprouve un profond sentiment d'insatisfaction, et l'absence d'objectifs entame sa motivation. Évoquant cette période, il déclare : « Ma carrière avait connu des moments forts, mais les creux étaient vraiment très, très bas. Tout d'un coup, je me suis mis à apprécier les occasions formidables que j'avais jusqu'à présent tenues pour acquises. »

* * *

Vers la mi-1995, Kiefer Sutherland fait la connaissance d'une compatriote, la Canadienne Kelly Winn, une femme grande, aux yeux bleus, et de six ans son aînée. Rapidement, tous deux deviennent inséparables, puis, après une relation de huit mois, se marient lors d'une cérémonie paisible le 29 juin 1996. Les fiancés ont souhaité que leur union soit célébrée au St. Andrew's College, le pensionnat que Kiefer a fréquenté lorsqu'il avait douze ans.

Sutherland est très amoureux de Winn et souhaite que son mariage fonctionne. « Dans le cas de mon premier mariage, mes intentions étaient sincères, mais je me mariais pour toutes les mauvaises raisons, dit-il avec le recul des années. Cette deuxième fois, je tenais à me prouver que j'avais tiré des leçons de la première expérience, et j'ai entamé mon mariage avec Kelly débordant d'enthousiasme et d'engagement. »

Mais le naturel revient au galop. Peu de temps après leur mariage, le couple joue une partie de billard en prenant un verre en compagnie du demi-frère de Sutherland, Roeg, dans un bar du centre-ville de Toronto. La boisson coule à flots depuis des heures. Un de leurs partenaires de jeu, qui a bu lui aussi, tente de se rapprocher de Kelly, ne sachant pas qu'elle est la femme de Kiefer. De prime abord, celui-ci ne semble pas s'en formaliser. Mais lorsque l'homme a l'audace de se pencher et de lécher le pied de Kelly, Sutherland réagit immédiatement. Il lui dit que c'est bien de s'amuser, mais qu'il vient de toucher sa femme de façon déplacée. Il lui demande ensuite à deux reprises de lui faire des excuses. « Elle m'a demandé de le faire », répond l'homme. Sutherland voit rouge. « Je l'ai frappé de toutes mes forces, et il est tombé », se rappelle-t-il. L'acteur continue à le ruer de coups de poing et de pied si sauvagement que Roeg Sutherland doit intervenir pour tenter de maîtriser son frère et qu'une ambulance est appelée sur les lieux. La table de billard sur laquelle ils ont joué est détruite. Sutherland paie pour les dommages et peut s'estimer chanceux que personne n'ait appelé les autorités, car on lui aurait très certainement passé les menottes.

Plus tard, Sutherland émettra des regrets au sujet de l'incident : « Je me rappelle avoir pleuré tard, cette nuit-là, et je ne pleure pas souvent. J'ai pleuré à cause de ce que j'avais fait subir à ce gars. J'ai eu plus de cent quatre-vingts points de suture à la tête à cause de toutes les bagarres où je me suis fait tabasser, et je ne me suis jamais senti coupable. Mais lorsque je gagne un combat, je me dis toujours que mon adversaire n'avait pas mérité une telle raclée. »

* * *

Bien qu'il soit sans doute exagéré de dire que Sutherland est cantonné aux rôles de méchants, l'acteur a donné quelques-unes de ses meilleures prestations en incarnant des mauvais garçons. Voici comment le producteur Bernie Goldmann voit les choses : « Kiefer est un type qui fait peur. Il possède une telle intensité ! Il peut exprimer une menace sans même hausser le ton ni lever la main. D'ailleurs, il paraît beaucoup plus redoutable physiquement à l'écran qu'il ne l'est dans la réalité. À mon avis, ça se passe dans ses yeux, dans son attitude corporelle et dans sa façon de bouger. Il suffit qu'il vous regarde pour que vous ayez envie de vous enfuir. Mais une fois la scène terminée, vous retrouvez le gars le plus doux et le plus gentil du monde. C'est ce qui s'appelle avoir du talent. » Sutherland est pour sa part plus réservé quant à cette dimension de son jeu : « J'aime bien jouer le méchant mais après un certain temps, on ne tire plus rien de nouveau d'un rictus ou d'un regard menaçant. » Quoi qu'il en soit, dans les trois films majeurs qu'il tourne en 1995 et 1996, il endosse à chaque fois le mauvais rôle.

En janvier 1996, Kiefer est l'une des têtes d'affiche de *Au-delà des lois*[1], un autre gros projet de Paramount Pictures. S'inspirant du roman captivant d'Erika Holzer, le film raconte l'histoire de Karen McCann (Sally Field), une femme dont la fille est violée et brutalement assassinée. McCann tente de traduire l'assassin en justice, Robert Doob (Kiefer Sutherland). Mais, à sa grande stupéfaction, Doob est libéré à cause d'un vice de procédure. Il harcèle ensuite McCann, lui disant qu'il s'en prendra à sa fille cadette si elle n'arrête pas de s'acharner contre lui. Puisqu'elle ne reçoit que peu d'aide de la part des groupes de soutien auxquels elle participe, cette mère effrayée et enragée devient membre d'un club de tir où elle apprend à utiliser une arme à feu. Lorsque Doob viole et tue une autre femme et s'en tire de nouveau, McCann décide de prendre la situation en main afin de stopper le psychopathe pour de bon.

Au-delà des lois reçoit de mauvaises critiques dès sa sortie en salles. Roger Ebert trouve le propos du film

---

1. Titre au Québec : *Œil pour œil*.

manipulateur et sa réalisation bas de gamme. Il déclare même : « De tels films sont une insulte à notre intelligence. » Sutherland s'en tire un peu mieux, mais même ses admirateurs habituels, tel Peter Travers du *Rolling Stone,* qualifient sa prestation d'unidimensionnelle. Ils se demandent ce qu'il est advenu de l'acteur polyvalent et talentueux qui crevait autrefois l'écran.

Sur le plan personnel, Sutherland coule des jours heureux en compagnie de sa nouvelle femme et de sa famille reconstituée. Kelly Winn a déjà deux fils : Julian, six ans, et Timothy, trois ans, dont Sutherland se rapproche presque immédiatement. Si on ne remarque aucun changement radical dans son comportement, il se consacre toutefois du mieux qu'il peut à son mariage avec Kelly et entend bien ne pas répéter les erreurs du passé. Sutherland participe encore à des concours de rodéo, à l'occasion, mais alors que 1995 tire à sa fin et que sa relation avec Kelly Winn se solidifie, il devient plus posé. La nécessité de prendre soin de sa famille exige qu'il travaille de façon plus régulière.

Afin de combler les inhabituels creux dans son emploi du temps, Kiefer se met à participer à de plus petits projets. L'un des premiers du genre sera un rôle de figuration sans mention au générique, en compagnie de Lou Diamond Phillips, dans *Le sablier*, un film écrit, réalisé et mettant en vedette leur bon ami, C. Thomas Howell. Sutherland apparaît ensuite dans *Duke of Groove*, un film écrit et réalisé par le talentueux acteur et réalisateur Griffin Dunne, qui obtient une nomination pour l'Oscar du meilleur court métrage en prises réelles en 1995. Le film raconte l'histoire touchante d'une mère, jouée par Kate Capshaw, qui amène son fils à une fête endiablée afin qu'il n'assiste pas au départ de son père. À la fête, la mère et son fils rencontrent diverses célébrités et, ce faisant, se découvrent eux-mêmes. Sutherland joue cette fois un personnage sympathique, mentionné au générique comme « L'hôte ». Elliot Gould fait aussi partie de la distribution, tout comme Uma Thurman, Tobey Maguire et Carey Lowell.

Le réalisateur de *Génération perdue*, Joel Schumacher, affirme qu'il a pensé à Kiefer Sutherland pour au moins un rôle dans chacun de ses films. « Kiefer est perçu comme un homme farouche et, de bien des façons, il l'est, dit-il. Mais le Kiefer que j'ai connu et avec qui j'ai travaillé si souvent n'est jamais arrivé en retard sur le plateau de tournage, et ne s'est jamais non plus montré indiscipliné ou dépourvu de professionnalisme. C'est donc sur ces traits de caractère que je fonde mon opinion, et non sur ce que je lis dans la presse à scandale. » Schumacher rappelle Kiefer de nouveau en 1996 pour un rôle mineur mais crucial dans *Le droit de tuer ?*[2], l'adaptation cinématographique à grand budget du roman de John Grisham, *A Time to Kill*. Ce long métrage constitue également la deuxième occasion pour Donald et Kiefer de jouer dans un même film, même s'ils n'y partagent en réalité aucune scène.

Le droit de tuer ? raconte l'histoire d'un Noir du Mississippi dont la jeune fille est sauvagement violée par deux brutes. Les violeurs sont arrêtés, mais le père de la fillette, Carl Lee

---

2. Titre au Québec : *Non coupable*.

Hailey (Samuel L. Jackson), croit que le système judiciaire raciste du Mississippi leur rendra leur liberté. Il attend donc les violeurs au tribunal avec un fusil d'assaut et les tue tous les deux. Accusé de meurtre, il engage le jeune avocat Jake Brigance (Matthew McConaughey) pour le défendre, et son cas devient une affaire célèbre parmi les juristes. Les tensions d'ordre racial s'exacerbent lorsque le frère de l'un des violeurs abattus, Freddie Lee Cobb (Sutherland), convainc le Ku Klux Klan de s'engager dans sa cause contre Hailey.

Il s'agit d'un film plutôt provocateur, qui semble faire l'apologie du meurtre lorsque les circonstances le justifient. Ce message lui ayant déplu, Paul Newman a d'ailleurs refusé le rôle de Lucien Wilbanks, le vieil avocat libéral qui conseille Brigance. C'est donc Donald Sutherland qui décroche le rôle. Comme c'est bien souvent le cas dans des projets de cette envergure, Schumacher doit effectuer plusieurs autres changements dans la distribution, car John Grisham lui-même a le dernier mot sur les acteurs qui interpréteront ses personnages.

Schumacher avait d'ailleurs attribué à Matthew McConaughey le rôle de Freddie Lee Cobb, avant de l'offrir à Kiefer. Mais McConaughey est convaincu qu'il peut jouer Brigance, le personnage principal. Le rôle a déjà été refusé par Val Kilmer, la vedette de *Batman Forever*[3], que Schumacher vient d'achever de tourner. Woody Harrelson et Kevin Costner ont aussi exprimé leur intérêt pour le personnage de Brigance, mais John Grisham exerce son droit de veto à leur égard. Alors, lorsque McConaughey se

---

3. Titre au Québec : *Batman à jamais*.

présente, Schumacher lui prête une oreille attentive. Il lui accorde une audition privée et accepte de lui faire confiance. Il s'agira là d'un rôle décisif pour le jeune acteur, qui verra sa carrière prendre son envol suite à ce tournage. Toutefois, cette décision signifie que Schumacher n'a personne pour jouer Freddie Lee Cobb. C'est à ce moment-là qu'il se tourne vers Sutherland, qui accepte immédiatement. « J'ai une bonne relation avec Joel, dit-il. Lorsqu'il me demande de faire un film avec lui, je le fais si je suis disponible. » Et, à cette période de sa vie, Sutherland a justement beaucoup de temps libre.

Le droit de tuer ? génère de bonnes recettes pendant son premier week-end à l'affiche, en juillet 1996, mais se révèle finalement tout juste rentable. Il ne rapporte que quarante-neuf millions de dollars aux États-Unis, alors que sa réalisation en a coûté quarante. Les critiques sont partagées, la plupart déplorant la longueur du film, de près de deux heures trente. De plus, si Donald Sutherland reçoit invariablement des éloges, son fils Kiefer fait à nouveau l'objet de critiques négatives pour avoir incarné un personnage raciste et caricatural. Cependant, compte tenu des lacunes du scénario d'Akiva Goldsman, il est certain que Kiefer ne pouvait à lui seul conférer plus de profondeur au personnage de Cobb.

Si *Le droit de tuer ?* fait de Matthew McConaughey une vedette du cinéma, pour Kiefer Sutherland, le film ne représente qu'un autre rôle de méchant et un chèque de paie. Sa prestation est loin d'être mémorable, et sa carrière poursuit sa chute libre.

LA MALÉDICTION
DE LA CASSETTE VIDÉO

« Je n'ai jamais arrêté de travailler. J'en conviens, bon nombre des trucs que je faisais étaient médiocres, mais je n'ai jamais cessé de travailler. Pourtant, tout ça commençait à perdre de son sens. »
— *Kiefer Sutherland*

En 1996 et 1997, la carrière de Sutherland poursuit sa chute libre. Même si les offres se font rares, il tente de n'accepter que les meilleures. Âgé de trente-trois ans, il est encore un jeune homme. Il joue principalement des rôles de voyous, de ratés et de criminels – des personnages qui, à certains égards, lui ressemblent un peu. Sutherland ne s'accorde toutefois aucun répit. Il cherche toujours à demeurer sélectif, agissant tantôt comme acteur, tantôt comme réalisateur. Comment pourrait-il faire autrement ?

* * *

Dayton Callie, un acteur prolifique qui a récemment fait partie de la distribution du film d'horreur *Halloween II* de Rob Zombie et de la série télévisée *Sons of Anarchy*, réalise en 1996 que la meilleure façon d'obtenir des rôles intéressants consiste tout simplement à les créer lui-même. C'est ce qu'avait fait Sylvester Stallone deux décennies plus tôt avec *Rocky*. Callie écrit donc deux scénarios : *Executive Target*[1], mettant en vedette Michael Madsen et Roy Scheider, et *Les derniers jours de Frankie la Mouche*. Callie lui-même joue dans les deux films, mais ne figure qu'en cinquième position du générique dans les deux cas.

Les derniers jours de Frankie la Mouche est un drame policier aux dialogues étranges, à la violence exagérée et aux personnages frôlant le surréaliste. Frankie est un truand de Los Angeles œuvrant au bas de l'échelle pour un patron mafieux du nom de Sal. Frankie tombe amoureux d'une jeune actrice porno du nom de Margaret, qui cherche désespérément à devenir une actrice respectable. Sal la considère comme sa propriété et veut l'empêcher d'évoluer, mais Frankie, conquis, décide de confronter son patron dans l'espoir de sortir Margaret de sa situation misérable.

Le film met en vedette Dennis Hopper dans le rôle de Frankie, le souffre-douleur, un contre-emploi truffé de répliques bigarrées. Daryl Hannah joue Margaret avec une douce sincérité qui tranche avec son environnement malfamé. Michael Madsen, avec sa carrure balourde, ses yeux plissés et sa voix rauque, incarne un mafieux des plus convaincants.

---

1. Titre au Québec : *Pleins feux sur le président*.

Le rôle de Sutherland dans *Frankie la Mouche* est quant à lui l'un des plus intéressants de sa période creuse. Cette fois, au lieu d'incarner un criminel, il joue un prétentieux diplômé de cinéma de l'Université de New York qui rejoint Hollywood dans l'espoir de devenir le nouveau Martin Scorsese, mais qui se retrouve réalisateur des films pornos dans lesquels se produit Margaret. Quels que soient les points forts de ce film, il ne sera jamais projeté sur le moindre écran de cinéma américain et devra se contenter d'une parution en format vidéo à la fin de 1997. Il s'agit, hélas, d'un schéma récurrent dans la carrière de Sutherland à cette période-là.

À la même époque, un autre scénariste tente de se forger une réputation en imitant le style de Tarantino : Brad Mirman. En 1996, il tâte le terrain avec un scénario intitulé *La dernière cavale,* qui tombe entre les mains de Sutherland. L'acteur s'intéresse au personnage principal, Curtis Freley, un autre criminel dérangé. Son appui suffit à donner de la crédibilité au projet, et Kiefer réussit à obtenir la participation de Triumph Films. Grâce à son précédent succès comme réalisateur au petit écran, il obtient la permission de diriger le film, soit son premier destiné à sortir au cinéma. De bons acteurs se montrent plus qu'intéressés à l'idée de travailler aux côtés de Sutherland. Vincent Gallo et Mykelti Williamson décrochent les deux autres rôles principaux, tandis que les acteurs Rod Steiger et Martin Sheen acceptent de jouer de petits rôles.

La dernière cavale prend l'affiche au mois de mai 1997. Le film relate l'histoire typique d'une transaction de drogue qui tourne mal. Raymond Lembecke, le personnage joué par Gallo, cherche à se venger de Tony Vago (Rod Steiger), un magnat du crime qui a fait en sorte qu'il se retrouve en prison. Afin d'obtenir sa revanche, Lembecke planifie de lui dérober un million de dollars. Il s'associe au criminel Marcus Weans (Williamson) et à un assassin déséquilibré du nom de Curtis Freley (Sutherland) pour mener à bien son plan. Les trois bandits prennent ensuite la fuite en direction de Las Vegas. En chemin, ils enlèvent un couple qui voyage en caravane. L'homme qu'ils gardent en otage se laisse tenter par l'aventure et se joint finalement à eux. Tout au long de leur périple, ils sont suivis et épiés par Martin Sheen, un assassin à la solde de Vago.

Par son travail d'acteur, Sutherland parvient à distinguer son personnage du cliché des criminels psychopathes présentés comme des rebelles posés et intelligents, à la Tarantino, alors qu'ils sont en fait généralement des ratés pathétiques. Son Curtis Freley est un homme vil et paranoïaque, plus animal qu'humain.

Depuis *La dernière cavale*, Vincent Gallo nourrit une grande estime pour Sutherland et pense que c'est l'un des acteurs-réalisateurs les plus confiants qu'il ait côtoyés dans le cadre de son travail. « J'ai déjà été dans cette situation, c'est pour ça que je le sais, dit Gallo. C'est difficile de se concentrer et de jouer un personnage de façon constante tout en s'inquiétant de tout ce qui se produit pendant un tournage. Kiefer est un type intelligent, très intelligent. Il parvenait à tout séparer dans son esprit. » Martin Sheen a également apprécié sa collaboration avec le jeune réalisateur : « Je connaissais Kiefer par l'entremise de mon fils, Emilio Estevez. Je venais de finir *The War at Home* sous la direction d'Emilio. Je me suis en quelque sorte plu à m'abreuver de leur jeune énergie. » Malheureusement, *La dernière cavale* n'est diffusé que dans sept salles de cinéma et ne récolte qu'environ cent mille dollars. Il sortira en clubs vidéo à peine quelques semaines après sa projection sur grand écran.

Parallèlement, Sutherland continue de miser sur sa voix pour combler les nombreux creux dans son agenda et arrondir ses fins de mois. Il prête sa voix pour des publicités, de la narration de documentaires et du doublage de cinéma d'animation. C'est à cette période notamment qu'il double le rôle masculin principal dans la version anglaise du film d'animation japonais *Armitage III: Poly-Matrix*, sorti en 1997.

La carrière de Sutherland explore ensuite de nouveaux horizons lorsque, vers la fin du printemps 1997, il offre l'une de ses rares prestations sur scène. Il joue le rôle de Tom, aux côtés de sa mère Shirley Douglas, dans la pièce de Tennessee Williams *La ménagerie de verre,* au Royal Alexandra Theatre de Toronto.

La ménagerie de verre a été la première pièce à succès de Williams, et vraisemblablement la plus intimement autobiographique qu'il ait jamais écrite. L'intrigue est racontée du point de vue de Tom Wingfield, interprété par Sutherland, et évoque la relation que celui-ci entretient avec Amanda, sa mère surprotectrice et autoritaire, et avec Laura, sa sœur triste et introvertie qui passe le plus clair de son temps entourée de sa collection de figurines de verre. Tom travaille dans un entrepôt et tente de subvenir à leurs besoins, tandis que sa mère et sa sœur mènent des vies presque entièrement ancrées dans la fantaisie.

Le metteur en scène Neil Munro a su rester fidèle au texte, accordant à Douglas et à Sutherland la latitude nécessaire pour incarner pleinement leurs personnages. Mère et fils parviennent à recréer sur scène une relation aux antipodes de leurs vraies personnalités. Au-delà de son désespoir refoulé, Sutherland insuffle à Tom un héroïsme très doux ; même sans le soutien de ses proches, il arrive à maintenir le cap de son existence. Douglas offre une présence imposante sur scène. Sa technique et son talent donnent au personnage d'Amanda une force telle que son fils semble presque écrasé sous le poids et la puissance de sa personnalité.

Sutherland pourra inscrire cette prestation parmi les meilleurs moments de sa carrière d'acteur. Mais après ce bref interlude sur les planches, il se doit de reprendre ce qui est dorénavant devenu sa difficile conquête du grand écran.

Son prochain film, l'audacieux *Dark City*[2], constitue le point culminant de cette sombre période. L'obtention de son rôle résulte toutefois d'une tragédie. Au début des

---

2. Titre au Québec : *Cité obscure*.

années 1990, Sutherland se lie d'amitié avec un jeune acteur en plein essor à Hollywood, Brandon Lee. Lee est le fils d'une légende hollywoodienne, la super star des arts martiaux Bruce Lee, décédé en 1973 alors que Brandon n'avait que huit ans. Ce dernier cherche à sortir de l'ombre de son père pour s'imposer en tant qu'acteur. Sutherland et lui deviennent amis, peut-être parce que tous deux tentent de se forger une identité indépendante de celle de leurs célèbres pères. Ils font la fête ensemble à L.A. et partagent une passion commune pour la musique et les guitares.

En 1993, Lee travaille sur *The Crow*[3], un film inspiré d'une bande dessinée pour adultes, aussi appelée roman graphique. Lee avait déjà tourné plusieurs films avant *The Crow*, dont *Dans les griffes du dragon rouge*[4] et *Rapid Fire*[5], mais il demeurait principalement connu comme le fils de Bruce Lee. *The Crow* lui permet enfin de se démarquer. Il y incarne le jeune musicien Eric Draven, qui est assassiné par des voyous avec sa copine et qui revient des ténèbres pour se venger. Le film est obscur, sinistre même, mais il s'en dégage une énergie incroyable. Lee, conscient que ce film constitue pour lui une occasion en or, se lance corps et âme dans la préparation de son rôle. Il laisse pousser ses cheveux et s'entraîne sans relâche, au point de faire de son corps une machine puissante et vigoureuse.

À seulement huit jours de la fin du tournage, toutefois, une tragédie survient. Afin d'accélérer les opérations, on fabrique quelques fausses cartouches en vidant les vraies

---

3. Titre au Québec : *Le corbeau*.
4. Titre au Québec : *Les justiciers de Little Tokyo*.
5. Titre au Québec : *Contre-attaque*.

de leur poudre pour ensuite y replacer les balles ; on n'a toutefois pas enlevé l'amorce de la charge principale. L'une de ces munitions a été chargée dans le fusil, et l'amorce s'est activée avec suffisamment de force pour détacher la tête de la balle et la laisser dans le canon. Plus tard, lors du tournage de la scène initiale montrant la mort du personnage principal, on charge le fusil de munitions à blanc pour le remettre à l'acteur Michael Massee. Dans cette scène, le malfaiteur pointe son fusil vers le personnage de Lee et tire à bout portant. Massee joue la scène tel que convenu. La charge à blanc, même si elle est plus faible que celle d'une véritable charge, suffit pour propulser la balle du canon jusque dans la colonne vertébrale de l'acteur. Lee s'effondre au sol, comme le veut le scénario, puis le réalisateur australien Alex Proyas crie : « Coupez ! » Mais Lee ne se relève pas. Un régisseur remarque qu'il gît immobile et qu'une flaque de sang se forme à ses côtés. L'acteur est transporté d'urgence à l'hôpital, où il rend l'âme deux heures plus tard des suites d'une hémorragie interne. Ce drame s'est produit le 31 mars 1993.

Sutherland et Proyas font connaissance aux funérailles de Brandon Lee et se découvrent aussitôt des affinités. Mais Proyas est si perturbé par la récente tragédie qu'il laissera s'écouler quatre longues années avant de réaliser son prochain film, *Dark City*, qu'il a également écrit. En fait, l'idée du scénario avait germé dans son esprit lors du tournage de *The Crow*. Proyas avait passé un certain temps assis sur le plateau, en Caroline du Nord, à regarder son équipe technique reconfigurer l'espace, déplacer et construire des maquettes. Il a ainsi eu l'idée d'écrire une histoire de science-fiction située à une époque et à un endroit où certaines personnes peuvent, simplement par télépathie, modifier leur environnement physique.

Une fois son projet pour *Dark City* monté, Proyas souhaite que Sutherland joue le rôle le plus étrange et le plus complexe du film, celui du Dr Daniel P. Schreber. Rufus Sewell interprète quant à lui John Murdoch, un homme qui se réveille dans un hôtel étrange sans savoir qui il est ni où il se trouve. Un appel mystérieux de la part du Dr Schreber lui apprend qu'il est traqué par un groupe de personnes appelées les Étrangers. Murdoch prend la fuite et se rend peu à peu compte qu'il est recherché pour une série de meurtres, même s'il ne se rappelle pas les avoir commis. Il découvre qu'il possède des pouvoirs télékinésiques qui lui permettent de voir comment les Étrangers changent la configuration de la ville à leur guise et manipulent les souvenirs de ses habitants. Murdoch cherche à recouvrer la mémoire et s'associe à un policier qui croit en son innocence. Ensemble, ils retrouvent Schreber qui leur explique que les Étrangers sont des extraterrestres et que la ville entière fait l'objet d'une expérience.

Dark City est un film sombre, profond et excentrique, qui exige de son public une grande attention. En fait, il peut même parfois prêter à confusion, à tel point que lorsque Proyas montre à ses producteurs sa première version du film, ces derniers imposent l'ajout d'une narration en voix off afin de mettre le récit en contexte. Proyas lutte avec acharnement contre cet ajout, mais se voit dans l'obligation d'insérer la narration, enregistrée par Sutherland. L'acteur lui-même admet que le film l'a rendu perplexe : « Je ne l'ai jamais pigé, point, avoue-t-il en riant. C'est-à-dire que j'ai compris quelle était l'intention d'Alex, et je savais quel rôle jouait mon personnage dans l'ensemble de l'intrigue, mais certains des concepts et des idées étaient quelque peu déconcertants. Alors je lui ai tout simplement fait confiance et j'ai fait ce qu'on attendait de moi. »

Dark City est, à l'époque, le projet de Sutherland qui s'éloigne le plus des attentes que le public a fondées à son égard. Certains ont cru que son personnage s'inspirait en partie du lapin blanc d'*Alice au pays des merveilles*, mais sa prestation rappelle davantage le grand acteur Peter Lorre. Sutherland boite et marche le dos voûté ; son élocution est hésitante et haletante, ses mouvements brusques et instables. Il est tout simplement fantastique.

Le film est tourné en Australie et réutilise bon nombre des décors qui ont servi à *Matrix*[6], afin de minimiser les coûts. Pendant son séjour en Australie, Sutherland, fidèle à lui-même, fréquente assidûment les bars du coin. Un soir, il se soûle dans un pub de Sydney, sans porte-monnaie ni argent sur lui. La petite histoire veut qu'il ait dansé en plein centre de la piste et qu'il ait fait des pirouettes en simulant des coups de pied d'arts martiaux, jusqu'à ce qu'un groupe d'admirateurs l'invite à se joindre à eux. Il se régale d'une

---

6. Titre au Québec : *La matrice*.

assiette remplie d'ailes de poulet, prend quelques verres de plus, remercie ses nouveaux amis, puis sort en titubant.

Dark City prend l'affiche au cinéma le 27 février 1998. Le budget de vingt-sept millions de dollars n'est pas exorbitant, mais pour une petite production, il s'agit tout de même d'un projet coûteux. Pendant sa présentation en salles, le film parvient tout juste à atteindre le seuil de rentabilité. Cependant, comme c'est le cas pour bon nombre de films de Sutherland, il trouve un public de fidèles adeptes sur le marché des vidéocassettes. Le 29 juillet 2008, Warner Bros. Home Video distribue le montage original de Proyas, une version plus longue et plus complexe, qui s'écoule très bien, même dix ans après la sortie du film.

Contrairement au succès mitigé obtenu en salles, les critiques du film et du jeu de Kiefer Sutherland sont des plus élogieuses. Peter Stack écrit dans le *San Francisco Chronicle* : « [*Dark City*] est envoûtant, captivant et, sans équivoque, obscur. Il s'agit de l'une des réalisations cinématographiques les plus mémorables des dernières années. Peut-être n'y a-t-il rien à reprocher à un film qui est tout simplement sensationnel. » À propos de Kiefer, il écrit : « Sutherland a l'air d'un gardien d'une aile psychiatrique nazie. Boitant et s'exprimant dans un charabia menaçant, il ressemble à une parodie de psychiatre détraqué. Mais il est fascinant, malgré son apparence rebutante. Sous le regard de Proyas, c'est un personnage qui transcende la caricature. Les apparences ne sont pas trompeuses ici, elles sont absolument tout. »

Adepte de longue date de Kiefer Sutherland, Roger Ebert est complètement sidéré par le film : « *Dark City* est un accomplissement visionnaire d'envergure, un film si original et enthousiasmant qu'il a réveillé mon imagination comme l'ont fait *Metropolis* et *2001 : L'odyssée de l'espace.* » Ebert inscrit le film sur sa liste des dix meilleurs films de 1998.

Sutherland retourne peu de temps après dans l'hémisphère Sud pour son prochain film, cette fois-ci en Nouvelle-Zélande. L'intrigue de *Blessure de guerre* se déroule dans un hôpital militaire de terrain pendant la guerre du Vietnam, hôpital dirigé par un médecin peu orthodoxe du nom de Rat Kiley (Kiefer Sutherland). Un médecin plus jeune, Mark (Skeet Ulrich), décide d'amener furtivement sa copine Marianne (Georgina Cates) au campement. Cette dernière n'arrive pas à trouver sa place dans cet univers exclusivement masculin, et pourtant sa simple présence apporte un peu d'humanité à cet environnement si impersonnel. Confrontée aux innombrables tragédies de la guerre, Marianne acquiert progressivement une certaine maturité. Le scénario s'inspire de *Sweetheart of the Song Tra Bong*, une nouvelle de l'élégant écrivain et vétéran de la guerre du Vietnam Tim O'Brien. Grâce au réalisme poignant d'O'Brien et à la réalisation maîtrisée de Thomas Michael Donnelly, le film dégage une troublante authenticité qui le distingue de la plupart des films portant sur la guerre du Vietnam.

L'interprétation de Sutherland est encore une fois très solide. Malgré des similitudes avec Hawkeye, le personnage incarné par son père dans *M*A*S*H*, Kiefer donne à Kiley une dimension plus introspective. Le réalisateur Thomas Michael Donnelly louera sa participation au film : « J'ai été ravi de travailler avec Kiefer. J'avais besoin d'un homme aux allures un peu rudes, qui avait l'air d'avoir vécu, pas seulement d'avoir fait semblant de vivre. »

À l'origine, *Blessure de guerre* était un téléfilm destiné à la chaîne câblée Showtime, mais sa qualité incite le distributeur à le présenter également en salles de cinéma. On décide donc de susciter le bouche-à-oreille en inscrivant le film à quelques festivals. Questionné lors du Festival international du film de Toronto, Sutherland commente les similitudes entre *Blessure de guerre* et la série *M*A*S*H* : « Je crois que le contexte d'un détachement médical près des lignes de front constitue l'unique ressemblance, en réalité. *M*A*S*H* jetait un regard sombre, humoristique, presque allégorique sur la guerre, alors que nous illustrons le type de tragédie qu'entraîne la guerre au-delà des éléments évidents comme la mort, la mutilation et la destruction physique d'un pays. Nous illustrons les blessures d'ordre psychologique et la destruction de la part d'humanité qui réside dans chaque être humain. »

Loin de marquer une renaissance de la carrière de Sutherland, *Blessure de guerre*, malgré ses mérites, inaugure une nouvelle période creuse. L'acteur enchaîne avec un projet alimentaire mineur qui l'enlise encore plus profondément dans le purgatoire du cinéma. Le film en question s'intitule *Point de rupture*, et Sutherland y interprète un policier enquêtant sur un meurtre suspect. Suit *Tour de contrôle*, un autre projet alimentaire pour lequel il endosse l'identité d'un contrôleur aérien au bout du rouleau. Aucun de ces deux longs métrages ne sortira dans les salles d'Amérique du Nord. Aux États-Unis, ils prendront directement le chemin des vidéoclubs.

UNE CARRIÈRE AGONISANTE

« *À cette époque, il y a eu des moments où je me rendais littéralement d'un lieu de tournage à un autre. Je craignais de ne jamais plus obtenir de rôles si j'arrêtais !* »
– *Kiefer Sutherland*

Des acteurs tels que Jean-Claude Van Damme et Steven Seagal sont parvenus à toucher un joli magot grâce à des films directement parus sur bande vidéo. Dans certains cas, Van Damme a obtenu des honoraires allant jusqu'à un tiers du budget de production, les réalisateurs sachant que son nom les aiderait à vendre le film partout dans le monde. Un certain nombre d'acteurs du *Brat Pack* a su profiter du même courant. Mais Sutherland ne fait pas partie de cette catégorie. Bien qu'il apparaisse le premier au générique de la plupart de ses films distribués directement en clubs vidéo, il n'est pas du genre à se reposer sur ses lauriers. Dès qu'il est disponible, il recherche activement de nouveaux contrats. Henry Czerny, son compatriote canadien et covedette du film *L'œil du tueur* sorti en 1999, dit ceci à propos de Kiefer à l'époque : « Il y a deux sortes d'acteurs : les stars et ceux qui travaillent. Je suis un acteur qui travaille. Cela signifie que j'accepte les rôles qu'on me propose et que je fais en sorte que le personnage soit le plus convaincant possible. Kiefer, c'est un autre type d'acteur. C'est une star qui travaille. »

L'œil du tueur est le troisième film d'affilée de Sutherland à sortir directement sur vidéo. À cette occasion, il se joint pour la deuxième fois à Paul Marcus, réalisateur de *Point de rupture*, et joue le rôle d'un autre policier tourmenté. Cette fois-ci, l'officier a sombré dans l'abîme de l'alcoolisme et de la dépression après avoir échoué, dix ans auparavant, à attraper un tueur en série.

Pour changer d'horizon, Sutherland se rend ensuite en Grande-Bretagne afin d'ajouter sa voix à celles de Stephen Fry, Dawn French, John Hurt et quelques autres dans plusieurs épisodes de la série d'animation *Watership Down*, adaptée du livre à succès de 1972.

À la même époque, la « star qui travaille » connaît de nouveaux revers sur le plan familial. Son mariage avec Kelly Winn est sur le point de sombrer. « Kelly était ma meilleure amie, dit Sutherland. Je lui ai raconté mensonge après mensonge, et cela a gâché notre relation. L'échec de mon deuxième mariage m'est entièrement imputable. » Les mensonges auxquels il fait référence concernent les liaisons fréquentes qu'il entretient avec d'autres femmes lorsqu'il part en tournage. Peu habile dans l'art de la discrétion, il doit se justifier auprès de sa femme à de nombreuses reprises, essayant chaque fois de tout nier en bloc. Winn en a finalement assez. Le couple se sépare vers la mi-1999, mais le divorce ne sera rendu officiel qu'en 2008.

Lorsque le siècle s'achève, Sutherland, tout juste âgé de trente-trois ans, est dévasté. Non seulement il a à son actif deux mariages ratés, mais il est également absent de la vie de sa fille unique, Sarah Jude, et en éprouve une profonde culpabilité. De plus, s'il était autrefois très proche de ses beaux-enfants, il ne les voit plus du tout. Sur le plan professionnel, il se trouve au fond du gouffre. Il travaille toujours, mais en retire peu de satisfaction.

Le prochain film de Sutherland, *Desert Saints*, lui aussi distribué directement sur bande vidéo, constitue l'exemple type des films qui ont marqué le creux de sa carrière. L'auteur-réalisateur Richard Greenberg, régisseur de nombreux films à petit budget, se dit qu'il ne peut pas faire pire que ce qui lui est passé entre les mains tout au long de sa carrière. Il se décide donc à écrire son propre scénario, puis amasse les fonds nécessaires pour le réaliser lui-même. Il sollicite principalement ses amis, puis leur octroie le titre de producteurs. Le générique du film ressemble donc à une liste de retrouvailles du lycée. Cette liste inclut, entre autres, l'actrice Meg Ryan.

Le long métrage qui en résulte est loin d'être un chef-d'œuvre. Sutherland en est la tête d'affiche, aux côtés de Melora Walters. « Melora qui ? » vous demanderez-vous légitimement. Melora Walters a pourtant fait ses classes. Elle paraît aujourd'hui régulièrement dans la série *Big Love* de HBO et, pendant plus de vingt ans, a obtenu des rôles mineurs dans des films connus comme *Le cercle des poètes disparus*, *Beethoven*, *Ed Wood* et *Boogie Nights*[1]. Dans *Desert Saints*, on lui attribue pour la première fois de sa carrière un rôle important. Pour Sutherland, on est loin de l'époque où il partageait la vedette avec Julia Roberts.

Kiefer joue cette fois le rôle d'un tueur à gages du nom d'Arthur Banks qui œuvre principalement pour les cartels de la drogue d'Amérique du Sud. Banks recrute toujours des femmes solitaires pour l'assister dans ses missions, puis les tue et efface toute trace de leur existence. En route vers un nouveau contrat, il s'allie à une femme qui fuit une relation violente. Mais le FBI est sur leurs traces et Banks finit par comprendre que cette femme n'est pas ce qu'elle semble être. Cependant, il commence à éprouver des sentiments à son égard et c'est ce qui le mènera à sa perte.

Sutherland fait de son mieux pour incarner un méchant éloquent et élégant à la Tarantino, mais les répliques de son personnage sont si pauvres et les situations si dépourvues de sens que ses efforts restent vains. Walters ne s'en sort pas mieux, offrant une interprétation sans profondeur.

Même si Sutherland est maintenant exclu des méga-productions et projets d'envergure, il fait toujours partie de la collectivité hollywoodienne. Par l'entremise de ses connaissances, il parvient à se faire embaucher dans un petit film indépendant pour interpréter un personnage auquel il peut enfin donner un peu de substance. *Beat* raconte un épisode de la vie de William S. Burroughs, un écrivain de la

---

1. Titre au Québec : *Nuits endiablées*.

Beat Generation. Burroughs était en réalité un grand homme élancé, mais le scénariste-réalisateur Gary Walkow tient à ce que Sutherland incarne ce personnage dans son film, et ce, malgré les différences sur le plan de la physionomie. Du point de vue de Walkow, Sutherland dégage une intensité toute désignée pour illustrer la panoplie de passions qui faisaient rage dans l'âme de Burroughs.

L'expression « *Beat Generation* » désigne un groupe d'écrivains new-yorkais des années 1950 qui ont initié un mouvement littéraire à part entière et ont pavé la voie au tumulte social des années 1960. Leur production, peu volumineuse mais non moins marquante, dresse le tableau de leurs vies bohémiennes, de leurs expériences avec la drogue, de leur ouverture sexuelle et de leur exploration de la spiritualité orientale. En plus du *Festin nu* écrit par Burroughs, leurs œuvres les plus connues sont le roman de Jack Kerouac *Sur la route*, ainsi que le long poème *Howl* d'Allen Ginsberg.

Burroughs menait une vie trouble. Bisexuel, il a longtemps vécu à New York, où il a rencontré Kerouac et Ginsberg. En dépit de son intelligence et de son instruction, il est devenu dépendant à la morphine et a fait de la revente d'héroïne son gagne-pain. Sa compagne, Joan Vollmer, était quant à elle accro aux amphétamines.

Beat décrit la période que Burroughs a passée au Mexique, après avoir fui les États-Unis afin d'éviter l'emprisonnement pour vente de marijuana. Là-bas survient un événement décisif qui sera à l'origine de sa vocation d'écrivain : il tue accidentellement Joan Vollmer par balle. Le film adopte un ton volontairement sombre qui cadre bien avec l'époque et les personnages qu'il met en scène. Le scénario traite en majeure partie des relations de Burroughs avec Vollmer (Courtney Love) et Ginsberg (Ron Livingston), ce dernier les ayant rejoints en compagnie d'un ami commun, l'écrivain Lucien Carr (Norman Reedus).

Le film, tourné dans les environs de la ville de Mexico, est présenté pour la première fois au Sundance Film Festival le 29 janvier 2000. La rumeur lui est favorable, sans toutefois donner lieu à la vaste distribution espérée. Ce qui est dommage pour Sutherland, car il offre une solide prestation dans le film, même si certaines critiques insinuent qu'il aurait emprunté le style de Jack Nicholson. Toutefois, malgré la qualité de son interprétation et les réactions positives soulevées au Festival du film indépendant de Los Angeles au mois d'avril suivant, *Beat* ne trouve jamais de distributeur et les producteurs n'ont d'autre choix que de le faire paraître directement sur vidéocassette.

Pour son prochain contrat, Sutherland retourne au Canada. Même si l'intrigue de *Woman wanted*[2] se déroule en Angleterre, le tournage a lieu à Winnipeg, au Manitoba. Au départ, Sutherland devait simplement jouer dans le film, mais lorsque des différends d'ordre créatif entraînent le départ du réalisateur initial, Sutherland accepte de prendre la relève comme coréalisateur. Au générique du film, on peut lire : « Réalisé par Kiefer Sutherland et Alan Smithee », ce

---

2. Titre au Québec : *Femme recherchée*.

second nom étant un pseudonyme couramment utilisé par les cinéastes qui refusent que leur vrai nom apparaisse.

Il y a cependant une autre raison pour laquelle ce film revêt une signification particulière pour Kiefer : il met aussi en vedette sa mère, Shirley Douglas. La dernière fois qu'ils ont joué ensemble, dans la production de 1997 de *La ménagerie de verre*, Sutherland a été quelque peu éclipsé par le talent et l'expérience de Douglas. Mais cette fois, ils se retrouvent non plus sur les planches mais sur un plateau de tournage, et le cinéma est la spécialité de Sutherland. En tant que réalisateur, il se doit même de diriger sa mère. Mais Kiefer apprend bien vite qu'il y a certains acteurs qui ne requièrent pas vraiment d'encadrement, et s'en remet une fois de plus aux aptitudes de Douglas – volontiers, devrait-on ajouter.

Woman wanted est d'abord un roman de Joanna McClelland Glass, qui a adapté elle-même son texte pour l'écran. Il s'agit de l'histoire passionnée et un peu étrange d'un veuf (Michael Moriarty) qui habite avec son fils adulte (Kiefer Sutherland), et de leur relation avec la femme de ménage (Holly Hunter) qui s'est récemment installée chez eux. Malgré les efforts de Sutherland pour rendre le film captivant, le résultat final est fade en raison des faiblesses du scénario. Malgré tout, l'ambiance est bonne sur le plateau. L'actrice canadienne Jackie Richardson explique ainsi avoir pris beaucoup de plaisir à travailler avec ses collègues : « C'était un de ces contrats dont rêvent les acteurs, pas nécessairement en raison du rôle, mais plutôt en raison des gens avec qui j'ai pu travailler tous les jours, des gens comme Kiefer Sutherland et sa brillante mère, Shirley Douglas, ainsi que Holly Hunter. Et c'était amusant de recevoir les directives de Kiefer, d'apprendre à le connaître un peu. Il n'avait rien du gars que je m'attendais à rencontrer. Il était prévenant, poli, un vrai pro. »

Sutherland commence l'année 2000 par une brève apparition dans l'une des entreprises cinématographiques les plus ridiculement improbables de l'histoire, un film dont chaque ressort défie l'entendement. *Morceaux choisis* raconte l'histoire d'un boucher nommé Tex, joué par Woody Allen, qui surprend sa femme Candy (Sharon Stone, non mentionnée au générique) en flagrant délit d'adultère avec l'officier Bobo (Sutherland). Fou de rage, Tex entreprend de la tuer, puis la découpe en morceaux qu'il disperse dans le désert. L'une de ses mains est toutefois retrouvée. À la faveur d'une suite d'événements, des pouvoirs mystiques lui sont attribués, et l'église où elle est exposée devient un lieu de pèlerinage. Inutile d'en dire plus.

Le film est mis en scène par Alfonso Arau, un acteur d'origine mexicaine qui a fait un début remarqué avec *Les épices de la passion*[3], un long métrage récompensé par plusieurs prix. La distribution comprend également Andy Dick, Elliott Gould, Joseph Gordon-Levitt, Lou Diamond Phillips, David Schwimmer et Fran Drescher. Cependant, ni Arau ni le groupe éclectique d'acteurs qu'il a rassemblés n'arrivent à racheter ce que Steven Oxman, le critique de *Variety*, décrit comme « un fiasco de la pire espèce. » Même

---

3. Titre au Québec : *Like Water for Chocolate*.

s'il devait initialement être présenté en salles, *Morceaux choisis* n'est finalement diffusé que sur les réseaux câblés payants avant d'être envoyé en clubs vidéo.

Bien que Sutherland n'offre pas dans ce film sa pire performance, sa participation au projet ne fait que confirmer l'agonie de sa carrière au cinéma. Mais même alors que tout s'effondre autour de lui, Kiefer n'abandonne pas. Des années plus tard, il dira : « Si une vie dans le monde du spectacle vous apprend bien une chose, c'est que vous êtes toujours à un rôle, à un projet intéressant ou même à un coup de fil d'un revirement de situation, à condition toutefois de continuer à croire que vous en êtes capable, d'être préparé et de toujours vouloir aller de l'avant. »

* * *

Si, à ce stade de sa carrière, Sutherland en est réduit à des productions qui se retrouvent directement en clubs vidéo, il peut au moins se permettre de choisir des projets divertissants. Son premier film en 2001 s'inscrit dans cette catégorie. *Cowboy Up* traite du *bull riding*[4], la discipline de rodéo la plus difficile et la plus dangereuse de toutes. Le scénario, écrit par James Redford, raconte l'histoire de Reid Braxton, un vétéran du rodéo à la retraite, et de ses deux fils qui travaillent dans le circuit : Ely, une star montante, et son frère Hank, un *bullfighter* réputé[5].

---

4. Le *bull riding* consiste à tenir le plus longtemps possible sur le dos d'un taureau déchaîné.
5. Le *bullfighter* est chargé de distraire le taureau lorsque son cavalier tombe, afin d'éviter que celui-ci soit piétiné.

Cowboy Up est un film pavé de bonnes intentions, un vague mélange entre *Rocky* et *Le Champion*, mais dans un autre type d'arène. Dans le rôle de Hank, Sutherland offre sa meilleure performance d'acteur depuis *Dark City*. Comme il connaît bien le monde du rodéo, il insuffle à son personnage une véritable authenticité dans sa manière d'agir, de parler et de communiquer sa vision du monde. Ceci confère à sa prestation une profondeur qui faisait défaut dans ses derniers films. Les deux rôles féminins de premier plan sont également bien servis : Melinda Dillon joue la mère des deux jeunes cow-boys, tandis que Molly Ringwald, une autre ancienne du *Brat Pack*, incarne la petite amie d'Ely.

Le décor dans lequel est planté le domaine de la famille Braxton n'est autre que le ranch de la légende du rodéo Gary Leffew. Deux des fils de ce dernier, Judd et Brett, obtiennent même de petits rôles dans le film. D'autres acteurs intéressants se joignent à la distribution : le cow-boy Bo Hopkins, qui joue un autre vétéran du rodéo, et Pete Postlethwaite, le distingué acteur de théâtre et de cinéma anglais, qui interprète Reid Braxton. L'activiste amérindien Russell Means participe également au film. Il fera plus tard cette remarque à propos de Sutherland : « Je me souviens de *Cowboy Up* grâce à Kiefer Sutherland. Il était très bon sur un cheval et très à l'aise avec tout ce qui concernait les animaux et la terre. Pour cette raison, il me rappelle un peu Marlon. » Le Marlon auquel Means fait allusion est bien sûr Marlon Brando, qui, malgré les risques que cela impliquait pour lui, a hébergé Russell Means et l'autre activiste amérindien Dennis Banks lorsqu'ils fuyaient le FBI durant les années 1960.

Malheureusement, ce charmant petit film connaît le même sort que la plupart des derniers projets de Sutherland : il n'est pas présenté en salles et occupe le bas des étagères des clubs vidéo.

Après s'être rendu en Utah pour tourner un autre long métrage sans prétention, *L'ombre de la séduction*[6], Sutherland se rend directement à Hawaii et en Thaïlande où est tourné *Chungkai, le camp des survivants*. Le scénario est basé sur l'autobiographie du capitaine écossais Ernest Gordon, intitulée *Through the Valley of the Kwai*, qui raconte ses expériences dans un camp de prisonniers de guerre situé en Birmanie durant la Deuxième Guerre mondiale. Là-bas, il a été soumis par les Japonais aux travaux forcés dans des conditions inhumaines afin de participer à la construction du chemin de fer reliant la Birmanie et la Thaïlande.

Chungkai, le camp des survivants est un film magnifiquement tourné, au souffle puissant. Il s'apparente au classique de David Lean *Le pont de la rivière Kwai*, qui relate les mêmes événements. Le réalisateur David Cunningham a su s'entourer d'une formidable distribution. L'acteur irlandais Ciarán McMenamin joue le rôle de Gordon avec une remarquable justesse. Son collègue Robert Carlyle est tout aussi brillant. Kiefer Sutherland joue quant à lui un prisonnier de

---

6. Titre au Québec : *Tentation*.

guerre américain du nom de Yankee Reardon. Même si son rôle se rapproche de celui de William Holden dans *Le pont de la rivière Kwai*, Sutherland arrive à créer un personnage un peu plus profond et sensible.

Chungkai, le camp des survivants est d'abord présenté au Festival du film de Telluride le 2 septembre 2001 et reçoit de très bonnes critiques. Il est projeté deux semaines plus tard au Festival international du film de Toronto et obtient d'aussi bonnes réactions. Il ne sera pourtant jamais diffusé en salles. Cela ne peut que décevoir Sutherland, qui livre une remarquable prestation dans un film qui aurait pu relancer sa carrière. Contrairement aux autres projets auxquels il a participé au cours de cette période, *Chungkai, le camp des survivants* aurait mérité un tout autre traitement.

SAUVÉ PAR LA TÉLÉ

« Si vous m'aviez dit il y a douze ans que je ferais une série télévisée, je ne vous aurais même pas cru. Les acteurs de cinéma ne font pas de télévision. Pourtant, c'est la télé qui m'a sauvé. »
– Kiefer Sutherland

Au milieu de l'année 2000, Sutherland se trouve à Vancouver, en Colombie-Britannique, pour tourner le film d'action *Pari à haut risque* aux côtés d'Anthony LaPaglia. C'est la deuxième fois que ce dernier travaille avec Sutherland. « J'adore Kiefer, dit-il. Nous avons eu le même genre de parcours. Nous avons partagé notre première expérience hollywoodienne sur « La mascotte ». Nous avons ensuite fait *Pari à haut risque* ensemble, un autre film à petit budget. Maintenant, nous sommes tous les deux connus pour notre travail à la télévision. Mais ce qui me vient toujours à l'esprit lorsque j'entends son nom, c'est à quel point il semble naturel pour lui de jouer ; il est tout simplement fait pour ça. »

Quand Sutherland retourne en Californie après le tournage de *Pari à haut risque*, la télévision le sollicite, mais pas encore pour *24 heures chrono*. En 1999, l'auteur et producteur Walon Green, un des esprits créatifs derrière la série *New York police judiciaire*[1], a l'idée de se baser sur le film à succès *L.A. Confidential*[2] pour en faire une série pour le réseau HBO. Green, qui a écrit des classiques tels que *La horde sauvage* pour Sam Peckinpah et *Le convoi de la peur* pour William Friedkin, est frappé par la richesse du roman de James Ellroy duquel *L.A. Confidential* est tiré. Il s'agit d'une histoire de policiers, de crimes et de corruption se déroulant dans le milieu du spectacle des années 1950 à Los Angeles. Le scénariste est convaincu qu'une longue série pourrait exploiter tous les détails et toutes les énigmes du roman d'une manière dont un film de deux heures ou une courte série ne saurait le faire. Il présente sa feuille de route à HBO qui adhère immédiatement au projet. On demande à Eric Laneuville, acteur et réalisateur de télévision, lauréat d'un prix Emmy, de diriger la série. Malheureusement, certains différends poussent HBO à abandonner le projet. Twentieth Century Fox Television le reprend, mais en s'éloignant du type de grosse production que Green avait en tête. Ses dirigeants penchent plutôt pour un épisode pilote plus modeste. Ils préfèrent attendre de connaître la réaction du public.

Malgré son budget limité, le pilote de *L.A. Confidential* est réussi. Les images sont puissantes et le scénario de Walon Green retranscrit parfaitement la noirceur du roman d'Ellroy.

---

1. Titre au Québec : *La loi et l'ordre*.
2. Titre au Québec : *Los Angeles interdite*.

Sutherland est choisi pour interpréter le détective Jack Vincennes. Malheureusement, malgré la qualité du pilote, la Fox abandonne la série. Cette mauvaise nouvelle se révèle toutefois être un coup de chance pour Sutherland. Si la Fox avait choisi de produire une saison entière, il n'aurait pas pu saisir l'opportunité en or qui n'allait pas tarder à se présenter à lui.

* * *

Pendant ce temps, du côté de Real Time Productions, Surnow et Cochran continuent de chercher leur Jack Bauer, sans résultat. C'est le réalisateur Stephen Hopkins qui leur suggère finalement Sutherland. Il le connaît bien et a toute confiance en ses aptitudes d'acteur : « Kiefer a cette rare capacité de pouvoir jouer le rôle d'un homme ordinaire tout en étant une star de films d'action. Et son talent n'a jamais vraiment été exploité à la télévision. » En fait, ce dernier constat pourrait s'appliquer à Hopkins lui-même : par le passé, il n'a réalisé que des vidéoclips et des films, jamais de série télévisée. C'est d'ailleurs pour cette raison qu'il n'entend pas se laisser enfermer dans les standards télévisuels habituels et a bien l'intention de concevoir la série selon sa propre vision.

Lorsque Hopkins lui fait part du projet, Sutherland est immédiatement emballé. L'idée de faire une série hebdomadaire dans le format d'un film d'action lui paraît des plus séduisantes. L'acteur se souvient : « Après qu'il m'a téléphoné, j'étais intrigué et j'avais hâte de le rencontrer, de même que Joel Surnow et Bob Cochran. Je connaissais Stephen depuis longtemps et je lui faisais totalement confiance. Cette confiance, et le fait que lui non plus n'avait jamais fait de télévision, ont rendu ce projet très intéressant à mes yeux. »

Sutherland veut toutefois éviter de se faire de faux espoirs ; son expérience avec la série *L.A. Confidential* l'a en effet un peu refroidi. De plus, il craint que la vision artistique de Hopkins soit trop ambitieuse et sophistiquée pour la télévision américaine. Malgré tout, il est résolu à tenter sa chance.

Du côté des dirigeants de la Fox, les craintes soulevées par la vie de fêtard de Sutherland et par son manque de discernement dans ses récents choix de carrière sont bientôt balayées. Les comptes-rendus à propos de son travail pour l'épisode pilote de *L.A. Confidential* sont satisfaisants : il agit en professionnel et il est agréable de travailler avec lui.

Même si le choix des acteurs pour les personnages principaux relève de la responsabilité de Surnow, Cochran et Hopkins, la présidente de Fox Broadcasting de l'époque, Gail Berman, doit valider leurs décisions pour qu'elles soient effectives. En 2000, Berman vient tout juste d'être nommée à son poste, et la singularité du projet de *24 heures chrono* la rend un peu nerveuse. Elle n'offre donc aux producteurs qu'un contrat initial pour le pilote et pour treize épisodes. L'équipe de direction tient à voir comment l'auditoire réagira à la série avant de s'engager dans un format plus long et peu orthodoxe de vingt-quatre épisodes.

Surnow et Cochran ont tourné *Nikita* à Toronto et envisagent tout d'abord de réitérer l'expérience, mais les écarts récurrents de température au Canada posent problème. Dans *24 heures chrono*, la continuité visuelle n'est pas uniquement souhaitable ; elle est cruciale. Comme chaque épisode est censé se dérouler au cours d'une seule heure et que les horaires de tournage d'une série sont très serrés, il leur faut absolument un climat stable. Ils optent donc finalement pour le sud de la Californie. C'est là, principalement au studio de Real Time Productions dans la vallée de San Fernando, qu'est tourné le pilote en mars 2001.

Dans l'attente du verdict à propos du pilote de *24 heures chrono*, Sutherland s'envole à l'autre bout de la planète pour les besoins d'un film qu'il considère comme l'un de ses préférés. En mai 2001, il entame les huit semaines de tournage de *Gauguin* en Australie et en République tchèque. Il y interprète le célèbre peintre impressionniste Paul Gauguin, un agent de change parisien prospère qui possède tout, mais ne désire qu'une chose : devenir un artiste. Gauguin délaisse peu à peu sa famille et sa carrière pour s'adonner à son art. Il part aux Antilles puis s'établit à Tahiti, où les autochtones l'affublent du surnom d'*Oviri*, « le sauvage ». La couleur, la luminosité et l'espace de cette île du Pacifique lui fournissent l'inspiration nécessaire pour bâtir son œuvre et réinventer l'art moderne.

Paul Gauguin a déjà connu plusieurs incarnations au grand écran, la plus célèbre étant certainement celle pour laquelle Anthony Quinn remporta un Oscar en 1956, dans le film qui l'opposait à Kirk Douglas en Van Gogh, *La vie passionnée de Vincent Van Gogh*. David Carradine a également joué Gauguin dans un téléfilm fantastique et méconnu en deux parties, intitulé *Gauguin the Savage*. Sur cette liste figure également un curieux petit film suédois réalisé en 1986 par l'auteur et cinéaste Henning Carlsen, *Oviri, le loup dans le soleil*, qui met en scène nul autre que Donald Sutherland dans le rôle de Gauguin. Kiefer Sutherland raconte avoir visionné la prestation de son père : « Il était absolument fabuleux. Je n'ai pas seulement regardé la version de Gauguin de mon père, je l'ai décortiquée. Mais ce film racontait une autre époque de la vie de l'artiste... celle où il côtoyait August Strindberg. »

Kiefer se lance dans de longues recherches approfondies en vue d'interpréter ce rôle. « J'ai lu énormément, *Paul Gauguin* de David Sweetman entre autres, et j'ai pris le temps de discuter avec des peintres. [...] Ce que je voulais savoir à propos de Gauguin et de l'influence qu'il a eue par la suite, c'est le genre de choses que je ne connais pas, comme la façon dont les peintres se considèrent entre eux, ce que signifie chaque toile et comment les regarder. »

D'une certaine manière, Sutherland peut s'identifier à Gauguin, car bien des similitudes les rapprochent. Tous deux vivent leur art avec exaltation et relèguent tout le reste au second plan, tous deux semblent incapables de résister à une femme, tous deux connaissent les excès de la boisson – dans le cas de Gauguin, il s'agit de l'absinthe.

Écrit et réalisé par le cinéaste australien Mario Andreacchio, *Gauguin* est un film riche et captivant, avec de magnifiques séquences tahitiennes tournées en Australie et une juste reconstitution du Paris de la fin du 19e siècle. Mais le véritable centre d'intérêt du film réside dans la performance passionnée mais subtile de Sutherland ; il est le Paul Gauguin le plus habité qu'on ait vu à l'écran depuis Anthony Quinn. Sa grande admiration pour le peintre y est sans doute pour quelque chose : « C'était un véritable artiste, habité par la passion et la foi en son art. Il a tout abandonné pour ça. Cela m'inspire d'autant plus de respect que je n'ai pas ce genre de courage. »

« Le truc que j'ai compris à propos de Paul Gauguin, poursuit Sutherland, c'est qu'il essayait consciemment de bâtir sa légende. Il devait savoir l'importance que tout ça aurait après sa mort. C'était primordial pour lui. [...] Je pense qu'il faut être un beau salaud pour dédier sa vie entière à son travail quand on vous trouve mauvais et que vous savez pertinemment que vous ne serez compris qu'après votre mort. Il y a une arrogance inouïe derrière tout ça. »

En définitive, c'est peut-être ce dernier point qui résume le mieux la différence entre les deux hommes. S'il existe un défaut que ne possède pas Sutherland, c'est bien l'arrogance. Toutefois, à la vue de sa performance, il est clair qu'il rend hommage dans ce film non seulement à un artiste marquant, mais aussi à la passion dévorante de l'acte créateur, une émotion qu'il connaît bien.

Gauguin est présenté le 3 mars 2003 en avant-première publique au Festival international du film d'Adelaïde. L'accueil est positif, mais le film ne fera qu'un bref passage sur les écrans de cinéma australiens. Il ne sera pas distribué en Amérique du Nord avant 2007, soit quatre ans plus tard, lors de sa sortie en DVD. Bien que *Gauguin* soit une œuvre d'une grande qualité, il reste malheureusement l'un des films les plus difficiles à trouver de toute la filmographie de Sutherland.

***

Une fois le tournage de *Gauguin* achevé en juin 2001, une bonne nouvelle attend Sutherland à son retour aux États-Unis. Le pilote de *24 heures chrono* a reçu un accueil très positif, tant du public que de la critique, et les producteurs ont obtenu le feu vert pour tourner les treize premiers épisodes. La production démarre dans la foulée et l'équipe au complet s'active pendant tout l'été pour préparer le lancement de la série.

Puis survient le 11 septembre 2001. Les événements tragiques qui ébranlent l'Amérique ce jour-là confèrent à la série une actualité et une acuité que personne n'aurait pu prévoir. En septembre 2001, le tournage n'est en branle que depuis un peu plus d'un mois. Le 11 septembre, comme chaque jour, l'équipe se retrouve sur le plateau à sept heures du matin pour tourner des scènes d'intérieur dans le décor de la CAT de Los Angeles. Peu après neuf heures, le temps s'arrête subitement lorsque le premier des deux avions frappe de plein fouet le World Trade Center. Les acteurs et les techniciens de *24 heures chrono*, une série axée sur la lutte contre le terrorisme en territoire national, se précipitent autour d'un écran de télévision pour assister, abasourdis, à un acte de terrorisme sans précédent sur le sol américain. Plusieurs des personnes présentes ont déjà travaillé ou vécu à New York, ou ont de la famille là-bas. Le tournage est interrompu à dix heures pour que tout le monde puisse rentrer chez soi.

Le département juridique de la Fox visionne rapidement les épisodes déjà tournés pour voir s'ils contiennent des éléments qui pourraient éventuellement choquer le public au regard des derniers événements. Finalement, à l'exception de l'explosion d'un avion dans le premier épisode, rien n'a besoin d'être modifié.

Le 11 septembre confronte les membres de l'équipe de *24 heures chrono* à une forme de terrorisme qui va au-delà de tout ce que les scénaristes ont imaginé. Ils en ressortiront tous profondément changés. Sutherland, en particulier, est attentif aux qualités humaines que le drame fait rejaillir : « Une des choses qui m'a ému aux larmes était une séquence montrant trois pompiers qui montaient leur équipement dans les escaliers du World Trade Center. Il y avait sur leurs visages une telle détermination ! Je n'avais jamais rien vu d'aussi honorable. Ce dévouement inconditionnel à leur devoir était une chose que je voulais instiller à mon personnage. »

Mais ces événements sont aussi propices à une remise en question : « Impossible de décrire à quel point je me sentais insignifiant de faire des films ou de la télé après une telle tragédie, surtout quand je me comparais aux pompiers, aux policiers, aux enseignants et à tous ces gens qui font réellement bouger notre société. Trois semaines environ après les attentats, quelqu'un est venu me voir en disant : "Hé, j'ai tellement hâte de voir *24 heures chrono* !" J'ai failli lui répondre : "Comment peux-tu dire quelque chose d'aussi stupide en ce moment ?" Et puis, après y avoir pensé toute la journée, je me suis dit : "Pourquoi pas ?" Les gens veulent pouvoir se changer les idées. Alors, j'ai commencé à trouver ma place. »

Sa place, *24 heures chrono* la trouvera vite. Après le succès du pilote, la production des treize premiers épisodes va bon train. Le début de la diffusion est d'abord prévu pour le 30 octobre, mais les bouleversements causés par les attaques terroristes du 11 septembre le reportent d'une semaine, au 6 novembre. La réaction du public américain au premier épisode est enthousiaste et démontre qu'au lendemain des attaques, les gens approuvent le postulat de base de la série : la seule façon de faire face à ce genre de barbarie, c'est de le faire à la manière de Jack Bauer, en utilisant tous les moyens nécessaires.

Un mois plus tard, vers la fin de novembre 2001, après que seulement trois épisodes ont été diffusés, la présidente de la Fox, Gail Berman, donne le feu vert à la production des onze derniers épisodes de la saison. Sans rien tenir pour acquis, les créateurs de *24 heures chrono* sentent que la série risque d'être promise à un bel avenir.

Toute l'équipe de *24 heures chrono*, en particulier Surnow, Cochran, Hopkins et Sutherland, est reconnaissante envers Berman pour le cran et l'intuition dont elle a fait preuve en soutenant la série. « Au début, les membres de la direction de la Fox étaient si impliqués dans la production que j'étais méfiant, explique Surnow. Je savais qu'à la fin du processus, la série devait être examinée par le conseil d'administration de la Fox. Mais Gail Berman nous a soutenus jusqu'au bout, et nous avons pu mener les choses à notre guise. »

* * *

Afin que les téléspectateurs puissent facilement suivre les intrigues variées et simultanées proposées dans chaque épisode, le producteur et réalisateur Stephen Hopkins développe des techniques visuelles originales, comme la division de l'écran en plusieurs cadres d'images qui permet de maintenir la tension et le rythme effréné de l'action principale sans perdre de vue les problèmes familiaux des personnages, le tout en temps réel.

La série fonctionne parce qu'elle est bien écrite. Les développements clés de l'intrigue, comme les dangers imminents, la duplicité de certains personnages et les fausses pistes, doivent être dévoilés rapidement et dans un ordre logique afin de correspondre à la durée de vingt-quatre heures. Contrairement à des films comme James Bond ou à des séries télévisées telles que *Lost, les disparus*, qui s'éloignent de la réalité au nom du divertissement, *24 heures chrono* se doit d'être solidement ancrée dans le réel afin de ne pas compromettre la crédibilité de l'entreprise.

Le pilote met en place plusieurs éléments récurrents de la série. Par exemple, l'émission s'articule toujours en trois actes. Le premier épisode commence par une annonce en voix off de l'agent Jack Bauer qui explique aux téléspectateurs que ce qu'ils s'apprêtent à voir se déroule durant une période d'une heure : de minuit à une heure du matin, le jour des primaires de l'élection présidentielle en Californie. Une fois le cadre posé, l'intrigue se développe sur plusieurs niveaux : le complot d'assassinat contre le candidat à la présidence, l'enlèvement de Kim, la fille de Bauer, et la découverte d'un agent double au sein de la CAT.

La distribution des rôles pour cette première saison est parfaite. Chaque personnage offre à son interprète l'occasion de mettre son talent en valeur. Par le plus grand des hasards, Jack Bauer, Teri et Kim sont tous incarnés par des acteurs canadiens.

Elisha Cuthbert, qui interprète Kim Bauer dans la série, a quitté sa maison de Montréal à l'âge de dix-sept ans pour tenter sa chance à Hollywood. Née à Calgary, en Alberta, Cuthbert a été élevée dans la ville de Longueuil, au sud-est de Montréal. À son arrivée à Los Angeles en 2001, elle s'est donné six semaines pour dégoter un contrat d'actrice. Pendant un mois, elle a multiplié les auditions et les lectures, sans résultat, avant de décrocher le rôle de la fille de Jack Bauer *in extremis*.

Cuthbert et Sutherland s'entendent très bien dès le premier jour, grâce à leur passion commune pour le hockey. « Il nous arrive souvent à Elisha et moi d'avoir une bonne discussion et de partager nos points de vue sur le hockey, dit-il. Le plus incroyable, c'est qu'elle est experte en la matière. Il est donc difficile d'avoir raison contre elle. » La passion de Cuthbert pour le hockey est telle qu'elle contribue régulièrement à un blogue sur le site NHL.com intitulé *Hollywood Hockey Thoughts*. En outre, elle a vécu des romances très médiatisées avec l'ancien mauvais garçon des Rangers de New York, Sean Avery, et le défenseur des Flames de Calgary, Dion Phaneuf.

Leslie Hope, l'actrice choisie pour interpréter Teri Bauer, est née à Halifax, en Nouvelle-Écosse. Elle a fait ses débuts d'actrice en 1981 tout à fait par hasard. À l'époque, elle étudiait à l'Université St. Michaels de Victoria, en Colombie-Britannique, lorsque le réalisateur canadien Paul Almond a obtenu l'autorisation de tourner son film *Ups & Downs* sur le site de l'Université. Almond a engagé quelques étudiants pour l'occasion, et c'est ainsi que Leslie Hope a décroché son premier rôle.

Le personnage de Teri Bauer est exigeant. Après avoir connu la détresse provoquée par l'enlèvement de sa fille, elle se fait elle-même kidnapper, violer et battre, au point d'être frappée d'amnésie. Les producteurs recherchaient une actrice ayant un large registre d'émotions, tout en étant capable de projeter une grande force mentale et physique. Leslie Hope réussit à exprimer cette délicate combinaison.

Une autre tête d'affiche de la première saison est Dennis Haysbert, un acteur d'origine américaine qui est choisi pour incarner le sénateur David Palmer, candidat à la présidence. Haysbert possède une présence imposante, non seulement parce qu'il mesure près de deux mètres, mais aussi grâce à sa voix de baryton. Après sa première apparition à la télévision dans *Lou Grant* en 1978, il est devenu un acteur régulier dans le feuilleton *Les Feux de l'amour* ainsi que dans plusieurs autres séries. Au cinéma, il a joué dans des films à succès tels que *Heat*[3], avec Robert De Niro et Al Pacino, et *Jarhead – La fin de l'innocence*, avec Jamie Foxx. Il est également apprécié par les réalisateurs de films indépendants. En 2002, l'auteur et réalisateur Todd Haynes fait appel à Haysbert pour *Loin du paradis*, un film émouvant traitant du climat racial dans les années 1950. Des conflits d'emploi du temps en découlent, puisque *Loin du paradis* est tourné au New Jersey et *24 heures chrono* en Californie. Pour les producteurs des deux projets, Haysbert est si important qu'ils acceptent de se concerter et d'aménager son horaire de façon à ce qu'il puisse faire la navette entre les deux plateaux de tournage.

« Ce qui m'a plu dès le début avec *24 heures chrono*, dit Haysbert en 2002, c'est que tout ce que Surnow, Cochran et

---

3. Titre au Québec : *Tension*.

Stephen Hopkins essayaient de faire constituait une entorse directe aux normes en vigueur à la télévision. Je trouvais que notre travail était audacieux, mais je me demandais si le public adhèrerait à tous les aspects de la série auxquels il n'était pas habitué. Heureusement, j'accordais aux téléspectateurs plus de crédit que la plupart ne le font. J'ai donc été ravi que la série devienne populaire, mais pas vraiment surpris, parce que j'ai toujours su qu'elle était réussie. »

Briser les conventions à la télévision peut aussi avoir des répercussions dans la réalité. Le fait que le personnage de Palmer devienne dans la deuxième saison le premier président noir des États-Unis est considéré par plusieurs comme un des facteurs ayant ouvert la voie à l'élection de l'actuel président américain, Barack Obama.

* * *

Alors que la première saison progresse, les tâches relatives à la réalisation incombent en grande partie à Stephen Hopkins, qui conçoit la facture visuelle de *24 heures chrono* et façonne son écriture. Longtemps après son départ, son influence continuera à planer sur la série. « L'idée de créer des cadres et de diviser l'écran dans le but de conserver la clarté de l'intrigue et d'exacerber le sentiment d'urgence, tout cela venait de Stephen Hopkins, raconte Sutherland. Je trouvais que c'était ingénieux. Ce n'était pas dans le scénario au départ, et ces techniques sont aujourd'hui utilisées dans les vidéoclips, les publicités télévisées et même les bulletins d'informations. »

À l'origine, les producteurs craignaient que le format en temps réel de la série semble artificiel. Au contraire, cela se révèle être un dispositif efficace pour créer et maintenir la tension. La série est réalisée avec style et sa facture visuelle sophistiquée ne nuit pas au développement du récit. Sur le plateau, l'atmosphère de tournage ressemble davantage à la production d'un film que d'une série télévisée. « Cette première saison de télévision a été très instructive pour moi, se souvient Sutherland. C'était comme tourner douze films les uns à la suite des autres, sans arrêt. Douze films particulièrement exigeants ! »

Hopkins dirige douze épisodes de cette première saison aux côtés de deux autres réalisateurs, Winrich Kolbe et Bryan Spicer, qui prendront la relève après le départ de Hopkins. Cochran et Surnow sont impliqués de près dans l'écriture de plusieurs des épisodes de la première saison, assistés de Howard Gordon – qui jouera un rôle plus important dans les saisons futures –, ainsi que de Michael Loceff et de Chip Johannessen.

24 heures chrono se distingue de la plupart des autres séries dramatiques par sa volonté délibérée de maintenir un niveau de tension constant et presque insoutenable. Cela se traduit par exemple par la décision des producteurs de faire mourir certains personnages principaux. La fin de la première saison en est une belle illustration puisque, contre l'avis de Stephen Hopkins, les producteurs décident de faire disparaître Teri Bauer, affirmant que c'est le genre d'événement dont la série a besoin pour vraiment accrocher le public. Aujourd'hui, Hopkins n'est toujours pas convaincu : « Je continue de penser que tuer Teri Bauer était la mauvaise chose à faire. La dynamique familiale est ce qui fait de Jack un personnage intéressant. C'était grâce à cela qu'il était perçu comme un homme qui avait certes des défauts, mais qui était tout de même honorable et profondément humain. La mort de sa femme lui donne toutes les raisons de devenir un homme très différent, plus sombre. » Mais Joel Surnow pense d'une manière différente : « Une fin heureuse n'aurait pas été en phase avec l'atmosphère de suspense insoutenable que nous avons voulu créer dans cette série. »

Les producteurs décident tout de même de filmer une chute alternative dans laquelle Teri survit, mais cela ne fait que les conforter dans l'idée qu'il s'agit de la mauvaise chose à faire. « C'était presque comme si nous avions inconsciemment décidé de saboter cette fin alternative, dit Surnow. Tout, du tournage au montage en passant par l'écriture et le jeu, était maladroit et sonnait faux. C'est une bonne chose que nous ne l'ayons pas utilisée, parce que ça aurait été une très mauvaise manière de conclure une merveilleuse première saison. »

Sutherland est très déçu. « C'était la partie la plus difficile de la première saison, dit-il. J'ai perdu mon bras droit. Leslie Hope est une des actrices les plus incroyables au monde, de même qu'une amie. La moitié de l'intrigue de *24 heures chrono* reposait sur elle et je n'avais jamais à m'en préoccuper, à tel point que je pouvais commencer à lire mon propre texte et ne pas m'en faire avec le sien, parce que je savais que nous étions entre de bonnes mains. J'ai perdu quelqu'un avec qui j'aimais beaucoup travailler. »

* * *

À l'automne 2001, tous ceux qui ont participé au tournage des treize premiers épisodes sont convaincus qu'ils ont réussi à créer quelque chose d'unique et attendent la suite de la diffusion avec impatience et anxiété. Mais tous les acteurs savent bien que la télévision et le cinéma sont des univers imprévisibles : impossible de savoir quelle sera la réaction du public. Sutherland est à la fois inquiet et plein d'espoir, mais il préfère ne pas se faire d'illusions : « Je trouvais que le résultat était génial et j'espérais que nous connaîtrions le succès. Mais en attendant, je devais continuer à travailler et à chercher de nouveaux projets intéressants. »

Par mesure de sécurité, Sutherland planifie deux tournages après l'enregistrement de la première moitié des épisodes de *24 heures chrono*. Précaution inutile, puisque la série connaît un succès instantané auprès du public et des critiques. Ses taux d'audience sont spectaculaires et, puisqu'une bonne nouvelle n'arrive jamais seule, elle est bientôt couverte de récompenses. Pour la première saison uniquement, *24 heures chrono* est mise en nomination aux Golden Globes et aux prix Emmy, tant pour sa technique hors pair que pour ses acteurs et sa réalisation. Sutherland gagne le Golden Globe du meilleur acteur dans une série dramatique, une belle reconnaissance pour un débutant à la télévision ! La série ne gagne aucun prix Emmy cette année-là, mais cela n'est qu'une question de temps.

Kiefer Sutherland a-t-il finalement su enrayer sa chute vertigineuse ? Ou bien a-t-il simplement été chanceux ? Le magazine *Time* élève *24 heures chrono* au rang de « l'événement télévisuel de la décennie », alors que le *New York Times* loue la performance de Sutherland en ces termes : « [Il] est si bon dans ce rôle que vous en oubliez même qu'il est en train de jouer. » Sutherland, quant à lui, ne s'embarrasse pas en vaines analyses. À propos de sa victoire aux Golden Globes, il confie : « [Sur le coup], mon esprit était complètement vide, et mon corps tout engourdi. C'était un moment surréaliste [...] et une soirée fantastique. J'avoue que j'ai fait le fanfaron pendant vingt-quatre heures, et puis je suis retourné travailler. »

RETOUR DE FORTUNE

« Je dois admettre que c'est l'année la plus chanceuse de toute ma vie. »
– Kiefer Sutherland

Entre le tournage des premiers épisodes de *24 heures chrono*, en 2001, et l'explosion médiatique de la série, en 2002, la carrière et la vie privée de Kiefer Sutherland poursuivent leur cours habituel. Vivant en nomade d'un plateau de tournage à un autre, il fait la fête sans retenue et s'attire régulièrement des ennuis dans les bars d'hôtels. Malgré son implication dans *24 heures chrono*, Sutherland n'est pas du genre à rester bien sagement dans son coin ni à mettre tous ses œufs dans le même panier. Ainsi, au début de 2002, quand les onze épisodes de la première saison sont bouclés, il collabore à d'autres productions afin de demeurer actif. Vu les horaires de tournage exigeants de *24 heures chrono*, ce sont les derniers longs métrages auxquels il participera avant longtemps.

Le premier de ces projets est initié par un coup de téléphone implorant de Joel Schumacher, le réalisateur avec lequel Kiefer a connu le plus de succès par le passé. Dans la mesure de ses disponibilités, Sutherland a toujours répondu présent à l'appel de Schumacher, et cette fois-ci ne fera pas exception. Le film en question, *Phone Game*[1], dont la gestation aura duré près de quarante ans, est un projet inhabituel dans tous les sens du terme. Il met en scène un attaché de presse égoïste et menteur pris au piège dans une cabine téléphonique par un tireur embusqué qui semble tout connaître de sa vie. Le tireur force sa victime, jouée par Colin Farrell, à s'expliquer auprès de tous ceux qu'il a trompés. Il doit s'exécuter devant les médias et, s'il tente de raccrocher ou de quitter la cabine, il sera abattu. Son interlocuteur (Kiefer Sutherland) prouve sa détermination en ouvrant le feu sur plusieurs passants.

Larry Cohen a écrit le scénario de *Phone Game* au milieu des années 1960 et l'a proposé à Alfred Hitchcock. Le célèbre réalisateur a toutefois refusé le projet à cause d'une faille dans l'intrigue : il ne voit pas quel prétexte crédible pourrait justifier que le personnage principal soit obligé de rester prisonnier de la cabine. Bien des années plus tard, vers la fin des années 1990, Cohen reprend le projet avec l'idée qu'un fusil de tireur d'élite hyper sophistiqué serait un moyen convaincant de retenir la victime dans son piège.

Quand la Twentieth Century Fox acquiert le scénario, le réalisateur de films d'action Michael Bay se montre intéressé, mais il souhaite que l'action déborde du cadre restreint de la cabine. Le studio tient toutefois à conserver l'intrigue d'origine. Le film est alors proposé au réalisateur

---

1. Titre au Québec : *La cabine*.

Joel Schumacher, qui adore l'idée. Schumacher voit dans *Phone Game* la possibilité d'explorer de nouvelles pistes de réalisation, tout comme son film *Tigerland* le lui avait permis quelques années auparavant. « J'avais devant moi un film produit par un grand studio que je comptais tourner en seulement douze jours, raconte-t-il. C'était un film à suspense dans lequel le méchant n'apparaît jamais et dont l'action se déroule en temps réel. »

Mel Gibson exprime son désir de collaborer au film et travaille au développement du scénario avec Schumacher. Quelques-unes de ses idées feront leur chemin jusqu'au montage final. Will Smith et Jim Carrey sont pressentis pour le rôle de l'attaché de presse. Mais quand Carrey abandonne le projet, Schumacher fait finalement appel à Colin Farrell, qu'il a révélé dans *Tigerland*.

Farrell livre une interprétation convaincante de cet attaché de presse antipathique. Mais c'est la redoutable performance de Sutherland, portée presque uniquement par sa voix, qui rend le film si captivant, si excitant. À l'origine, c'est l'acteur Ron Eldard qui incarnait le tireur, mais, en dépit de son talent, il n'est pas parvenu à donner à son personnage la malveillance que Schumacher attendait. « Je me souviens avoir pensé que je voulais une voix comme celle de Kiefer, raconte le réalisateur. Et puis je me suis dit : "Pourquoi pas ?" Je lui ai passé un coup de fil. Il m'a rendu fou ! Il ne voulait pas me laisser lui dire de quoi il s'agissait. »

Sutherland se souvient de cette conversation : « C'était une drôle de situation. J'avais entendu parler de ce film depuis longtemps, mais j'ignorais qu'il venait d'être tourné. Et puis Joel m'a appelé pour savoir si j'étais intéressé. Il a commencé à me parler, et j'ai immédiatement dit oui. Et il m'a répondu : "Laisse-moi au moins finir ma phrase !" »

Sutherland rassure aussitôt Schumacher par la simplicité de son approche. « Lorsque Kiefer est arrivé, il m'a demandé toute une série d'indications : combien de temps pour le tournage, quel ton adopter, quel était l'esprit du film… Nous avons regardé le film ensemble, puis il a exécuté chaque prise d'une manière presque parfaite. » Farrell se souvient du tournage complémentaire : « Je n'ai jamais rencontré Kiefer. Quand j'ai visionné le film, c'était étrange, parce que la voix que j'avais entendue au téléphone [pendant le tournage] n'était pas la sienne et n'avait pas ce côté subtil et tranchant. En fait, grâce à la voix de Kiefer, j'ai regardé et apprécié le film comme si j'étais un simple spectateur. »

Le nom de Sutherland apparaît en deuxième position au générique même si sa présence à l'écran dure à peine trois minutes. « C'était la chose la plus surprenante, commente-t-il. J'ai enregistré mes répliques dans une cabine de son, bien que ce ne soit pas un film d'animation. C'était une situation unique, et j'ai adoré. » Si son visage n'apparaît pas sur l'affiche originale du film, il sera ajouté sur la pochette du DVD lors de sa parution.

Bien que tourné en novembre et décembre 2001, *Phone Game* ne sort qu'à la fin de 2002 et récolte plus de quinze millions de dollars durant son premier week-end au box-office. Il s'agit d'un authentique succès : produit pour un coût total de dix millions de dollars, le film en rapportera près de cinquante uniquement aux États-Unis, marquant une nouvelle collaboration fructueuse entre Schumacher et Sutherland.

Six mois plus tard, en juin 2002, Sutherland profite de la pause estivale dans le tournage de *24 heures chrono* pour faire un saut au Canada, dans la magnifique province maritime de Terre-Neuve, afin de jouer dans le film *Derrière la porte rouge,* aux côtés de Kyra Sedgwick et de Stockard Channing. Sutherland y interprète le narcissique Roy, un créateur de mode homosexuel de Boston atteint du sida. Depuis quelques années, il a perdu de vue sa sœur Natalie (Kyra Sedgwick), qui tente tant bien que mal de faire décoller sa carrière de photographe à New York. Roy, désireux d'employer le temps qu'il lui reste à vivre pour renouer avec elle, retient anonymement ses services pour une séance photo lucrative à Boston. Lorsqu'elle découvre qui l'emploie et pour quelle raison, elle se réconcilie avec ce frère qui vit ses derniers jours, non sans voir resurgir de lourds secrets de famille.

Le film est bien joué, quoique plutôt sans intérêt. En dépit des performances justes et mesurées de Sutherland et de Sedgwick, leurs personnages sont peu attachants et leurs efforts pour rattraper le temps perdu n'arrivent pas à émouvoir le spectateur. Les rudes paysages de Terre-Neuve, censés représenter la Nouvelle-Angleterre, apportent une touche visuelle intéressante, mais, pour une énième fois dans la carrière de Sutherland, l'œuvre connaîtra un aller simple vers les tablettes de location de DVD. D'une certaine manière, cette expérience mettra un terme à la longue période ingrate qu'a connue Sutherland sur le plan professionnel avant l'ère de *24 heures chrono*. Désormais, il est une vedette qu'on ne peut ignorer.

* * *

La production de la très attendue deuxième saison de *24 heures chrono* s'engage malgré une certaine dissension parmi les créateurs de la série. L'auteur et réalisateur Stephen Hopkins a en effet claqué la porte à l'issue de la première saison. En profond désaccord avec Joel Surnow et Robert Cochran sur l'idée de faire mourir le personnage de Teri Bauer, Hopkins n'adhérait pas non plus aux orientations politiques du scénario de la deuxième saison. Joel Surnow est un conservateur pur et dur et compte parmi ses amis Rush Limbaugh, l'animateur de radio réputé pour ses convictions de droite. La série reflète clairement les opinions politiques de Surnow et, bien qu'il déplore le départ de Stephen Hopkins, le producteur entend bien donner à *24 heures chrono* la direction dont il a convenu avec Cochran.

La saison 2 adopte un ton plus violent et plus radicalement politique que la première. L'intrigue s'articule autour d'un groupe terroriste originaire du Moyen-Orient qui s'apprête à faire exploser une bombe nucléaire en plein cœur de Los

Angeles. La première partie de la saison montre comment la CAT et la Maison-Blanche tentent d'empêcher l'explosion. Les épisodes suivants lèvent le voile sur l'identité des véritables responsables de ce complot, des gens beaucoup plus proches qu'on ne le croyait, alors que le gouvernement américain se prépare à autoriser des frappes à titre de représailles contre le pays du Moyen-Orient soupçonné d'aider les terroristes. Même si l'histoire a été écrite bien avant que les États-Unis envahissent l'Irak, le rapprochement est inévitable.

Surnow jure que toute ressemblance entre l'histoire racontée dans la série et les événements réels n'est que pure coïncidence : « Nous avons connu un synchronisme étrange lors de la deuxième saison, quand les États-Unis sont partis en guerre. C'était tout à fait involontaire, une simple question de *timing*. » Evan Katz, producteur délégué de la saison 2, va dans le même sens : « La deuxième saison a pour point de départ la préparation d'une guerre contre le Moyen-Orient sous de faux prétextes. À ce moment-là, on ne savait pas que les États-Unis allaient véritablement déclarer la guerre à l'Irak. C'était assez inquiétant de voir tout ça se réaliser sous nos yeux pendant qu'on était encore en production. On savait que les gens allaient penser qu'on commentait les événements réels, alors qu'on avait imaginé toute l'histoire bien avant. »

Le départ de Stephen Hopkins entraîne l'arrivée au sein de l'équipe d'un autre directeur artistique, Jon Cassar. Cassar est né à Malte, mais a grandi en Ontario, au Canada, où il a commencé sa carrière comme caméraman et opérateur de Steadicam. Il a fait ses débuts de réalisateur en 1994 avec un film intitulé *The Final Goal,* mais c'est sa participation à la série télévisée *Nikita,* de 1997 à 2001, qui l'a fait connaître de Joel Surnow et de Robert Cochran.

L'influence de Cassar se fait rapidement sentir dans la direction artistique de *24 heures chrono,* et, très vite, le réalisateur devient un ami intime de Sutherland, qui coproduit dorénavant la série. « Même si j'ai regretté le départ de Stephen Hopkins, on a eu beaucoup de chance qu'un type comme Jon se joigne au projet, dit Sutherland. Il ne s'est pas contenté de prendre le relais ; il s'est démené pour rendre chaque saison, chaque épisode, meilleur que le précédent. Jon a une grande part de responsabilité dans le succès de la série, parce qu'il pense au public, aux fans, avant tout. »

Trois personnages féminins d'importance font leur apparition dans la deuxième saison. Reiko Aylesworth se joint à la distribution dans le rôle de Michelle Dessler, une jeune recrue de la CAT avec laquelle Tony Almeida, provisoirement directeur de la cellule, aura une liaison amoureuse. L'actrice avait d'abord auditionné pour le rôle de Nina Myers, qui sera attribué à Sarah Clarke, puis pour l'autre nouveau rôle, celui de Kate Warner, qui sera finalement incarnée par Sarah Wynter. Cassar et son coproducteur Sutherland ayant décelé une alchimie à l'écran entre Reiko et Carlos Bernard (Almeida), ils décident d'offrir à l'actrice un rôle pour lequel elle n'a même pas auditionné. Plus tard, en 2005, Sutherland et Aylesworth se fréquenteront pendant quelque temps.

À ce stade, Fox Broadcasting a conscience d'avoir entre les mains un véritable succès populaire, mais les dirigeants du réseau craignent que le concept de l'action en temps réel couplé au suspense haletant ne puisse durer longtemps. Ils pensent que la série serait mieux servie par des épisodes autonomes. Howard Gordon, l'un des producteurs, se souvient : « Ils voulaient que nous essayions d'écrire un scénario complet pour chaque épisode, et nous nous sentions obligés d'obéir. » Sutherland est très hostile à la demande de la Fox : « Ça aurait tué la série ! Nous avons donc travaillé sur les scénarios, mais sans y investir toute notre inventivité ni tous nos efforts. Lorsque nous les avons soumis aux gens de la chaîne, ils ont bien vu que *24 heures chrono* ne pouvait pas fonctionner sur la base de leur suggestion. » L'acteur et coproducteur se soucie énormément du public : « Nous avons fidélisé très rapidement un grand nombre de spectateurs, et ce sont eux qui ont fait de la série un succès. Si nous leur avions tourné le dos, je suis sûr que la série ne s'en serait pas remise. » La deuxième saison continue finalement de se dérouler heure par heure, selon le format établi.

Jon Cassar est le réalisateur attitré, bien qu'il ne dirige pas tout lui-même. Le directeur de la photo Rodney Charters le remplace pour quelques épisodes à mi-parcours, et d'autres collaborateurs sont appelés à prendre occasionnellement le relais, dont James Whitmore Jr., le fils du regretté et brillant acteur James Whitmore, et Ian Toynton, qui se retrouvera en nomination pour un prix Emmy grâce à son travail sur la deuxième saison.

La saison 2 déclenche une réaction passionnée, exacerbée par le parallélisme entre le propos de la série et le contexte politico-social du moment. « Les événements réels et ceux qui se déroulaient dans la série se sont considérablement dissociés au fil de la deuxième saison, considère pourtant Sutherland. Notre histoire se basait sur la nécessité d'empêcher une guerre, alors que tout dans la réalité poussait le gouvernement à en déclencher une. » Joel Surnow abonde dans ce sens : « Je pense que la guerre en Irak a nui à la série. Nous avions l'air de commenter l'actualité alors qu'en réalité, nous ne voulions que divertir notre public. Bien sûr, nous essayons d'être autant que possible dans l'air du temps, mais nous produisons du spectacle avant tout. Les développements que nous avions imaginés s'inscrivaient dans la logique de notre histoire et n'avaient rien à voir avec ce qu'il se passait sur la scène internationale. »

Les critiques qualifient la nouvelle forme de violence présente dans la deuxième saison « d'évolution dérangeante ». Certains sont notamment choqués par une scène de torture extrême où Jack Bauer, suspendu, nu et bâillonné, subit une électrocution. Tous les membres de l'équipe présents lors du tournage de cette scène ont eux-mêmes été troublés, surtout Sutherland, qui confiera avoir passé une « journée très difficile ». Outre l'étalage explicite d'actes de torture, cette saison se caractérise par une augmentation du nombre de fusillades. L'armement présenté à l'écran est d'autant plus réaliste qu'il s'agit de vraies armes vidées de leurs munitions. Jack Bauer lui-même porte sur lui un véritable 9 mm Heckler & Koch. Seuls les cascadeurs manipulent des répliques en caoutchouc pour réduire les risques de blessures lors des chutes et pour éviter qu'ils n'abîment du matériel coûteux.

La violence à l'écran atteint son paroxysme dans une scène de la fin de la saison où Kim Bauer est menacée par un homme pour lequel elle travaille. Après l'avoir assommé, elle pointe son arme sur lui tout en parlant au téléphone avec son père, qui la presse de tirer sur l'individu. Kim l'atteint à la poitrine, après quoi Bauer lui ordonne de faire feu à nouveau. La scène d'un père commandant à sa fille adolescente de tirer à deux reprises sur un homme inconscient dans le but de le tuer, soulève de nombreux reproches.

Cela n'empêche pas le public de récompenser à nouveau *24 heures chrono* par sa fidélité indéfectible.

***

La capacité à maintenir les spectateurs de *24 heures chrono* dans un état de tension permanent vient en partie du fait qu'ils ignorent tout de ce qu'il adviendra par la suite. Il s'agit d'un principe délibéré, puisque l'enchaînement effréné des événements et les meurtres aussi soudains qu'inattendus de certains personnages principaux servent à maintenir le suspense et l'excitation du public. Mais ce côté imprévisible est également dû à la façon dont la série est produite. « Nous tournons deux épisodes d'affilée, explique Sutherland. Ça nous prend environ quinze jours, avec des journées de travail d'au moins douze heures. Souvent, les épisodes suivants n'ont pas encore été écrits, si bien que nous devons toujours nous focaliser sur l'instant présent. » Et Joel Surnow d'ajouter : « Quand vient le moment de tourner un épisode, nous avons écrit entre dix et quinze versions du scénario. Nous terminons l'écriture de certaines des meilleures scènes une fois que des parties du scénario ont déjà été tournées. Quand le montage est fait, nous regardons s'il y a des incohérences ou si certaines choses ont besoin d'être reliées entre elles. Si c'est le cas, nous écrivons de nouvelles scènes pour renforcer l'histoire. »

Pour l'acteur chevronné qu'est Sutherland, c'est cette façon de procéder qui permet de rendre le personnage de Jack Bauer vraiment crédible : « Je sais généralement dans quelle direction va l'histoire, mais les scénarios sont révisés sans arrêt. Bon nombre d'entre eux, dont celui de l'épisode final, me sont remis sans la chute. Cela me force à jouer chaque scène sans savoir où les événements vont me conduire. Je dois jouer l'instant, la situation présente. Je crois sincèrement que le fait de pouvoir jouer instinctivement de la sorte fait la différence entre un résultat exceptionnel et un résultat médiocre. »

Pour éviter toute fuite, les scénarios de *24 heures chrono* sont imprimés sur du papier rouge, ce qui les rend impossibles à photocopier – et ce qui explique aussi que certains acteurs les trouvent difficiles à lire et à mémoriser. Malgré les remaniements perpétuels, le tournage est préparé avec beaucoup de soin. Par exemple, pour les besoins d'une bagarre de moins de trente secondes à l'écran entre Jack et un voyou au Coliseum de Los Angeles, Sutherland et son partenaire cascadeur répètent le combat et les mouvements d'arts martiaux pendant quatre jours. « Ces combats sont aussi exigeants qu'une danse sophistiquée, explique Sutherland. Et je suis le danseur le plus faible ; je dois apprendre chaque mouvement. »

Durant la scène de combat qui clôture la deuxième saison, Sutherland est blessé près de l'œil gauche. Il saigne, on le soigne et il retourne immédiatement sur le plateau aux côtés du cascadeur J.J. Perry. « C'est un vrai dur, estime Perry. Il saignait comme un boxeur professionnel, mais il voulait continuer. La majorité des acteurs avec qui je travaille s'effondrent au moindre choc, mais Kiefer a su encaisser les coups, comme toujours. »

Sutherland connaît d'autres blessures pendant le tournage de cette même saison. Un soir, après une longue journée sur le plateau, Kiefer boit quelques verres dans sa roulotte. Au moment d'en sortir, il rate les marches et se blesse sévèrement la cheville. Il faut alors trouver d'urgence un prétexte pour faire boiter Jack Bauer dans la série. On lui fait également porter une botte spéciale pour camoufler son plâtre.

En tant que coproducteur et acteur, Sutherland s'investit de plus en plus dans *24 heures chrono*. Il veille personnellement à la facture visuelle de la série, à la pertinence de l'enchaînement des épisodes et au bien-être des acteurs. À la fin de la deuxième saison, il est le dernier comédien à tourner. L'équipe de réalisation a besoin de lui jusqu'à la dernière minute pour les ultimes raccords et pour s'assurer qu'il ne manque aucun plan. Quand tout est enfin dans la boîte, il serre les membres de l'équipe dans ses bras un par un, expliquant à chacun d'entre eux que c'est un honneur de travailler en leur compagnie. Comme le studio de la vallée de San Fernando se trouve à proximité d'un bar, il quitte le travail en lançant un sonore : « On se voit à côté ! » Il s'assure ensuite que tous ses collègues puissent boire à leur soif et règle l'addition. Comme chacun le sait au sein de l'équipe, Sutherland est un amateur invétéré de whisky-coca. S'il paraît rapidement éméché, il n'en est pas moins capable de vider verre après verre jusqu'à ce qu'il tienne à peine debout.

En dépit de son image de buveur impénitent, Sutherland se forge une excellente réputation grâce à son travail dans *24 heures chrono*. Pour la deuxième année consécutive, il est mis en nomination dans la catégorie du meilleur acteur dans une série dramatique lors des prestigieux Golden Globes. *24 heures chrono* et ses artisans sont également en compétition dans diverses catégories, tant aux Golden Globes qu'aux prix Emmy.

La carrière de Sutherland a maintenant retrouvé son lustre, et l'acteur est de nouveau courtisé. Mais si sa vie professionnelle va nettement mieux, ses excès avec l'alcool se multiplient. Comme il le formule lui-même : « Je travaille très dur et pendant de très longues heures pour la série. Alors si à la fin d'une journée ou d'une semaine longue et difficile je choisis de sortir avec des amis, de boire quelques verres, de relâcher la pression et, éventuellement, de faire des conneries, je l'assume. »

LE PHÉNOMÈNE 24 HEURES CHRONO

> « L'un des attraits de la série, c'est ce gars qui est ordinaire à bien des égards, mais qui se retrouve, à cause de son métier, dans des situations extraordinaires qu'il doit résoudre par l'action et par la réflexion. C'est ça qui rend Jack intéressant : il prend les choses en main ! »
>
> – Kiefer Sutherland

À l'issue de la deuxième saison, en mai 2003, *24 heures chrono* est plus qu'une simple réussite commerciale : c'est un phénomène télévisuel. Ce succès, la série le doit à plusieurs facteurs : le génie de ses créateurs, le talent de ses scénaristes et l'originalité du concept, qui ne ressemble à rien de ce qui s'est fait à la télévision auparavant. Le contexte est également favorable. Au lendemain du 11 septembre, les Américains se montrent plus que réceptifs à cette série qui traite d'une réalité dont ils ne sont désormais que trop familiers.

Bien évidemment, l'apport des acteurs est également fondamental. Leur interprétation donne aux différents personnages une véritable profondeur, évitant à la série de sombrer dans la caricature. Mais s'il est bien une personne à qui le succès de *24 heures chrono* doit être attribué, c'est à celui que le producteur Howard Gordon désigne comme « le cœur et l'âme » de la série lors des Emmy Awards de 2006 : Kiefer Sutherland.

Sutherland incarne Jack Bauer – Sutherland *est* Jack Bauer – comme sans doute personne d'autre n'aurait été capable de le faire. Il a nourri le personnage de sa propre personnalité, de ses manières, de sa voix, si bien qu'il est aujourd'hui difficile d'imaginer quelqu'un d'autre dans ce rôle. Bien plus, avec Jack Bauer, Sutherland a su créer un personnage qui s'impose comme le digne héritier de la figure mythique autrefois incarnée par le cow-boy. C'est le vécu de l'acteur qui a permis à Jack Bauer d'acquérir un tel relief. Sans Sutherland, il est probable que *24 heures chrono* aurait tout de même été une série à succès, mais certainement pas à un tel phénomène. C'est là que la contribution de l'acteur fait toute la différence.

Après avoir connu le succès, de nombreuses séries sombrent dans le stéréotype. Les personnages se complaisent dans un confort convenu, avec la bénédiction des cadres de Hollywood qui croient ainsi répondre aux attentes du public. Même s'ils ont occasionnellement cédé à quelques revirements faciles pour maintenir l'intensité de chaque saison, les producteurs de *24 heures chrono* n'ont jamais pensé en ces termes.

Contrairement à la majorité des séries ou des films, *24 heures chrono* se doit de maintenir la crédibilité de ses personnages à chaque instant pour que le concept fonctionne. Dans beaucoup d'autres réalisations, ce point est négligé pour peu que le divertissement soit au rendez-vous. Mais dans *24 heures chrono*, Bauer ne peut pas sortir de chaque saison indemne, bien coiffé et prêt à reprendre du service l'année suivante. Ce qui rive les spectateurs à leur siège, c'est le fait que Bauer soit un être humain apparemment ordinaire, mais obligé d'accomplir des tâches auxquelles nul ne devrait être tenu. Si sa fragilité est remise en cause, l'histoire s'écroule. Cette tension psychologique empêche le personnage de sombrer dans le stéréotype hollywoodien, et c'est le talent de Sutherland qui lui donne sa profondeur.

Dans un sens, le calendrier de production lui-même permet de renforcer l'intensité de la série en procurant à l'environnement de travail de Sutherland la densité qu'il apprécie et dont il se nourrit. Voici ce qu'il en dit : « On travaille dix mois par an, et non huit comme c'est la norme. On tourne de douze à quatorze heures par jour, cinq jours par semaine, et on passe nos week-ends à préparer la semaine suivante. Vers la fin de la saison, on se lance dans les nocturnes, ce qui veut dire qu'on travaille de cinq heures du soir à cinq heures du matin. » À titre de comparaison, une série de trente minutes se tourne au rythme de quatre jours par semaine, dont plusieurs sont en réalité des demi-journées.

* * *

Si le récit regorge de dilemmes moraux, ceux-ci ne sont pas du fait des méchants, tous dépourvus d'états d'âme, qu'il s'agisse de terroristes islamistes, de trafiquants de drogue mexicains, d'activistes russes ou de traîtres américains. Le vrai défi réside plutôt dans la capacité de Jack Bauer à garder son humanité face à l'adversité, une problématique qui est au cœur de *24 heures chrono* dès le premier épisode. Confronté à des situations extrêmes, l'agent de la CAT est sans arrêt soumis à des choix cornéliens où la frontière entre ce qui est moralement acceptable et ce qui ne l'est pas devient tout à coup discutable et ambiguë.

Dans la première saison, Bauer est écartelé entre son devoir familial et professionnel. Dès le premier épisode, sa fille est kidnappée, puis c'est bientôt au tour de sa femme d'être enlevée. Mais la nécessité de sauver un candidat à la présidence dont la vie est menacée compromet la capacité de Jack à protéger ses proches. S'il parvient à déjouer l'attentat contre le sénateur Palmer et à sauver sa fille, il ne pourra empêcher le meurtre de sa femme.

Dans la deuxième saison, Bauer perd sa fille. Ce n'est pas la mort qui les sépare, mais le ressentiment. Ils deviennent des étrangers l'un pour l'autre. Bauer tient l'organisation qui l'emploie pour responsable de sa tragédie familiale, avant que son sens du devoir ne le pousse à reprendre ses exploits professionnels.

Le thème du déchirement familial trouve à l'évidence un écho dans la vie de Sutherland. Conscient de sa part de responsabilité dans ses deux divorces et rongé par la culpabilité de vivre loin de sa fille, il est plus que probable que Sutherland se soit inspiré de son expérience personnelle pour insuffler à son personnage des émotions qu'il ne connaît que trop bien.

La troisième saison peine à maintenir la tension des deux précédentes. Bauer exerce sa vengeance, exécutant l'agente perfide qui lui avait enlevé son épouse bien-aimée à la fin de la première saison. Il renoue avec sa fille, même s'il mutile en cours de route son futur gendre en lui amputant la main. Une fois de plus, pour le bien de la nation, Bauer sauve des millions de vies mais porte atteinte à sa famille.

Parallèlement, l'agent spécial combat sa toxicomanie. Il est devenu dépendant à l'héroïne pour les besoins d'une opération secrète et tente de se sevrer à froid. Sutherland est encensé par la critique pour son interprétation d'un homme en manque. « Je trouvais que c'était une excellente idée, cette histoire de dépendance et de sevrage, confie-t-il. Ce qui me préoccupait, en tant qu'acteur, c'était de savoir comment rendre cette expérience sur une période de vingt-quatre heures. »

Pour assurer la justesse de son interprétation, Sutherland se documente longuement sur l'héroïnomanie et se renseigne auprès de médecins. Il peut également se tourner vers une source plus immédiate : « J'ai malheureusement un ami proche qui a eu de sérieux problèmes de toxicomanie. Ça fait aujourd'hui dix ans qu'il s'en est sorti, mais j'ai effectivement beaucoup fait appel à lui pour savoir à quoi cette expérience ressemblait et comment ça se vivait de l'intérieur. » Il est fort à parier que les propres problèmes de Sutherland avec l'alcool ont également dû inspirer sa performance.

La saison 3 s'articule autour d'une intrigue et de coups de théâtre bien ficelés, mais qui s'avèrent finalement peu plausibles. Toutefois, l'équipe parvient à rétablir le réalisme propre à la série et à y insuffler une certaine crédibilité lors du dernier épisode. Comme l'explique Sutherland, dorénavant promu coproducteur : « À ce moment-là, au-delà des taux d'audience, on se préoccupait surtout de maintenir les standards de qualité et d'originalité que les scénaristes avaient établis [dès la conception de la série]. On ne cherchait pas vraiment à s'améliorer sans cesse ; on voulait surtout éviter de régresser. »

La bouleversante scène finale de la troisième saison met non seulement en scène Bauer, mais aussi Sutherland lui-même. Au départ, les producteurs n'avaient aucune idée de ce qu'ils allaient faire. « Jon [Cassar] et moi y avons réfléchi pendant un bon bout de temps, relate Sutherland. Une fois à la fin de la saison, nous n'avions pas la moindre idée de ce qui allait arriver à mon personnage. »

Seul dans son véhicule, Bauer est pris de sanglots incontrôlables dus à la pression écrasante qu'il a subie ce jour-là, mais aussi au cours des dernières années. Puis il reçoit un appel sur sa radio. Il n'y répond pas d'emblée, mais, après s'être calmé, il finit par décrocher le récepteur. Il écoute, dit qu'il arrive, puis s'éloigne dans sa voiture. Cette chute émouvante est un hommage à la relation de Sutherland et de Cassar. « Je fais spontanément confiance à Jon, confie l'acteur. Lorsque je me suis autorisé à fondre en larmes devant la caméra et à tout laisser sortir, lorsque j'ai atteint cet état, je me suis en quelque sorte laissé submerger. Alors, une fois que ça a été terminé et que j'ai pu me ressaisir, j'ai demandé à Jon comment c'était. Il m'a simplement dit : "Tu l'as eu, c'est dans la boîte." »

Il s'agit d'un moment charnière pour *24 heures chrono*, qui confirme que l'attention se recentre sur le personnage de Jack Bauer et sur l'évolution de ses états d'âme et de ses conflits internes. « Je pense que le secret de la popularité et de l'intérêt que suscite ce personnage, c'est qu'il continue d'évoluer et de grandir de bien des façons, explique Sutherland. Chaque saison, Jack porte en lui les souffrances qu'il a vécues l'année précédente. Les conséquences de ses choix me permettent, en tant qu'acteur, d'accéder à des réactions émotives extrêmement intimes. »

À noter qu'au cours de la saison, l'une des scènes en prison est si violente et troublante que Sutherland est obligé d'enregistrer un message d'intérêt public commandité par l'organisme Americans for Gun Safety[1], qui sera diffusé à la fin de l'épisode.

* * *

---

1. Association promouvant l'utilisation responsable et le contrôle des armes à feu.

La quatrième saison plonge encore plus profondément dans l'ambiguïté morale et place Bauer dans une situation d'isolement affectif. Comme le signale le producteur Robert Cochran : « En éliminant Kim Bauer de la série, Jack n'avait plus de véritable lien affectif avec qui que ce soit. Il perdait ainsi tout ancrage. Or, nous avions besoin qu'il soit attaché à quelqu'un sur le plan émotif pour qu'il se soucie d'autre chose que de son emploi. Nous avons donc pensé qu'il pourrait être amoureux d'une femme. Profondément traumatisé par les événements de la saison précédente, il serait parti refaire sa vie ailleurs. »

Et Sutherland d'ajouter : « Il est impossible pour le public de suivre sans relâche un personnage toujours plongé dans un tel désespoir. Pour qu'il s'en sorte à la fin de la journée, il faut qu'il y ait une raison, et l'amour est la meilleure des raisons. Si l'amour se met de la partie, les téléspectateurs comprendront que le personnage se bat pour quelque chose qui en vaut la peine. » Le but est de faire ressortir l'humanité de Bauer, à un moment où les scénarios le poussent à agir de façon de plus en plus inhumaine. Toutefois, conformément à la pure tradition de *24 heures chrono*, la vie amoureuse de Bauer lui apporte plus de souffrance que de réconfort, et sa relation ne durera pas.

Dans cette quatrième saison, le camp des méchants est à nouveau composé d'extrémistes islamistes. « Je savais que nous nous attirerions des critiques en faisant ça, déclare Joel Surnow. Mais il faut voir les choses en face : en regardant ce qui se passe dans le monde, effectivement, on constate que l'extrémisme islamiste est un problème auquel notre pays et beaucoup d'autres démocraties doivent constamment faire face. »

Cette décision conduit Sutherland à enregistrer un autre message d'intérêt public, cette fois en collaboration avec le Council on Islamic Relations. Il y précise que la série ne condamne pas tous les musulmans. « Nous n'avons jamais été ouvertement racistes, affirme Sutherland. Notre scénario traitait de radicalisme et, c'est un fait, les terroristes fondamentalistes proviennent généralement du Moyen-Orient. Nous n'inventons rien. Pas une seule fois nous n'avons laissé entendre que les personnes d'origine moyen-orientale ou musulmane étaient automatiquement suspectes. »

La saison 5 est quant à elle généralement considérée comme la meilleure. Malgré le résultat satisfaisant de l'année précédente, les producteurs Surnow, Cochran, Gordon et Sutherland décident d'insuffler un vent de renouveau à la série. Ils savent que la confiance des fidèles de *24 heures chrono* est assez solide pour qu'ils acceptent quelques changements. Joel Surnow se souvient : « Nous étions en train de travailler sur un scénario depuis des semaines quand quelqu'un a lancé un jour : "Et si l'ex-président Palmer était subitement assassiné parce qu'il avait eu vent de la préparation d'une attaque potentielle ?" Alors, nous avons laissé tomber tout ce que nous avions entrepris pour foncer dans cette direction. Nous avons commencé à tourner avec tout juste assez de contenu pour alimenter quatre épisodes.

Après le quatrième, il allait falloir improviser. » Robert Cochran renchérit : « On n'avait pas la moindre idée de ce que nous allions faire cette saison-là. C'est d'autant plus incroyable que tout se soit finalement si bien goupillé et que nous ayons remporté tous ces prix et obtenu les plus gros taux d'audience que la série ait jamais récoltés. On partait vraiment de rien. »

Pour résumer, dans la cinquième saison, Bauer, qui est recherché par les Chinois, sort de la clandestinité pour une raison purement personnelle : retrouver les terroristes qui ont assassiné son ami, l'ancien président Palmer, interprété par Dennis Haysbert. « Au départ, nous avons essayé de faire en sorte que Jack soit, sinon heureux, du moins temporairement satisfait de sa vie clandestine, raconte Surnow. Il y a dans la série un thème récurrent selon lequel Jack Bauer ne peut échapper à son destin, quoi qu'il advienne. Cette fois-ci, il a même tenté de se faire passer pour mort pour pouvoir repartir à zéro et échapper à ce destin, mais ça n'a pas fonctionné. »

Au cours du développement de l'intrigue, on découvre que le président américain en poste est responsable de l'assassinat de son prédécesseur. Décrire la chute d'un président américain est une chose à laquelle les quatre producteurs tenaient absolument, Sutherland le premier. « J'ai toujours été très fier que nos scénaristes n'hésitent pas à aborder de front des sujets controversés sans jamais reculer, dit-il. Ce serait une erreur de penser que nous devrions ménager le public ou lui simplifier les choses de quelque façon que ce soit. Nos téléspectateurs sont incroyablement futés. »

Outre l'ex-président Palmer, plusieurs autres personnages principaux sont tués au cours de la saison, dont certains qui étaient présents dans la série depuis les tout débuts. Howard Gordon, qui n'a généralement pas peur de prendre des risques, se montre inquiet : « Je me demandais si nous n'étions pas en train de commettre une sorte de suicide artistique. J'avais l'impression d'arriver à la fin du film *Le parrain*, quand tout le monde se fait tuer en même temps ! »

Vétéran dans la série, Sutherland est considéré par l'équipe de *24 heures chrono* comme un véritable pilier. C'est lui qui donne le ton auprès des autres acteurs, qui reconnaissent volontiers son professionnalisme. Peter Weller, qui a connu la gloire grâce à *RoboCop*, en témoigne : « Ce qui m'a le plus marqué dans ma participation à la série, c'est l'intensité du jeu de Kiefer Sutherland. Il y a une scène dans laquelle Jack Bauer menace mon personnage et sa femme à la pointe du pistolet. Je réplique à Jack qu'il peut me tirer dessus s'il le veut mais que je ne lui dirai rien. En une fraction de seconde, il détourne son arme et loge une balle dans la jambe de mon épouse. C'était terriblement intense, et Kiefer n'a pas décroché un seul instant. J'ai dû réagir à tout ça – au fait qu'il ait tiré sur ma femme et à la mission en général – dans un laps de temps très court. C'est le genre de scène que tous les acteurs rêvent de jouer. »

L'une des relations qui fait le plus l'objet de discussions au sein de l'équipe artistique de la saison 5 est celle entre les anciens amants Jack Bauer et Audrey Raines (Kim Raver). « Kiefer et moi échangions constamment au sujet de la relation [entre Jack et Audrey], déclare Raver. On savait tous les deux que le lien qui unissait les deux personnages devait être solide et crédible, sans quoi une grande partie de ce qui se passait autour d'eux ne tiendrait pas la route. C'était cette relation qui entraînait le public dans l'action, parce que les gens voyaient Jack et Audrey comme des personnes et non comme de simples symboles. »

Lorsqu'on lui demande de décrire sa meilleure expérience dans *24 heures chrono*, Raver évoque sans hésiter la scène où Jack, croyant qu'Audrey est une taupe qui a vendu des secrets aux terroristes, doit l'interroger. « C'était un moment que j'attendais avec beaucoup d'impatience, avoue-t-elle. On nous a permis de consacrer toute la journée au tournage de cette unique scène, un luxe sans précédent, puisque nous tournions normalement environ huit pages par jour et que cette scène-là en faisait un peu moins de quatre. Jon [Cassar] et Kiefer ont tous deux appuyé cette décision parce qu'ils savaient à quel point cette séquence était déterminante. Ils étaient conscients qu'elle comportait plusieurs niveaux de lecture et que nous devions parvenir à rendre chacun de ces niveaux, qu'il s'agisse des enjeux politiques, des aspects relationnels ou de la tension sexuelle entre les personnages. » Raver attribue en grande partie la réussite de cette scène à Sutherland : « C'est un partenaire de jeu extraordinaire. Dans des moments comme ceux-là, la différence entre Kiefer et les autres acteurs est flagrante. Lorsque le mot "action" retentit et que je le regarde droit dans les yeux, il est déjà à fond dans la scène, ce qui me permet d'y plonger aussi. »

Le célèbre acteur William Devane, qui interprète le secrétaire d'État américain à la Défense depuis trois saisons, dresse un portrait tout aussi élogieux de Sutherland : « Kiefer est l'image même du pro. Son travail est exemplaire. C'est impossible de perdre le fil quand on a devant soi un gars qui travaille aussi dur et qui y met autant du sien. »

En 2006, Sutherland obtient le prix Emmy du meilleur acteur dans une série dramatique pour son travail dans la saison 5, un prix qui consacre le talent désormais unanimement reconnu de l'acteur. Lors de cette cérémonie, *24 heures chrono* remporte l'Emmy de la meilleure série dramatique, et Jon Cassar celui du meilleur réalisateur de série dramatique. « Je pense n'avoir jamais vécu une soirée aussi excitante que celle-là, raconte Cassar. Et ce qui a rendu les choses aussi magiques, c'est que nous avons tous gagné. Si Kiefer n'avait pas remporté ce prix, ça n'aurait pas été pareil. Les choses n'auraient pas eu autant d'importance pour chacun d'entre nous. Mais il a gagné, et il le méritait. Ça a été la plus belle soirée qu'on pouvait espérer. »

Lorsqu'il repense à l'excellente cinquième saison de *24 heures chrono*, Sutherland déclare : « Je ne crois pas que cette saison-là ait été spéciale par rapport aux autres ; chacune des saisons a eu ses propres particularités. Par contre, j'en ai appris davantage dans cette série que dans tout ce que j'ai pu faire auparavant. Lorsqu'on passe d'un film à l'autre, on peut faire des choix créatifs très variés. Dans le cas de *24 heures chrono*, j'ai dû apprendre à travailler avec minutie. Au fil d'une saison, je peux faire une quinzaine de petits changements qui finissent par faire une grande différence. »

Au regard du succès phénoménal de *24 heures chrono*, encensée à la fois par le public, la critique et la profession, personne n'est surpris d'apprendre, le 10 avril 2006, que la série est prolongée pour trois nouvelles saisons. On rapporte que le contrat conclu entre Fox Broadcasting et Sutherland prévoit que ce dernier recevra une rémunération de l'ordre de quarante millions de dollars par saison pour les saisons 6, 7 et 8, et ce, uniquement pour son travail d'acteur. Sa participation aux profits de la série, la cession des droits de diffusion à plusieurs chaînes télévisées à travers le monde, les ventes de DVD et d'autres sommes connexes complètent ce juteux contrat. La réaction officielle de Kiefer Sutherland à l'annonce de la prolongation de la série témoigne de sa joie et de sa gratitude : « Le soutien extraordinaire que nous a offert la Fox nous a permis de relever avec succès et à tous points de vue le grand défi que représente *24 heures chrono*, et je leur en suis vraiment reconnaissant. Je suis très excité à l'idée de poursuivre ma collaboration avec mes collègues et amis de *24 heures chrono* et c'est avec plaisir que je prolonge ma relation avec la Twentieth Century Fox. » La nouvelle entente prévoit par ailleurs que

Sutherland passe du statut de coproducteur délégué à celui de producteur délégué, ce qui fait dorénavant de lui l'un des grands patrons de la série.

Avec *24 heures chrono*, Sutherland est devenu plus qu'une simple star de la télé. Il a accédé au statut d'icône. La série a aussi conféré à sa voix caractéristique un statut d'autorité. Lorsque le réalisateur Bruce Goodison prépare son docufiction *11 septembre, les révoltés du vol 93*[2], consacré aux funestes événements survenus à bord du vol 93 de la United Airlines le 11 septembre 2001, il sollicite la participation de Sutherland à titre de narrateur afin de conférer au récit – ne serait-ce que de façon subliminale – la puissance et la fermeté de Jack Bauer.

***

Conséquence du parallélisme entre l'actualité et les événements relatés dans la série, *24 heures chrono* est devenue bien malgré elle depuis son lancement le point de focalisation du débat public sur les questions relatives à la sécurité nationale et aux actes de torture, *a fortiori* au lendemain de la découverte des exactions commises à la prison d'Abou Ghraib, en Irak, ainsi que dans des centres de détention clandestins de la CIA. En s'invitant dans les foyers américains, *24 heures chrono* alimente inévitablement la discussion.

Sutherland est constamment interrogé sur cet aspect de la série, d'autant que la saison 6 franchit un cap supplémentaire

---

2. Titre au Québec : *11 septembre, courage sur le vol 93*.

en montrant Bauer torturer son propre frère jusqu'au seuil de la mort. « Il ne faut pas oublier que c'est une émission de télé, explique-t-il. Les scènes de torture servent de ressort dramatique. Comme la série se déroule en temps réel, cela nous permet d'illustrer l'urgence de chaque instant. » Il demeure néanmoins partagé sur la façon dont le récit exploite la torture, même à titre purement dramatique : « J'ai lutté contre ça dans la série. [...] Mais le monde dans lequel ces personnages évoluent a des règles très différentes. Cela dit, oui, je lutte sans arrêt contre ces choses-là. »

À titre personnel, Sutherland affirme être sans ambiguïté contre la torture : « Non seulement je ne crois pas que la torture soit un moyen efficace de collecter des informations, mais je pense même que c'est le pire moyen au monde que l'on puisse utiliser pour obtenir des renseignements fiables. C'est évident, une personne soumise à ce genre de contrainte et de souffrance physique finira par dire à son bourreau tout ce qu'elle pense qu'il veut entendre dans le seul but d'arrêter la douleur. »

En tant que créateur et producteur délégué de la série, Joel Surnow semble avoir un autre point de vue. Surnow a fait encadrer un drapeau américain en lambeaux derrière son bureau au siège de Real Time Productions. Ce drapeau lui a été offert par un groupe de soldats servant en Irak pour le remercier d'avoir organisé l'expédition d'un grand nombre de DVD de *24 heures chrono* sur place. « Les gars qui sont basés en Irak adorent la série, raconte-t-il. Les DVD circulent à travers tout le pays, partout où nos soldats se trouvent en garnison. Je crois qu'ils aiment l'émission et le personnage de Jack Bauer avant tout parce que c'est un patriote. Il sert son pays avec dévouement, mais de la façon la moins bureaucratique qui soit. Jack réagit en fonction de la situation ; il prend les choses en main dans le seul but de sauver les Américains des menaces extérieures et domestiques. »

Bien qu'il ne soit attribuable à aucun journaliste en particulier, le bruit court dans la presse que les cadets de l'Académie militaire de West Point se serviraient de *24 heures chrono* pour étudier comment torturer des détenus. La rumeur est si insistante que l'équipe de scénaristes de la série finit par rencontrer le général Finnegan, le doyen de West Point, pour tirer les choses au clair. Effectivement, les cadets de West Point apprécient *24 heures chrono*, tout comme des millions de téléspectateurs à travers le monde. Cela dit, le général Finnegan tient à assurer ses visiteurs que la série n'est pas utilisée comme méthode d'enseignement de la torture, et que la description qui en est faite ne ressemble en rien aux pratiques en vigueur. De leur côté, les auteurs réaffirment devant le Général que la torture n'est qu'un simple artifice pour maintenir la tension dramatique de la série. Le scénariste Evan Katz résume ainsi les choses : « Nous plaçons des gens dans des situations qui n'arriveraient jamais dans la vraie vie ; les moyens qu'ils mettent en œuvre pour s'en tirer sont donc aussi en dehors de la réalité. »

***

Comme si la cinquième saison avait épuisé les ressources de l'équipe, la suivante est incontestablement la plus faible dans l'histoire de la série. Le personnage de Bauer connaît une métamorphose radicale. Libéré d'une prison chinoise, il revient chez lui après deux ans de captivité durant lesquels il n'a pas prononcé un seul mot. « Pour la première fois, le personnage de Jack Bauer se montre complètement indifférent, raconte Sutherland. À la fin de la cinquième saison, Jack avait eu pour Audrey un bref sourire, comme s'il sentait qu'il pourrait enfin retrouver sa vie. Puis, après sa capture, il réalise qu'il a tout perdu : il a perdu sa relation avec sa fille, il a perdu son nouvel amour... tout. Du coup, il devient totalement déconnecté de la réalité. C'est une transformation fascinante à intégrer, pour un acteur. » Sutherland prend ce changement de personnalité à bras le corps : « Au début de la saison, Jack doute de pouvoir continuer à mener ce genre de vie et de travail, non par choix, mais à cause d'une cassure dans sa détermination. C'était passionnant à jouer. Ça montrait que Jack pouvait non seulement être faillible, mais aussi qu'il pouvait être brisé, que ce personnage avait ses limites comme n'importe qui. Ses limites sont juste plus difficiles à atteindre que la moyenne. »

Malheureusement pour Sutherland, le caractère improbable des événements dépeints dans cette saison la rapproche dangereusement des films apocalyptiques à la Irwin Allen. La série semble être à bout de souffle : les péripéties sont tirées par les cheveux et les retournements de situation sont si fréquents que la crédibilité de chaque personnage est compromise. Et, bien que les acteurs qui nous sont familiers restent malgré tout solides, certains des nouveaux personnages peinent à trouver leur place. « Écrire une telle série n'est pas chose aisée, reconnaît le scénariste Manny Coto. En fait, c'est un feuilleton, et pour cette raison, nous devons tenir compte à la fois de ce qu'il s'est déjà passé, mais aussi de ce que nous pensons qu'il se produira dans les épisodes à venir. »

Les auteurs et les producteurs sont conscients d'avoir déjà épuisé toute la gamme des méchants facilement concevables : les extrémistes islamistes, les bandits russes, les narcotrafiquants mexicains. Le défi des deux prochaines saisons consistera donc à faire preuve d'originalité et d'imagination, sans pour autant sacrifier à la vraisemblance. « Quand nous réfléchissions à des méchants potentiels, il nous fallait chercher plus loin, dit le scénariste Evan Katz. On entendait souvent dire que la série était très orientée à droite, mais c'est complètement faux. Sur les huit auteurs de [*24 heures chrono*], seuls deux sont des conservateurs, en comptant le créateur Joel Surnow. En regardant autour de nous aujourd'hui, on constate que les vrais méchants sont les grosses multinationales, les géants du pétrole. Nous avons commencé à imaginer comment établir une connexion entre le terrorisme et l'avidité de ces compagnies. »

Alors que les préparatifs de la septième saison se mettent en branle, chaque membre de l'équipe est conscient qu'il devra se surpasser. Mais l'ampleur de la tâche exige des sacrifices. « Je crois que participer à la série dans l'équipe technique est encore plus difficile, confie Sutherland. Nous avons réussi à garder presque cent pour cent de l'équipe de départ, ce qui n'arrive pratiquement jamais dans une série télévisée d'une telle longueur. Ceux qui ont une famille souffrent de ne presque jamais la voir pendant le tournage. Ceux qui n'ont pas de famille souffrent de ne pas avoir l'occasion de nouer de nouvelles relations ni d'avoir une vie en dehors de la série. »

Au début du mois de novembre 2007, alors que le tournage de la septième saison de *24 heures chrono* est déjà bien entamé et que son lancement est annoncé pour le 13 janvier 2008, la Writers Guild of America entame une grève, entraînant l'interruption de toutes les productions télévisuelles et cinématographiques auxquelles ses membres sont associés. Les dirigeants de la Fox et les producteurs de la série doivent prendre une décision rapidement. Ils s'efforcent de fonder leur choix sur les attentes des téléspectateurs plutôt que sur des considérations logistiques ou financières. Lorsqu'il devient évident que la grève sera longue et conflictuelle, Preston Blackman, le directeur de la programmation de la Fox, rend son verdict : « À compter de ce jour, la septième saison de *24 heures chrono* est reportée pour garantir sa diffusion intégrale, sans interruption. » Et de poursuivre : « Il s'agit d'une décision que nous souhaitions éviter de prendre, mais qui s'appuie sur ce que nous pensons que notre public attend de nous dans une telle situation. Les spectateurs nous ont démontré qu'ils aiment suivre chaque saison du début à la fin. Entamer la diffusion dans les circonstances actuelles nous permettrait certes de commencer, mais qui sait quand nous en verrions le bout. »

La grève prend fin le 12 février 2008 et, à en croire Sutherland, elle aura été bénéfique pour la série : « Une des conséquences positives de la grève, c'est qu'elle nous a libérés : elle a permis aux auteurs de prendre le temps de réellement concevoir la saison et de l'écrire entièrement. Du coup, quand on a repris le tournage, on savait où on allait et comment ça allait se terminer. »

Dans le scénario initial de la saison 7, il était prévu que Jack Bauer se retrouve en Afrique, au Sangala, un pays fictif déchiré par une guerre civile. « Le contexte africain me semblait intéressant, confie Sutherland. Je pensais à ce qui s'était passé au Rwanda, et à la réponse américaine... ou plutôt à l'absence de réponse américaine. Je me disais que ce serait une bonne chose de voir Jack Bauer s'en mêler. » Pourtant, très rapidement, l'équipe réalise qu'un tournage en Afrique, bien qu'attrayant, s'avère trop ambitieux. Comme l'explique le producteur Howard Gordon : « On voulait absolument faire quelque chose de différent pour cette nouvelle saison. On sentait qu'en situant à chaque fois les intrigues à Los Angeles, on avait atteint la limite de la crédibilité, alors on voulait envoyer Jack en Afrique. Finalement, le scénario que j'avais écrit ne fonctionnait pas. Avant même que les responsables du studio ne le voient, on a compris qu'un tournage en Afrique ne rentrait pas dans nos contraintes, à la fois en termes de temps et de coût. Alors on a décidé de laisser tomber cette idée et de revoir la saison entière dans un délai record de deux semaines. » C'est donc sur la base d'un scénario complètement remanié que l'équipe débute le tournage de la saison 7 à la mi-2007.

Lorsque le déclenchement de la grève de la WGA interrompt la production de *24 heures chrono*, la diffusion de la septième saison est dans un premier temps reportée en juillet 2008. Mais, pour diverses raisons, la grève impose finalement de tout décaler d'une année complète. Les producteurs Surnow, Cochran, Sutherland et Gordon voient dans ce contretemps une occasion unique de reconsidérer l'idée d'un tournage en Afrique. Ils élaborent alors le concept d'un téléfilm de deux heures qui assurerait la transition entre les événements de la saison 6 et ceux prévus pour la saison 7. Howard Gordon écrirait le scénario et Jon Cassar réaliserait le téléfilm.

« Il y a eu des discussions à propos d'une version longue de *24 heures chrono* qui pourrait [...] être diffusée en 2008, raconte Sutherland. J'avais toujours imaginé que le long métrage serait le bouquet final, la conclusion de toute l'aventure, mais je suis content que nous ayons suivi cette voie. Ça nous a permis de sortir de notre format habituel tout en continuant à fournir à notre public ce qu'il aime dans la série : un drame tout en tension et en intelligence. »

Surnow, Gordon et Cassar s'envolent pour Le Cap, en Afrique du Sud, dans le but de chercher des lieux de tournage et de recruter des acteurs locaux. Le plan initial consiste à filmer en Afrique du Sud pendant trois jours, puis à compléter les scènes africaines dans une région boisée près d'Enola, en Pennsylvanie. Mais, quand l'équipe commence son repérage en Afrique du Sud et rencontre ses habitants, il devient évident pour eux que les scènes africaines doivent être filmées sur place. « Il y a en Afrique du Sud quelque chose de tout à fait unique, explique Sutherland. Johannesburg doit être l'une des villes les plus dangereuses à la surface du globe. Une pauvreté incroyable sévit dans ce pays qui affiche pourtant des profits de plusieurs milliards de dollars grâce à l'industrie diamantaire. On n'aurait jamais pu reconstituer cette ambiance, cette atmosphère. Les dialectes de la population locale, on n'aurait pas su les rendre. Le tournage en Afrique a fait du film ce qu'il est. » La décision est donc prise. Début juin, le tournage de deux semaines en Afrique du Sud est lancé, puis l'équipe retourne ensuite à Los Angeles pour un mois de travail supplémentaire.

Durant son séjour en Afrique du Sud, Sutherland s'attache aux jeunes garçons qui interprètent les enfants dont son personnage et celui de Carlyle assurent la protection face à la violence du conflit environnant : « C'était très touchant, parce que ces enfants n'avaient pas grand-chose dans la vie. Mais ils étaient des partenaires de jeu merveilleux, parce qu'ils apportaient une grande pureté à leur travail à nos côtés. » Jon Cassar se lie également d'amitié avec les jeunes Sud-africains. Il passe des heures à leur expliquer les prises, les scènes, l'intrigue, et il les aide à apprendre leurs répliques. Sutherland se souvient que le départ a été un moment très difficile : « Quand Jon et moi leur avons fait nos adieux, ils pleuraient. C'était déchirant. Ils étaient devenus tellement proches de nous, et nous d'eux. Avec Jon, j'essayais d'imaginer comment on pourrait emmener ces enfants et les intégrer à l'intrigue de la septième saison… N'importe quoi plutôt que d'avoir à dire adieu à ces braves gamins pleins de vie. »

Tout comme la série, *24 heures chrono : Exil*[3] se déroule en temps réel, mais l'action ne couvre que deux heures, de quinze heures à dix-sept heures. Le film rehausse le niveau des dernières productions de l'équipe de *24 heures chrono*. Sutherland livre, une fois de plus, une performance mémorable dans la peau d'un Jack Bauer épuisé qui tente de faire pénitence en Afrique, mais se retrouve mêlé à la bataille la plus féroce et la plus violente de sa carrière. Le travail de l'acteur lui vaudra une nomination aux prix Emmy dans la catégorie du meilleur acteur de téléfilm.

Une fois le long métrage achevé, il est temps de se remettre au travail sur la septième saison. Mais, pour la première fois dans l'histoire de la série, l'inspiration fait défaut. À l'origine, il était prévu de recommencer le tournage en juillet 2008, en renonçant à tout ce qui avait été écrit et filmé plus tôt. Comme les scénarios ne sont pas encore prêts, le tournage ne reprend finalement qu'au mois d'août, pour être à nouveau interrompu le 27 et ne repartir que le 10 septembre. « On n'était vraiment pas sûrs de notre intrigue, reconnaît Howard Gordon. Alors on a arrêté

---

3. Aussi connu sous le titre *24 heures chrono : Rédemption*.

quelques semaines, le temps de travailler à notre prochaine série de scénarios, pour être bien certains que notre histoire tiendrait debout. »

À la mi-septembre, alors qu'il ne reste que six épisodes à tourner, la production est à nouveau suspendue. « On pensait qu'on y était, raconte Sutherland, mais on a réalisé qu'on n'avait pas de chute logique et satisfaisante pour la saison. Alors on a arrêté et on a retravaillé les quelques épisodes restants pour s'assurer que la saison finirait en beauté. »

La saison 7 marque un tournant, tant à l'écran qu'en coulisse. Depuis la fin de la saison 6, plusieurs membres de l'équipe commencent à sentir leur inspiration s'épuiser. Le créateur et producteur Joel Surnow quitte la série au beau milieu de la septième saison en déclarant : « J'ai bien réfléchi pendant la grève de la WGA. J'ai commencé à travailler à des projets personnels, et j'ai eu le sentiment que c'était le moment de passer à autre chose, de m'investir dans des idées nouvelles, en dehors des sentiers battus. » Robert Cochran, le cocréateur de la série, part quant à lui à la fin de la saison. Bien que l'auteur et producteur Howard Gordon reprenne le poste de Surnow, ces démissions laissent un grand vide dans l'équipe dirigeante. Quand le réalisateur Jon Cassar annonce lui aussi son départ, Brad Turner, qui a dirigé dix épisodes de la septième saison, est promu coproducteur délégué et réalisateur principal. Turner n'est déjà plus un novice dans le métier, puisqu'il s'est déjà distingué pour son travail époustouflant sur *Prison Break*, un autre grand succès de la Fox.

« Travailler avec Joel, Bob et surtout avec Jon Cassar a été l'expérience la plus longue et sans doute la plus gratifiante de toute ma carrière, confie Sutherland. On a atteint un degré de proximité et de confiance qui allait bien au-delà de la simple relation de travail, ce qui a permis à notre créativité de s'épanouir encore plus. »

Gary Newman, le président de Fox Broadcasting, loue l'engagement de Sutherland envers la série et le studio : « Les séries comme *24 heures chrono* connaissent des changements tout au long de leur parcours. Le défi consiste à remplacer les grands talents qui partent par d'autres grands talents. Mais, dans cette série, il règne un climat de sérénité et de confiance, grâce à Kiefer et à son engagement. Il est bien plus qu'un acteur dans cette aventure : il est une force motrice pour l'équipe entière. Avec lui et Brad Turner […], *24 heures chrono* est entre de bonnes mains. »

ENFIN LA GLOIRE

« *Pendant le tournage, on était un peu comme dans une bulle. De temps en temps, on relevait la tête et on n'en revenait pas de voir à quel point la série était devenue populaire.* »
– *Kiefer Sutherland*

En 2002, Kiefer Sutherland est une vedette de télévision qui détient un Golden Globe et joue dans une série dont les taux d'audience augmentent presque chaque semaine. Bien que sa réussite ne l'ait pas changé, comme cela se produit pourtant souvent dans pareil cas, sa vie n'en est pas moins chamboulée. Alors qu'il erre depuis des années d'un lieu de tournage à l'autre, il est désormais retenu à Los Angeles au moins dix mois par an. Il lui faut donc une résidence permanente.

Plutôt que d'acheter une villa à Beverly Hills comme toute star montante désireuse d'exhiber sa célébrité, Sutherland choisit de s'installer sur l'avenue North Madison, dans un quartier populaire de Los Angeles connu sous le nom de Silver Lake. Il débourse sept cent mille dollars pour se porter acquéreur d'une ancienne fonderie construite en 1928 et dont la superficie est de près de mille trois cents mètres carrés. Il s'agit d'un lieu immense, presque entièrement dépourvu de cloisons. Le bâtiment comporte deux niveaux : un étage supérieur de plus de cinq cents mètres carrés et un rez-de-chaussée de près de huit cents mètres carrés. Sutherland loge en haut, dans un espace ouvert qui jouit d'un plafond élevé de près de huit mètres, compte quatre salles de bains et où le coin pour dormir n'est délimité que par un muret. « J'ai mis un certain temps à m'habituer à dormir dans une grange », lance Sutherland en plaisantant.

Au départ, il entrepose sur place sa précieuse collection de guitares d'époque, dont la valeur a été estimée à près de cent quatre-vingts mille dollars et qui comprend des merveilles telles qu'une Les Paul 1959, une Telecaster 1967, une ES-335 1968 et plus de cinquante autres modèles. Par la suite, il la transportera dans les bureaux de la société de musique qu'il fondera en 2003.

Le nouveau cadre de vie de Sutherland n'a rien de huppé : « Dans mon quartier, il y a deux vrais gangs de rue : les Salvadoriens et les Ukrainiens. Lorsque je promène mon chien, le soir, ces gars-là traînent toujours dans les environs. » À une ou deux occasions, l'acteur se fera d'ailleurs pointer un pistolet sur la tempe.

* * *

Choix étonnant dans une ville constellée d'autoroutes comme Los Angeles, Sutherland préfère se déplacer en métro. Si d'aucuns s'attendraient à ce que cela pose problème pour une grande star de la télé, Sutherland, lui, y voit une certaine logique : « Le fait de circuler en métro permet de sortir prendre quelques verres. » Conscient que les autres pourraient le reconnaître, il précise : « Dans presque n'importe quelle situation, par exemple dans un bar ou au restaurant, quand quelqu'un me reconnaît, je lui dis : "Salut, comment ça va ?" La plupart des gens répondent naturellement : "Ça va bien, et toi ?" Là, je réplique : "Très bien, mon gars, on se reparle plus tard." Et ça s'arrête là. » De temps à autre, un dur à cuire tente de se mesurer à Jack Bauer. « Ça arrive, admet Sutherland. En fait, tout dépend de mon humeur. Si je suis dans un mauvais jour, alors mieux vaut éviter de me chercher ! »

Alors qu'il se montre pour le moins déraisonnable lorsqu'il boit, le fêtard invétéré fait preuve d'une étonnante discipline dans sa vie privée. Son intérieur est exceptionnellement bien tenu, surtout pour quelqu'un qui vit seul. Il a déjà reçu l'équipe de *24 heures chrono* chez lui, et son ancienne petite amie, Reiko Aylesworth, avait trouvé très attentionné de sa part d'avoir tout rangé en prévision de leur visite. Mais en fait, la maison de Kiefer est toujours impeccable. « Je suis quelqu'un d'assez exigeant, reconnaît-il. J'aime que certaines règles soient respectées, notamment en matière de ponctualité et de rangement. En vieillissant, je suis heureusement devenu un peu plus souple. Mais il faut préciser que je vis seul. »

Sutherland apporte un soin obsessionnel au rangement. Ses paquets de Camel sont alignés à angle droit avec le bord de la table. Dans sa roulotte du plateau de *24 heures chrono,* les textes, magazines et livres sont empilés de façon ordonnée et la symétrie règne en maître. Ce côté pointilleux contraste singulièrement avec les fréquents égarements de Sutherland en public. Autre particularité : Sutherland n'aime pas avoir de miroirs chez lui, il les a même en horreur. En termes cliniques, il serait donc légèrement *eisophobe.* Certains prétendent que les personnes qui n'aiment pas les miroirs n'ont pas nécessairement peur de voir leur reflet, mais plutôt de regarder à l'intérieur d'elles-mêmes.

* * *

En 2003, alors que Sutherland jouit désormais du train de vie d'une mégastar, il s'apprête à explorer un nouveau domaine qui le passionne depuis toujours : la musique. « [La musique] influence énormément ma vie, la façon dont je vois et dont je ressens les choses, explique-t-il. Mon humeur et ma sensibilité peuvent changer en fonction de la musique que j'écoute. Ça affecte réellement mes émotions d'une manière viscérale. »

Si d'autres acteurs renommés se sont servis de leur argent pour financer leurs fantasmes de rock star, formant des groupes et enregistrant des albums, Sutherland emprunte une voie différente : « Je suis [seulement] un musicien de calibre moyen. J'essaie de prendre des cours aussi souvent que possible pour m'améliorer, au lieu de refaire les mêmes trucs *ad nauseam*. »

Plutôt que de massacrer des chansons, il canalise son énergie dans la promotion de groupes et musiciens de la relève. En 2003, il s'associe avec son ami de longue date Jude Cole, un auteur-compositeur-interprète et producteur de disques de l'Illinois, sur l'album duquel Sutherland avait enregistré une narration en 1995. Le disque s'appelait *I Don't Know Why I Act This Way*, et la chanson « Joe ». Les deux amis décident de baptiser leur label de musique Ironworks. « C'est à la fois un label et une société de production, et nous faisons aussi de la gérance, précise Sutherland. Nous aidons des jeunes à percer et nous accompagnons d'autres artistes qui ont du mal à se faire connaître des plus grosses maisons de disques. »

Sutherland ne s'occupe pas lui-même de la production musicale ; il laisse cette tâche entre les mains du très expérimenté Jude Cole ou d'autres producteurs professionnels : « Je participe à la découverte de nouveaux talents et je m'occupe en grande partie du financement. Nous avons deux façons de procéder : soit nous sortons l'album nous-mêmes grâce à un réseau de distribution indépendant, soit nous négocions une entente avec un plus grand distributeur tel que Warner ou Universal, comme nous l'avons fait pour MoZella, un de nos poulains. »

« J'adore la musique, poursuit-il. Quand je vois un groupe qui me semble correspondre à ce que nous recherchons, j'en parle à Jude et on s'interroge ensemble sur ce qu'on pourrait faire pour eux. » Les premiers artistes à signer chez Ironworks forment un groupe folk-rock nommé Rocco DeLuca and the Burden. Leur premier album, financé par Sutherland et produit par Cole, s'intitule *I Trust You to Kill Me*. Sutherland est conquis par le groupe, à tel point qu'il s'improvise directeur de leur première tournée internationale et engage une équipe pour réaliser un documentaire sur leur périple. Ce film fascinant, qui porte le même nom que l'album, laisse entrevoir un Sutherland passionné, un professionnel de la musique acharné qui parcourt les rues de villes comme Dublin, en Irlande, pour solliciter des fans et distribuer des billets gratuits. Le documentaire suit le groupe de Los Angeles à Londres, de Berlin à Dublin, et même jusqu'à Reykjavik, en Islande. Il sera présenté dans l'enthousiasme au Festival du film de Nashville, le 22 avril 2006.

Parmi les nouvelles recrues d'Ironworks, on retrouve le groupe de Los Angeles Billy Boy on Poison, pour la production de leur album *Drama Junkie Queen*, ainsi que le légendaire musicien folk de Toronto Ron Sexsmith, un chanteur dont tout le monde – de Bob Dylan à Chris Martin de Coldplay – a fait l'éloge.

Le moins que l'on puisse dire, c'est que Sutherland s'investit à fond dans ce projet. Il convertit l'étage inférieur de sa propriété, le vaste espace ouvert d'environ huit cents mètres carrés, en studio d'enregistrement tout équipé, auquel il ajoute des bureaux et des salons. Il est satisfait de ce que son équipe et lui ont accompli et de la loyauté des groupes avec lesquels il a collaboré : « Même après avoir connu le succès, les gens que nous avons soutenus ont préféré rester parce qu'il y a ici un véritable esprit d'équipe. Et ça a contribué à donner au studio une atmosphère exceptionnelle. » Jude Cole confirme : « Pour nous, ce qui compte, c'est d'offrir à des musiciens réellement talentueux la possibilité de diffuser leur musique. On les aide à se tailler une place dans une industrie où les joueurs sont de plus en plus gros et de moins en moins nombreux. »

Sutherland définit l'approche particulière qui caractérise leur entreprise : « Au moment où l'on a aménagé le lieu et créé le concept, il fallait être certains que nous avions assez d'argent pour le faire. Je ne voulais pas qu'on soit obligés de louer le studio à d'autres pour couvrir nos frais. Je tenais à ce qu'il n'y ait ici que des gens que je souhaitais y voir. Je ne voulais pas d'étrangers dans les parages. J'avais envie que les artistes viennent travailler dans un environnement agréable et convivial. »

Pourtant, il ne sera pas simple de créer et de préserver une atmosphère agréable dans un quartier de Los Angeles sous l'emprise des gangs de rue. « Juste au nord, il y a les Salvadoriens. Au sud, ce sont les Ukrainiens, explique Sutherland. Ils ne s'aventurent jamais sur le territoire du clan opposé, mais ils se servent de notre édifice comme d'un gigantesque bloc-notes pour leurs graffitis. Tous les deux jours, il y a un des gangs qui laisse sur notre mur un message pour un autre gang. » Sutherland et ses acolytes ne s'empressent pas de recouvrir les graffitis : « Non, on veut être certains que l'autre gang reçoive bien le message. On évite à tout prix de s'interposer ou de causer des problèmes à qui que ce soit. Cela dit, en général, les gens du quartier ont été très corrects avec nous. J'aurais beaucoup plus de mal à faire ce que je fais à Bel Air ou à Brentwood, je vous le garantis. »

* * *

Pendant le tournage du documentaire *I Trust You to Kill Me*, à l'occasion de la tournée du groupe Rocco DeLuca and the Burden, Sutherland décide de se faire tatouer pour marquer l'événement. Dans un salon de tatouage de Reykjavik, au beau milieu d'un décor crasseux et tapissé de guitares, le film montre l'acteur assis sur un fauteuil, se faisant tatouer sous l'avant-bras droit la phrase *I trust you to kill me* en alphabet runique islandais. Entre deux grimaces de douleur, il répond aux questions que le documentariste lui pose avec une élocution visiblement ramollie par l'alcool. Lorsqu'on lui demande s'il se soucie de ce que les autres pensent de lui, il déclare : « C'est une question stupide. Évidemment que je me préoccupe de ce que les gens pensent de moi. Mais je me suis fait à l'idée que tout le monde ne peut pas m'aimer et que tout le monde ne peut pas aimer ce que je fais. » Il enchaîne : « Mes plus grandes erreurs en tant qu'acteur, je les ai commises quand j'ai essayé de faire plaisir aux autres plutôt que d'écouter mon cœur. »

Aujourd'hui, Sutherland a plusieurs tatouages, à commencer par le symbole chinois du courage qu'il s'est fait tatouer lorsqu'il débutait en tant qu'acteur. Il en a tellement qu'il faut chaque jour un bon moment aux maquilleurs de *24 heures chrono* pour les camoufler. « Quand je me vois sans tatouages, ça m'arrive de penser que je n'aurais peut-être pas dû m'en faire faire, avoue Kiefer. Mais la plupart du temps, je me dis que c'est une belle carte retraçant mon parcours de vie. »

* * *

Les acteurs de Hollywood qui sont internationalement connus s'offrent souvent de petits extras en tournant des publicités à l'étranger, pour lesquels ils touchent des cachets exorbitants. Pendant l'interruption du tournage de *24 heures chrono*, en 2007, Sutherland gagne près d'un million de dollars au cours d'un bref séjour au Brésil pour figurer dans une publicité pour Citroën. Lors de son passage à Rio de Janeiro, Kiefer loge au légendaire Copacabana Palace Hotel. Il y sera d'ailleurs vu à une table près du piano-bar, prenant du bon temps en compagnie de magnifiques Brésiliennes. Sutherland apparaît également dans une publicité pour la boisson japonaise Calorie Mate, pour laquelle il aurait reçu un cachet de deux millions et demi de dollars. Il s'agit d'une parodie comique de *24 heures chrono*, où l'acteur personnifie un Jack Bauer entouré de jeunes agentes nipponnes. Même la musique imite celle de la série. Lorsqu'un animateur américain lui demande pourquoi il tourne des messages publicitaires, l'acteur rétorque : « La vraie question, c'est : "Pourquoi je m'en priverais ?" »

Le calendrier de production de *24 heures chrono* ne laisse guère de temps à Sutherland pour s'engager dans des longs métrages. Tout au plus peut-il en tourner un par an, avec un peu de chance. Par contre, il décroche souvent des contrats de narration, qui sont devenus pour lui une source de revenus complémentaire appréciable.

En 2004, Sutherland prête sa voix à un film IMAX intitulé *NASCAR 3D*, qui plonge les spectateurs dans l'univers effréné et sans merci des courses automobiles NASCAR. S'expliquant sur sa participation à ce projet, il déclare : « C'est tout un pan de la culture américaine. Le fait que ce sport soit né à l'époque de la prohibition, ça lui donne un caractère particulièrement authentique. Les gars démultipliaient la puissance de leurs moteurs pour pouvoir passer de l'alcool de contrebande par les petites routes de campagne en semant les voitures de police. »

Sutherland assiste à quelques courses pour s'imprégner de l'esprit de ce sport et il en ressort impressionné : « Ce sont des pilotes incroyablement disciplinés et concentrés. Ils font des blagues avec l'équipe du puits de ravitaillement et interagissent avec leurs admirateurs. Pourtant, lorsqu'ils montent dans leur voiture, quinze minutes plus tard, ils sont métamorphosés. Ça se voit à leur visage et à leur langage corporel. Ils deviennent des gladiateurs. À bord de leurs bolides, ils foncent sur la piste en prenant les virages à plus de trois cents km/h et en se heurtant les uns les autres. C'est vraiment hallucinant ! »

Non seulement Sutherland fait de la narration, mais il adore participer à des films d'animation, un autre petit extra lucratif. Lorsqu'on le questionne sur sa relation avec le cinéma d'animation, sa sensibilité d'enfant resurgit : « Je me rappelle avoir vu *Bambi* quand j'étais petit et avoir été très touché par ce jeune faon. Quand sa mère a été tuée, ça m'a bouleversé ! » Il poursuit sur un ton sérieux : « Bambi devait vraiment se battre pour survivre. J'ai dû voir ce film sept ou huit fois. *Cendrillon*, c'était plutôt pour ma sœur. Mais en tant que garçon, je me disais que j'avais le droit d'être touché par ce petit animal-là. » En 2005, c'est à son tour de faire son entrée dans le monde des films d'animation de Disney, pour doubler la voix du personnage principal – un lion – dans le film *The Wild*[1]. « C'est véritablement l'histoire d'une relation père-fils », dit l'acteur.

En 2009, Jeffrey Katzenberg prépare son ambitieux film d'animation *Monstres contre Aliens*, dans lequel il cherche à pousser plus loin l'utilisation de la technologie 3D au cinéma. Le réalisateur réclame expressément la participation de Sutherland. « Kiefer a une voix parfaite pour les films d'animation, explique-t-il. C'est un timbre qui peut être à la fois autoritaire et apaisant, selon les besoins du rôle. » Le problème pour l'acteur consiste à trouver un créneau pour caser ce projet dans son emploi du temps surchargé

---

1. Titre au Québec : *La vie sauvage*.

en raison du tournage de *24 heures chrono*. « Au bout du compte, ça n'a pas posé de problèmes du tout, indique Sutherland. Jouer dans des films d'animation comme ceux-là, c'est très libérateur pour un acteur. Comme on utilise seulement notre voix, on peut se mettre dans n'importe quelle posture pour que les répliques sonnent de la manière voulue. L'aspect physique ne compte pas, ce qui rend le processus fantastique. Je faisais mes scènes pendant cinq ou six heures, les week-ends, entre le tournage des épisodes de *24 heures chrono*. »

« Il y a plusieurs raisons qui m'ont poussé à faire partie de ce film, précise-t-il. J'adore les vieux films d'horreur délirants comme *Godzilla* et *King Kong*, surtout la version kitsch avec Jeff Bridges et Jessica Lange. Mais en fait, j'ai accepté de faire le film pour son message, qui veut que non seulement ce soit possible d'être différent, mais aussi que notre différence soit parfois ce qu'on a de mieux. »

* * *

Même si Sutherland a vécu la plus grande partie de sa vie à Los Angeles, avec quelques intermèdes dans la vallée de Santa Ynez et au Montana, il retourne souvent à Toronto, la ville de son enfance. « Je possède une maison à Toronto, mais chaque fois que j'y vais, j'ai tendance à descendre à l'hôtel Windsor Arms », dit-il. Au cours des années 1960, Elizabeth Taylor et Richard Burton avaient une suite réservée à l'année dans cet hôtel légendaire situé au centre-ville. Dans les années 1970, l'édifice tombait en ruines, mais il a été restauré au début des années 1990 et a retrouvé son cachet d'antan. « J'adore le côté minimaliste de ces suites, confie Sutherland. Ça me rappelle un peu l'appartement de Mickey Rourke dans *9 semaines et demie.* »

Le restaurant du Windsor Arms, le Courtyard Café, suscite aussi l'intérêt de Sutherland : « [Ils servent] la meilleure soupe aux champignons du monde : [...] un goût phénoménal mais très léger. » Sutherland connaît bien les restaurants de Toronto. À quelques pas du Windsor Arms se trouve Flo's, l'endroit où il prend toujours son petit-déjeuner lorsqu'il est en ville : « C'est un vrai petit restaurant, typique, du style casse-croûte. Voilà exactement de quoi ce genre de petit resto devrait avoir l'air. » Tout comme à Los Angeles, Sutherland préfère se déplacer en métro. « Il y a plusieurs coins où j'aime me balader, confie-t-il. J'adore marcher dans les environs de l'Annex [un secteur de la ville comparable à Greenwich Village, à New York], et j'adore aller du côté de Danforth, le quartier grec de la ville, où il y a Christina's et Myth, deux de mes restaurants grecs préférés. »

Dans la catégorie des restaurants haut de gamme de Toronto que Sutherland préfère figure Bistro 990, où il emmène souvent sa mère dîner lorsqu'ils sont tous les deux dans la Ville reine. « Il y a plusieurs raisons qui font que je raffole de cet endroit, révèle-t-il. Ils ont un bar génial au sous-sol, et l'architecture du resto rappelle les vieux bâtiments allemands, avec de vraies arches et des plafonds bas. Ça crée une ambiance très particulière. Je me rappelle être venu ici plusieurs fois avec Jon Cassar, qui est également de Toronto et qui connaît bien l'établissement. »

Un autre lieu fréquenté par Sutherland est l'Avenue Bar du Four Seasons Hotel. Il s'agit de l'endroit où séjournent la plupart des gens venus de Hollywood pour tourner à Toronto. « C'est incroyable, fait remarquer Sutherland, autrefois je blaguais en disant que l'Avenue Bar du Four Seasons de Toronto était le bar le plus couru de Hollywood. Mais ce n'est même plus une boutade : là-bas, je rencontre plus de mes amis de L.A. qu'à Los Angeles ! »

Tous les ans, sur l'Allée des célébrités canadiennes du quartier des spectacles de Toronto, a lieu une célébration inspirée de celle qui se tient sur le célèbre Hollywood Boulevard de Los Angeles. L'Allée des célébrités canadiennes rend hommage aux Canadiens qui se sont distingués dans divers domaines, en leur décernant une plaque de granit sur le trottoir en face du Princess of Wales Theatre. Après son père en 2000 et sa mère en 2004, c'est au tour de Kiefer de recevoir sa plaque, le 5 juin 2005.

Ce ne sera toutefois pas avant le 9 décembre 2008 qu'il aura son étoile sur le Hollywood Walk of Fame. Ce jour-là, la plupart des membres de la distribution et de l'équipe technique de *24 heures chrono* sont présents, ainsi que son père, sa fille et l'un de ses demi-frères. Donald Sutherland présente fièrement son fils, puis Kiefer monte sur scène. Il remercie d'abord sa famille et ses collègues, avant de souligner son immense reconnaissance envers la Twentieth Century Fox, qui a financé son intronisation. Puis, il raconte à la foule ses premiers jours à Hollywood, alors qu'il dormait dans sa voiture au bord de la plage, et le premier petit appartement qu'il a pu se payer, à moins de deux coins de rue de l'endroit où se trouve aujourd'hui son étoile sur le trottoir. Après la cérémonie, son père et lui signent des autographes et se font photographier en compagnie de leurs admirateurs. Voici comment Kiefer décrit ses impressions à un reporter venu couvrir l'événement : « J'avais l'habitude de circuler sur cette rue et de regarder les noms. Je me souviens surtout de ceux de Randolph Scott et de Gary Cooper, deux gars qui ont eu un début de carrière difficile, mais qui ont finalement réussi à se rendre jusqu'ici. Je n'aurais jamais rêvé de me retrouver parmi eux. »

* * *

Le succès de *24 heures chrono* confère à Sutherland une notoriété telle qu'il n'aurait jamais pu l'imaginer. En 2006, le magazine *Canadian Business* le désigne comme le quatrième Canadien le plus puissant d'Amérique. La même année, le magazine *Forbes* le classe au soixante-huitième rang des cent célébrités les plus influentes. « Je ne me préoccupe pas vraiment de ces trucs-là, affirme-t-il. De toute façon, c'est seulement une question de perception. C'est comme dans le domaine de l'art : un jour, une toile vaut cent mille dollars ; un an plus tard, elle en vaut dix millions. C'est toujours la même toile, mais notre perception a changé. »

Même s'il n'a pas toujours été épargné par les médias, Sutherland entretient des relations plutôt bonnes avec la presse. Contrairement à son ami Sean Penn, qui adore frapper les photographes, Sutherland leur permet d'accomplir leur travail pendant qu'il fait le sien. Il y a toutefois quelques exceptions. Lors d'une arrestation pour conduite en état d'ébriété, par exemple, des reporters et des admirateurs s'attroupent autour de sa voiture pour le prendre en photo avec leurs caméras et leurs cellulaires. Bon nombre de ces images se retrouvent ensuite sur Internet. Pendant les mois qui suivront, lorsque quelqu'un tentera de le photographier, Sutherland s'éloignera en lançant : « Pas question, les gars. Je ne vous fais plus confiance. » En 1993, il a même poursuivi le tabloïd *News of the World* après que le journal a prétendu que son mariage avec Camelia Kath n'était rien d'autre qu'un coup de publicité. Il a obtenu des excuses ainsi qu'une somme d'argent non divulguée.

Pourtant, Sutherland s'est fait à la surexposition qui découle de son statut de célébrité et envisage sereinement ses interactions avec le public. Le fait qu'il soit fumeur, notamment, favorise les contacts directs avec ses admirateurs. « À Los Angeles, la cigarette est interdite à l'intérieur de tous les édifices, observe-t-il. Je dois donc sortir sur le trottoir si je veux fumer. Lorsque je suis dehors en train d'en griller une, les gens me remarquent, me sourient et me tendent un papier et un crayon. J'essaie toujours de signer mon nom de manière lisible, sans gribouiller. »

Il est toujours étrange d'entendre certaines vedettes qui ont réussi à percer grâce à l'attention et l'intérêt du public dire qu'elles se sentent mal à l'aise lorsqu'elles se font reconnaître. Mais Sutherland n'en fait pas partie : « J'aime les gens. Je sais que ce sont les fans qui paient pour voir ce que je fais. Je suis conscient que, sans eux, je ne serais rien. Alors j'essaie de ne pas les décevoir. »

LE DIFFICILE RÔLE DE PÈRE

« Le meilleur conseil que mon père m'ait donné à mes débuts d'acteur, c'est : "Ne te fais jamais prendre en train de jouer." Il m'a dit de croire à fond à ce que je faisais, puis de m'y engager, même si c'était désagréable, même si je me sentais ridicule. Ça reste du jeu, mais il faut trouver la vérité dans l'instant, plutôt que de faire semblant et de se servir de sa technique pour s'en sortir. »

–Kiefer Sutherland

Sutherland évoque son père comme un ami plus âgé qu'il admire énormément. Mais lorsqu'il parle de sa mère, il le fait toujours avec une profonde déférence : « Elle est extrêmement intelligente. C'est une femme très solide et très engagée. Elle a reçu l'Ordre du Canada, la plus haute distinction civile du pays. Elle mesure à peine un mètre soixante et, je vais être honnête avec vous, c'est la seule personne qui me fait peur. »

Bien sûr, Shirley Douglas a élevé Kiefer et a dû composer avec les errements de son fils à l'adolescence, tandis que Donald Sutherland, établi à Los Angeles, observait les choses de loin. Cependant, lorsque le jeune Sutherland débarque à Hollywood, la situation s'inverse. Comme il réside désormais à L.A., il voit davantage son père. Il s'efforce toutefois de rendre visite à sa mère aussi souvent que possible à la résidence qu'il lui a achetée à Toronto, mais où il séjourne rarement lors de ses venues. « Il n'y a pas de service aux chambres », explique Douglas.

La mère et le fils se côtoieront professionnellement à quelques reprises, mais la dynamique parent-enfant refera toujours surface. Voici comment Sutherland décrit sa collaboration avec sa mère dans *La ménagerie de verre*, en 1997 : « C'était assez surréaliste, à l'époque. Pendant les répétitions, nous étions deux professionnels au travail. On faisait preuve de respect et on interagissait comme deux membres de la même équipe. Mais à la pause déjeuner et à la fin de la journée, elle redevenait ma mère. Même son ton redevenait maternel et autoritaire. »

En 2008, ils font une brève apparition côte à côte dans la série *Corner Gas*, qui connaît un immense succès au Canada anglais et dont l'action se déroule en Saskatchewan, la province natale de Douglas. Dans cet épisode, un personnage passe une série d'appels et, à un moment donné, compose un mauvais numéro. C'est Sutherland qui répond. Il est devant un ordinateur, dans une pièce à l'éclairage tamisé. « On a un problème, signale l'auteur de l'appel. Il faut qu'on établisse un périmètre. » La voix rauque de Jack

Bauer l'interroge : « Qui est à l'appareil ? » « Vous n'êtes pas l'entraîneur de l'équipe de baseball ? » répond l'autre, perplexe. Sutherland explique alors à son interlocuteur qu'il a fait un faux numéro et qu'il vient d'appeler la résidence de Shirley Douglas. « Vous êtes sûr ? » demande l'autre. « Je pense que je suis bien placé pour le savoir : c'est ma mère », répond Sutherland. « Vous vivez encore avec votre mère ? Vous avez quel âge ? » réplique l'auteur de l'appel. Sutherland se rembrunit : « Je vais raccrocher. » Le clin d'œil se conclut lorsque Shirley Douglas lance, hors champ : « Kiefer, qui était-ce ? » Ce à quoi il rétorque brutalement : « Merde, maman ! Je t'ai dit de frapper avant d'entrer ! »

* * *

La relation de Kiefer avec son père Donald a longtemps été compliquée. Lorsqu'ils partent de Londres pour s'installer à Hollywood, père et fils sont très proches. Mais l'éloignement nuira souvent à leur relation. « La première fois que nous avons débarqué à Los Angeles, en provenance de Londres, où je travaillais, le type des douanes américaines m'a demandé combien de temps nous prévoyions de rester aux États-Unis, raconte Sutherland père. Je lui ai répondu qu'on pensait rester environ six mois. À ce moment-là, Kiefer a crié très fort : "Mais tu as dit qu'on allait vivre ici pour toujours !" »

Voici quelques souvenirs d'enfance de Kiefer au sujet de sa vedette de père : « Je me souviens de petites choses, comme d'un jour où mon père m'a accompagné à la garderie, quand j'avais environ quatre ans. Il avait de longs cheveux qui flottaient sur ses épaules et une barbe touffue. Il portait un gros manteau de suède et il conduisait une décapotable qu'il avait gagnée la veille lors d'une partie de cartes. »

On a souvent demandé au jeune Kiefer si le nom de Sutherland lui avait ouvert les portes de Hollywood : « Je n'ai aucun moyen de le savoir. C'est mon patronyme. C'est possible, mais je ne m'en suis pas vraiment rendu compte. Par contre, je peux vous dire que mon nom m'a fermé certaines portes au début de ma carrière. Lors de la distribution des rôles, beaucoup se méfiaient, craignant que je sois un autre de ces enfants d'acteurs qui essaient de se tailler une place dans l'industrie en tablant sur la réputation de leurs parents. »

Une fois adulte, lorsque Kiefer apprendra à mieux connaître son père, il saura mieux décrire les sentiments et pensées qui l'habitent à son endroit : « Regardez mon père, il est né dans un petit village de pêche de cinq cents âmes. Il mesurait près de deux mètres, avait d'immenses oreilles et une drôle de tête, et il pensait qu'il pouvait devenir une vedette du cinéma. Si vous regardez des photos de lui à dix-huit ou dix-neuf ans, vous ne verrez pas un Robert Redford ni un Paul Newman. Pourtant, il a eu l'audace d'aller en Angleterre à la poursuite de son rêve. C'est quand même incroyable ! »

Donald Sutherland est évidemment très fier de son fils, et le succès phénoménal que celui-ci remporte dans *24 heures chrono* ne fait qu'accroître son respect. Leur relation connaît un nouvel essor au printemps 2007, quand Donald se voit attribuer un rôle récurrent dans la série *Dirty Sexy Money*, tournée à Los Angeles bien que l'action se déroule à New York. « Une fois qu'il a décroché ce rôle et qu'il est revenu vivre à Los Angeles, on a eu l'occasion de passer beaucoup plus de temps ensemble, raconte Kiefer. On a commencé à aller manger tous les deux régulièrement, à se voir les dimanches et à aller faire des balades sur la plage pour bavarder. »

* * *

La déception de ne pas avoir fréquenté son père autant qu'il l'aurait voulu durant sa jeunesse pousse Kiefer à réfléchir à tous les moments passés loin de sa propre fille, Sarah Jude : « Je ne crois pas que le regret soit le moins du monde salutaire, alors je m'efforce de ne pas y céder. Pourtant, c'est vrai que je regrette de ne pas voir ma fille plus souvent. Mais ce qui est passé est passé. Tout ce qu'il reste à faire, c'est essayer de rattraper le temps perdu en étant aussi attentionné et affectueux que possible lorsqu'on se retrouve ensemble. »

Kiefer estime avoir pris conscience qu'il aimerait passer plus de moments privilégiés avec son père à l'âge de treize ans, lorsqu'il a vu le film déchirant *Des gens comme les autres*, dans lequel Donald Sutherland tient la vedette. Cette œuvre qui traite du suicide et des liens familiaux vaudra un

Oscar au réalisateur Robert Redford et au jeune Timothy Hutton, covedette du film. « Il y a une scène clé où le père et le fils sont assis sous la véranda à discuter, et c'est très beau, raconte Sutherland. Je me rappelle m'être dit : "J'aimerais avoir cette conversation-là avec mon père." Le film m'a vraiment fait réfléchir. Il m'a amené à comprendre que j'étais en partie responsable de cette situation, que c'était aussi à moi d'amorcer les discussions. Ce film m'a brisé le cœur, mais il m'a aussi ouvert les yeux. »

On peut considérer que le désir de se rapprocher de Sarah Jude a dicté, entre autres choses, la décision de Sutherland d'endosser le rôle de Jack Bauer. « C'est tout à fait vrai, confirme l'acteur. Toute ma carrière, depuis la naissance de ma fille, je suis passé d'un film à l'autre et j'ai tourné aux quatre coins du monde. Le fait de m'engager dans [*24 heures chrono*] signifiait que j'allais rester au même endroit au moins huit mois par an. »

Pour instaurer une complicité avec sa fille, Sutherland doit apprendre à connaître ses goûts et ses hobbies. « J'ai grandi en écoutant des groupes rock canadiens comme Rush, et j'adorais AC/DC et Bad Company, raconte-t-il. Ma fille écoute de la musique de son époque : de la pop et du hip-hop. » En 2001, alors qu'elle a treize ans, Sutherland accompagne Sarah Jude à un concert d'Incubus, et il est surpris par sa réaction : « Elle a crié comme jamais je ne l'avais entendue le faire auparavant ; elle s'est complètement laissé transporter par la musique. Ça a été une révélation. »

Pendant ses années dans *24 heures chrono*, Sutherland s'efforce d'être présent pour sa fille, tant physiquement que sur le plan émotif. L'une de ses qualités en tant que père, c'est qu'il se rappelle à quel point lui-même a été rétif et rebelle au cours de sa jeunesse. « En tant que parent, on doit presque se réjouir de la rébellion de son enfant, soutient-il. Un parent doit se souvenir comment il était à l'adolescence. Les jeunes ont tellement d'énergie. On se doit de comprendre leurs désirs… des désirs qui sont, il faut le reconnaître, plutôt sains. » Ce qui l'inquiète, par contre, c'est de savoir s'il est capable de trouver les mots justes pour répondre aux questions existentielles qui taraudent les adolescents : « J'espère seulement que je vais être assez perspicace avec ma fille pour pouvoir saisir le sens véritable de ses questions, quand elle en aura. »

En son temps, Sutherland avait choqué sa mère lorsque, âgé d'à peine douze ans, il était rentré à la maison le crâne rasé et l'oreille percée. Pour lui, il ne s'agissait alors que d'un écart de conduite bien naturel. Mais quand c'est au tour de sa belle-fille de quinze ans de clamer qu'elle veut en faire de même, sa mère, Camelia Kath, et lui s'y opposent catégoriquement. Nullement découragée, la jeune fille va se faire raser l'arrière de la tête, de façon à ce que la portion dégarnie soit camouflée quand ses cheveux sont défaits. Lors de ses sorties avec ses amis, elle se fait une queue de cheval pour exposer son crâne chauve. « J'ai dû faire semblant d'être fâché contre elle, indique Sutherland. Mais dans mon for intérieur, j'étais très fier. Elle a trouvé une solution qui lui convenait. Les perçages, les tatouages, ça fait fureur. Les jeunes veulent faire leurs marques et montrer qu'ils appartiennent à leur génération. C'est sain qu'ils aient à se battre contre leurs parents pour y arriver. Il faut que ça leur coûte quelque chose. »

Sutherland va jusqu'à faire pénétrer Sarah Jude dans son univers professionnel. Lorsqu'elle a seize ans, il lui déniche un petit boulot d'assistante de production dans *24 heures chrono*. Il lui faudra quelque temps avant d'intégrer les rudiments du métier. « L'une des choses sur lesquelles j'insiste énormément lors du tournage, c'est qu'il doit régner un silence absolu », explique Sutherland. Un jour, lors d'une scène particulièrement intense, alors que les acteurs tournent à l'étage du plateau et que tous les assistants de production sont au rez-de-chaussée pour imposer le silence général, une voix féminine crie soudain : « Ça tourne ! », ce qui ruine la prise. Sutherland beugle alors : « Qui est l'imbécile ?! » Puis, d'une voix radoucie : « C'était ma fille, non ? » Par cette réaction, il démontre que cette dernière ne bénéficie pas d'un statut particulier. « On lui a trouvé un autre emploi », conclut-il à propos de l'incident.

Sa gaffe n'empêche pas Sarah Jude de tenter fièrement de suivre les traces de son père. Un jour, elle lui fait part de son désir de jouer elle aussi. « Je peux lui dire qu'il y a une chance sur un million de réussir dans le monde du spectacle, déclare Sutherland. Mais ce que je ne peux pas et ne veux pas faire, c'est la décourager d'expérimenter quelque chose qui l'attire. » Il ajoute, fier comme tout bon père : « Elle est assez futée. Elle m'impressionne beaucoup. Elle a joué dans sa première pièce, et elle fait partie d'un groupe de musique. J'ai hâte de voir où ça va la mener. » En creusant un peu, Sutherland reconnaît tout de même : « En fait, ça m'a pris un certain temps pour accepter le fait qu'elle veuille faire ce métier. Je n'arrive pas à savoir si c'est mon propre ego qui dit : "C'est mon territoire", ou si c'est la voix du père inquiet qui souffle en moi : "Je t'en prie, ma puce, ne fais pas ça, tu vas te faire du mal." »

Le mariage entre Sutherland et la mère de Sarah Jude, Camelia Kath, est singulier et un peu boiteux. « Pendant très longtemps, Camelia m'a cru plus vieux que je ne l'étais, confesse Sutherland. Puis, quand je lui ai révélé mon vrai âge et qu'elle a découvert que nous avions plus de dix ans d'écart, il était un peu tard pour qu'elle s'en formalise. »

Sarah Jude naît dès la première année de leur union. Il devient rapidement évident que Kiefer est trop jeune et immature sur le plan émotif pour assumer son rôle de père. « C'est terrible, mais je me souviens qu'à l'époque, je m'étais dit : "Mon Dieu, si je dois aller encore une fois au parc m'asseoir dans un tas de sable, je vais devenir complètement fou." »

Sarah Jude a toujours su émouvoir son père. Sutherland se souvient d'un incident en particulier dont la simple évocation suffit à lui nouer la gorge : « J'avais passé une mauvaise journée, et c'était ma faute, raconte-t-il. Je suis allé chercher ma fille à l'école, et j'ai dit des grossièretés devant elle, quelque chose comme : "Merde, je suis un vrai trou de cul !" Quand je me suis retourné vers Sarah, elle était sous le choc. Je lui ai expliqué que j'étais vraiment désolé, que ça m'arrivait de dire des gros mots, qu'il n'y avait pas de quoi en être fier et qu'elle ne devait pas suivre mon exemple. Puis, elle m'a lancé : "Ça ne se peut pas que tu sois comme ça, papa." J'ai craqué. »

« Curieusement, avec les années, lorsque Sarah est devenue adolescente et qu'on a repris contact, c'était quasiment comme si on s'élevait mutuellement », s'émerveille Sutherland. Il se rappelle le jour où sa fille est venue le voir pour se faire consoler de son tout premier chagrin d'amour : « Je n'ai pas cherché à minimiser sa tristesse, parce qu'elle était vraiment amoureuse. Elle n'avait que quinze ans, mais je ne crois pas qu'il y ait un âge pour ce genre de choses. »

Sutherland l'a emmenée dans l'un de ses lieux de prédilection, le Village Café, à Beachwood Canyon, un endroit où il sortait et faisait le fou avec ses amis pendant son premier séjour à Hollywood, quand il était adolescent : « J'avais l'habitude d'y aller quand j'avais seize ans. C'était avant de devenir père, avant que les choses prennent autant d'importance. À l'époque, la vie était facile et on croyait que ça resterait comme ça pour toujours. »

* * *

Chaque fois qu'on lui parle de sa vie de père, Sutherland s'anime et devient expansif. « Je pourrais en parler pendant des heures, s'exclame-t-il. Depuis la peur des débuts jusqu'au plaisir et aux éclats de rire que ça m'a procuré. J'avais vingt ans quand j'ai eu un enfant ; c'était trop jeune. Je me souviens de m'être excusé auprès de ma fille quand elle avait environ quatorze ans. Elle m'a répondu : "C'est bon, papa. Je n'aurais pas voulu que ça se passe autrement." Ça m'a tellement ému que j'ai fondu en larmes devant le Hamburger Hamlet. »

Comme beaucoup d'autres pères, Sutherland s'en fait à propos de sa relation avec sa fille. « Il m'a fallu du temps pour comprendre que je devais être un père responsable et accorder [à ma fille] une place de choix dans ma vie, avoue-t-il. J'apprends tous les jours des choses nouvelles et surprenantes à son sujet. Une fois, elle a fabriqué une tasse en céramique pour moi, et j'ai pu constater qu'elle maniait l'ironie en voyant qu'elle avait inscrit dessus : "Mon papa est un saint." À l'évidence, c'était une blague. »

KIEFER L'INDOMPTABLE

« Je sais bien que je devrais pouvoir me lever le matin sans me demander où sont mes bottes, à quel endroit je suis, ou encore si un de mes amis n'aurait pas par hasard rapporté ma voiture chez moi. Ce n'est pas très brillant comme mode de vie, et ce n'est pas le genre d'existence que je souhaite mener. Mais il faut bien que je me fasse une raison. »
— *Kiefer Sutherland*

En dépit des dix mois de tournage par an et des fréquentes journées de douze heures sur le plateau de *24 heures chrono*, l'engagement de Sutherland dans la série ne suffit pas à tempérer ses penchants excessifs pour l'alcool et la fête. Peut-être même les exacerbe-t-il, puisque l'acteur semble ressentir de plus en plus souvent le besoin de faire retomber la pression que lui imposent son emploi du temps et l'intensité dont il doit constamment faire preuve à l'écran.

L'une des particularités les plus fascinantes à propos de l'inconduite de Sutherland en dehors du plateau – ses comportements outranciers et sa consommation excessive d'alcool –, c'est qu'il l'assume. Bien sûr, il a déjà présenté des excuses publiques à sa famille ou à ses partenaires de travail quand ses égarements se sont retrouvés sur la place publique, et il a probablement demandé pardon en privé à sa fille, à sa belle-fille, à ses beaux-fils et à ses collègues. Mais personne ne l'a entendu faire de déclarations hypocrites selon lesquelles il allait changer de comportement ou chercher de l'aide. Kiefer Sutherland n'est pas comme ça. Si quelqu'un le confronte à ce sujet, il hausse les épaules, affiche son fameux sourire penaud et passe à autre chose.

Cette attitude a bien sûr un prix à payer. Sutherland a encore, logé dans le coude, un éclat de verre récolté lors d'une bagarre avec des soldats américains. Ce jour-là, il avait tenté d'en affronter deux. « Ils m'ont foutu une raclée », avoue l'acteur. Sutherland se rappelle avoir roulé sur un plancher jonché de débris de verre, mais il n'a rien remarqué avant de subir une radiographie pour un poignet cassé lors d'une autre rixe, quelque temps après. La radio montrait une masse dans le coude, qui s'est révélée être du verre. « Le médecin voulait m'opérer pour le retirer, mais je lui ai dit : "Non, ça va comme ça. On va le laisser là." »

* * *

En 2002, lors de la fête suivant la cérémonie des Golden Globes, Sutherland, encore sous le choc de sa victoire, est approché par un homme qui lui dit être un grand fan de *24 heures chrono* et de son acteur vedette. L'admirateur en question n'est autre que Hugh Hefner. Alors qu'ils discutent ensemble, Sutherland mentionne qu'il n'a jamais été invité au manoir Playboy. Hefner s'empresse immédiatement de rectifier le tir et Sutherland reçoit une invitation en bonne et due forme pour une soirée-pyjama au manoir, moins d'un mois plus tard.

Sutherland assiste à la réception en compagnie de l'un de ses compagnons de beuverie. La plupart des hommes célibataires de Hollywood qui sont invités à une soirée chez Hugh Hefner prennent effectivement soin de s'y rendre seuls ou avec des amis de même sexe, car ils se doutent de ce qui les y attend. Le seul commentaire de Sutherland sur cette soirée concernera le décor : « Le manoir a un jardin immense, le plus grand jardin que j'aie jamais vu ! » Cependant, un autre habitué des fêtes de Hefner révélera avoir vu Sutherland, passablement éméché, s'asseoir avec d'autres invités masculins ou avec quelques-unes des filles et s'exclamer bruyamment : « Je suis au manoir Playboy ! Au putain de manoir Playboy ! » Sans doute était-il subjugué par la décadence organisée qui l'entourait. « J'ignore s'il a fait quoi que ce soit avec quelqu'un, précise le témoin, mais il a disparu plusieurs fois avec des femmes avant de réapparaître devant nous, le visage en feu. »

* * *

Un compagnon de bar occasionnel rapporte que l'ivresse de Sutherland atteint parfois de tels sommets que ses amis craignent pour sa sécurité : « On se retrouvait ensemble, souvent par hasard. Je rencontrais Kiefer et un de ses amis dans un bar ou dans un salon d'hôtel, et on se mettait à boire ensemble pendant des heures. Kiefer descendait ses whisky-coca à un rythme effarant. Il faisait toujours des conneries pour nous amuser. Un jour, il a laissé tomber son pantalon jusqu'à ses chevilles et il est resté assis là, les fesses à l'air, juste pour voir la réaction des gens autour de lui. La plupart se contentaient de rire, mais une femme saoule est venue proposer de lui faire une fellation en plein bar. »

Au début de 2004, les désormais célèbres excès de Sutherland deviennent une source d'inquiétude pour l'équipe de *24 heures chrono* et pour le studio, Twentieth Century Fox. Ses employeurs sont régulièrement obligés de composer avec les conséquences de ses beuveries. En janvier 2004, Sutherland se trouve dans un bar où il va souvent se détendre après plusieurs jours de tournage ininterrompus et où il a la réputation de boire jusqu'à la fermeture. Ce soir-là, il se retrouve au milieu d'une bagarre entre ivrognes et se bat avec plusieurs hommes, brisant du mobilier et finissant la soirée le visage entaillé par un verre cassé. Six points de suture seront nécessaires pour refermer la plaie. Le barman insiste sur un fait : « Kiefer n'a pas provoqué la bagarre : il n'a fait que se défendre. »

Si l'incident n'entraîne aucun retard dans la production de *24 heures chrono*, le calendrier de tournage doit tout de même être réorganisé à la hâte pour laisser au visage de Sutherland le temps de guérir. De sa propre initiative, l'acteur convoque l'ensemble de l'équipe sur le plateau afin de s'excuser pour cette interruption.

En avril de la même année se produit un événement particulièrement embarrassant que le studio tente d'étouffer. En cette matinée de printemps, un Sutherland particulièrement agité enchaîne les verres de scotch dès neuf heures, dans un bar gay de Santa Monica Boulevard. À treize heures, après quatre heures de beuverie, l'homme titube vers la lumière du jour. Un tournage est en cours de l'autre côté de la rue. Quelques membres de l'équipe reconnaissent Sutherland et lui demandent de poser avec eux. L'un d'eux décrit la scène : « Il empestait l'alcool et la cigarette, mais il était de bonne humeur et riait. Il tenait à peine debout et quand quelqu'un posait à ses côtés, il s'affalait littéralement sur lui. » Sutherland redevenait Kiefer, le boute-en-train éméché. Le témoin poursuit : « Une fille de l'équipe a descendu son jean, dévoilant à Kiefer le tatouage qu'elle avait sur la fesse. Il lui a dit qu'il avait lui aussi quelque chose à lui montrer, puis a baissé son pantalon et a exhibé son cul à la cantonade. »

Durant l'année 2004, des témoignages signalent presque chaque semaine que Sutherland est vu dans des bars de son quartier, buvant du scotch jusqu'à deux heures du matin, avant de se diriger vers le bar clandestin le plus proche et de continuer à se soûler jusqu'à l'aube. Et quand les reporters interrogent les responsables du studio sur le comportement de plus en plus erratique de leur vedette, leur réponse est invariable : Kiefer Sutherland n'a jamais été en retard et a toujours été d'un professionnalisme irréprochable sur le plateau de *24 heures chrono*.

Sutherland ne donne pas libre cours à ses vieilles habitudes qu'à Los Angeles. Durant l'été 2004, il tourne *River Queen*[1] dans la ville de Raetihi, sur l'île septentrionale de la Nouvelle-Zélande. En revenant vers son hôtel un soir de beuverie, il entend une forte musique émaner d'une maison voisine, et il décide d'y entrer. L'événement, qui s'avère être un spectacle de chippendales, bat son plein et quelques centaines de Néo-Zélandaises en furie s'égosillent devant une troupe de danseurs mâles. Malgré son état d'ébriété avancé, Sutherland saute sur scène et se met à se dénuder et à se déhancher au rythme de la chanson *You Can Keep Your Hat On*. La foule, l'ayant reconnu, l'encourage. Il se jette ensuite dans l'assistance pour offrir à quelques dames du public des danses privées plutôt maladroites, avant d'être poliment escorté vers la sortie.

＊＊＊

Inévitablement, Sutherland doit régulièrement faire face aux conséquences de ses actes. Au début de novembre 2004, après une soirée de festivités bien arrosées, Sutherland roule en direction de chez lui lorsqu'une voiture de police

---

1. Titre au Québec : *La reine des rivières*.

le contraint à s'arrêter pour cause de conduite dangereuse. Il sort de son véhicule en chancelant et passe un alcootest sur-le-champ. Son taux d'alcoolémie est bien au-dessus de la limite autorisée. Devant la Cour, il ne conteste pas les faits et écope de cinq ans de probation. Le juge qui préside l'audience, l'honorable Michael Sauer, laisse entendre à l'acteur qu'il ferait bien de recevoir un traitement pour son problème d'alcool. Sutherland ne suivra pas ce sage conseil.

* * *

Alors que *24 heures chrono* lui apporte un succès grandissant, Sutherland passe d'une relation sentimentale à l'autre. Il affirmera en entrevue ne pas être friand des aventures d'un soir : « J'ai connu ça, mais je préfère les relations plus profondes. Une connivence intellectuelle, émotive. Les histoires sans lendemain, c'est comme la masturbation : ça remplit une fonction, mais ça n'est pas vraiment satisfaisant. » Néanmoins, pendant le tournage de *24 heures chrono*, et particulièrement lors des trois premières saisons, Sutherland connaît de brèves aventures avec plusieurs femmes qui collaborent à la série devant ou derrière la caméra. Il confie : « L'amour est un phénomène qui se manifeste de lui-même selon votre degré de solitude. Si vous êtes vraiment attiré par une personne et que vous êtes déjà seul, je crois que vous pouvez tomber amoureux instantanément. Tout dépend d'où vous en êtes. »

Une jeune actrice canadienne qu'il fréquente durant cette période raconte : « Kiefer est un homme formidable, très sensible et attentionné. Comme il travaillait de très longues heures, nous n'avions pas beaucoup de temps l'un pour l'autre. Il m'a dit qu'il ne me promettait rien. Il répétait simplement : "On verra bien." » Le couple se retrouve parfois au restaurant ou s'offre une nuit à l'hôtel. La jeune femme poursuit : « [Une fois], Kiefer m'a emmenée chez lui. C'était fantastique. Il m'a préparé un repas, puis nous nous sommes détendus et il a joué de la guitare. Le matin suivant, nous sommes partis très tôt. »

La rumeur veut qu'entre 2003 et 2005, Sutherland ait une relation intermittente avec Reiko Aylesworth, sa partenaire de *24 heures chrono*. Cependant, aux alentours de Noël 2004, il fait la connaissance de Kristin Haraldsdottir, un mannequin de vingt-trois ans originaire de Reykjavik, en Islande. Ils commencent à se fréquenter. En avril 2005, Haraldsdottir déclare : « Il y a vraiment une bonne alchimie entre nous. Kiefer a les pieds sur terre et c'est quelqu'un de très agréable à côtoyer. » Mais au milieu de l'été, l'acteur passe à autre chose. Désormais à Toronto, Sutherland profite de la pause annuelle dans la production de *24 heures chrono* pour tourner *The Sentinel*[2] et nouer une relation avec l'une de ses partenaires, Eva Longoria, de *Desperate Housewives*[3]. Selon l'une des maquilleuses, Sutherland et Longoria sont alors « le sujet de discussion favori sur le plateau, parce qu'ils passent beaucoup de temps ensemble, s'isolant dans l'une ou l'autre de leurs roulottes ». Ils

---

2. Titre au Québec : *La sentinelle*.
3. Titre au Québec : *Beautés désespérées*.

seront vus ensemble à plusieurs reprises, tant à Toronto qu'à Los Angeles, jusqu'au jour où un proche de Longoria déclarera publiquement : « Kiefer et Eva sont tous les deux très occupés actuellement, et ils prennent les choses à leur rythme », un signe clair que la romance s'est quelque peu refroidie.

Quand on l'interroge sur l'état émotionnel dans lequel il se trouvait à l'époque, Sutherland répond : « Les ruptures n'ont jamais été mon fort. J'ai tendance à me mettre à agir de la pire façon possible jusqu'à ce que ma copine prenne l'initiative de rompre. Et je le regrette. La meilleure chose à faire serait de retrouver ces personnes et de leur déclarer : "Écoute, on ne s'est pas parlé depuis un bout de temps, mais je voulais juste te dire que je n'ai pas aimé la façon dont je t'ai traitée, tu ne méritais pas ça." Ouais, il y a quelques personnes dans ma vie à qui j'aimerais dire ça. »

* * *

Malgré ses prises de conscience *a posteriori*, le manque de jugement de Sutherland est parfois surprenant. En 2006, il apprend que des étudiants américains qui sont des fans inconditionnels de *24 heures chrono* ont inventé un jeu initiatique qui se joue en regardant la série. Les règles sont simples : à chaque fois que Jack Bauer dit « *Damn it !* », les étudiants doivent vider leur verre d'une traite. Sutherland s'amuse alors à corser le tout en parsemant arbitrairement les scènes de son interjection fétiche. Dans un épisode, il en enchaîne trois, très rapprochées. Dans un autre, il en lance quatorze. « J'imaginais tous ces gamins devant la télé qui se disaient : "Oh non !" », ricane-t-il.

* * *

De tous ses actes farfelus sous influence de l'alcool, l'attaque d'un sapin de Noël est probablement le plus spectaculaire. La scène a été capturée sur vidéo et diffusée sur YouTube à la face du monde. Sutherland tente de minimiser l'incident, mais deux reporters sont présents au moment des faits.

Emily Miller et Michael Duffy, du *Sunday Mirror* de Londres, couvrent l'arrivée en ville de Sutherland et du chanteur Rocco DeLuca, dont il gère la carrière par l'entremise de sa société de production Ironworks. Il est convenu que les journalistes le rencontreront au club londonien Borderline, où DeLuca doit se produire. À son entrée dans le club, Sutherland bouscule Emily Miller par inadvertance et la fait presque tomber. L'acteur est confus et se confond en excuses.

Après le court concert – une performance qui ne soulève d'ailleurs que des applaudissements polis –, Miller et Duffy rejoignent Sutherland et les membres du groupe au bar du Strand Palace, un hôtel relativement modeste du quartier West End. C'est là que « la beuverie a VRAIMENT commencé », écrit Duffy. Sutherland signale que la note sera à sa charge et commande « tournée après tournée du whisky, de la bière, du gin et du vin ». Il se soûle sans retenue et attire Miller vers lui pour lui montrer le tatouage runique islandais qui orne son avant-bras. « Asseyez-vous et regardez ça, marmonne-t-il. Ça dit "*I trust you to kill me*". C'est le titre du nouvel album de Rocco. Pour moi, ça veut aussi dire : "Va chier !" C'est de la grosse provocation. »

À deux heures du matin, les employés du bar refusent de leur servir plus d'alcool. Sutherland n'étant pas du genre à arrêter facilement, il convainc le personnel de nuit de le laisser commander des spiritueux réservés au service aux chambres, après quoi il transporte les festivités dans le hall de l'hôtel. Il est désormais ivre mort et tente de faire rire les convives en exécutant quelques mouvements de *break dance* mal coordonnés.

Lorsqu'il aperçoit un sapin de Noël, Sutherland mugit : « Je déteste cette saloperie d'arbre de Noël ! Cet arbre doit être abattu ! » Il titube alors en interpellant le personnel : « Je vais le démolir. Je peux vous le payer ? » Ce à quoi un employé de l'hôtel répond : « Je suis absolument certain que vous le pouvez, monsieur. »

Alors, Sutherland s'élance vers le sapin garni de décorations, envoyant voler dans tous les sens les ampoules, les guirlandes et les boules de Noël. Une fois extirpé des débris, Sutherland se relève, chassant de la main les aiguilles du conifère qui parsèment ses vêtements et ses cheveux. Il s'approche de l'employé d'un pas incertain et lance : « Oh, désolé pour tout ça... Vous êtes vraiment cool. Ça, c'est un hôtel comme je les aime ! »

L'un des membres du groupe tente d'inciter Sutherland à regagner sa chambre et à aller se coucher, mais la star secoue la tête et titube vers les deux reporters du *Sunday Mirror*. Il attrape la main de Michael Duffy et la secoue avec ferveur, avant de se mettre à pleurer en parlant de sa déception quant au mauvais accueil réservé à son groupe. « C'était des cons, dit-il. On a joué dans plein d'autres endroits et ils étaient dingues de notre musique. » Il ajoute, presque incohérent : « Dans ce monde, il faut partager quelque chose avec le putain de groupe. » D'un ton plus badin, il surnomme Duffy, qui est originaire d'Australie, le « putain de salopard d'Australien », avant de déposer un baiser sur son front. Il se tourne vers Miller, tient sa main, lui masse maladroitement l'épaule et s'appuie contre elle en murmurant : « Ne pars pas, ne pars pas : j'ai le béguin pour toi. » Gentiment éconduit par la journaliste, Sutherland arpente d'une démarche chancelante les huit étages de couloirs de l'hôtel, à la recherche de sa chambre. Il finira par trouver la porte correspondant à sa clé et disparaîtra enfin dans ses quartiers.

LA PRISON

« Purger ma peine a été, somme toute, facile. Mais la honte que j'ai causée à ma famille, ma fille et mes collègues a été beaucoup plus dure à avaler. Ceci dit, je n'ai pas l'intention de retenter l'expérience de sitôt. »
— Kiefer Sutherland

Le 24 septembre 2007, le studio Fox organise comme chaque automne son « Fox Fall Eco-casino » dans le très chic club Area de West Hollywood. Cette soirée de charité rassemble des stars et des cadres du studio venus se détendre autour des tables de jeux, un verre à la main. Tous les profits sont ensuite reversés aux organismes caritatifs Habitat for Humanity et Nature Conservancy. Sutherland est de la fête, profitant de la soirée en trinquant avec ses amis et collègues. Il quitte le club peu après une heure du matin. Alors qu'il roule dans West Hollywood, il décide de prendre un raccourci et fait demi-tour. Par malchance, cette manœuvre quelque peu hasardeuse est effectuée devant une voiture de patrouille de la police de Los

Angeles. Sutherland est donc contraint de s'arrêter au bord de la route et d'admettre à l'officier qu'il a un peu bu. On lui impose un test de sobriété et un alcootest. Ce dernier aurait indiqué un taux d'alcoolémie plus de deux fois supérieur à la limite prévue par la loi californienne. Sutherland est conduit au poste de police de Hollywood et placé en détention provisoire. À quatre heures du matin, il est formellement accusé de conduite avec facultés affaiblies. Son visage est photographié, ses empreintes digitales sont relevées et, à cinq heures quarante-deux, il est libéré après versement d'une caution de vingt-cinq mille dollars. Il comparaît en justice le 28 septembre et fait face à des accusations de conduite dangereuse et de violation de ses conditions de probation, prononcées en 2004.

Peu après sa remise en liberté – et au moment où le récit de son arrestation commence à alimenter les conversations –, l'acteur se présente à la résidence du consul général du Canada à Los Angeles. Il doit recevoir le Prix d'excellence de l'ACTRA (Alliance of Canadian Cinema, Television and Radio Artists) des mains du consul général Alain Dudoit et du président de l'ACTRA, Richard Hardacre. C'est un Sutherland un peu taciturne mais poli qui reçoit le trophée de bonne grâce après avoir été encensé par Dudoit : « Nous sommes fiers de décerner cette récompense à Kiefer Sutherland qui, en tant que Canadien travaillant aux États-Unis, s'est bâti l'une des carrières les plus enviables de Hollywood. » Richard Hardacre prend le relais : « C'est un honneur de reconnaître sa contribution, non seulement pour son travail unique, mais encore pour son soutien indéfectible envers ses compatriotes acteurs qui travaillent à Los Angeles. »

Interviewé plus tard, Hardacre commente le *timing* malheureux de la célébration : « Nous avions prévu cet événement de longue date. Et même si cette affaire d'arrestation était embarrassante et malencontreuse, Kiefer a assumé ses responsabilités. Ça ne diminue en rien le fait qu'il est un vrai professionnel ; il aide beaucoup, beaucoup d'autres Canadiens à Hollywood. Regardez dans *24 heures chrono* : vous trouverez au moins une douzaine de Canadiens dans chaque saison, que ce soit devant ou derrière la caméra. On ne peut pas en dire autant de la plupart des films américains qui sont tournés au Canada. »

Le 9 octobre 2007, c'est à nouveau le juge Michael Sauer qui préside l'audience lors du jugement de Sutherland. L'acteur se fait représenter devant la Cour par son avocate Blair Berk, qui lit la déclaration de son client : « Je suis extrêmement déçu du manque de jugement dont j'ai fait preuve récemment, et je suis profondément désolé pour la déception et la détresse que j'ai pu causer à ma famille, à mes amis, à mes collègues de *24 heures chrono* et au studio Twentieth Century Fox. » Bien que Sutherland ne conteste pas les faits, le juge Sauer n'est pas d'une humeur indulgente. Il le condamne à quarante-huit jours de prison – trente pour conduite dangereuse, plus dix-huit pour violation de probation –, ainsi qu'à une nouvelle période de probation de cinq ans. La sentence impose également l'enrôlement du coupable dans un programme intensif d'éducation sur l'alcool de dix-huit mois et six mois de séances de thérapie hebdomadaires.

Sutherland reçoit l'ordre de se présenter le 31 décembre 2007 pour entamer sa détention. Il doit séjourner à la redoutable maison d'arrêt Los Angeles County Twin Towers, où les détenus subissent vingt-trois heures d'isolement par jour dans des cellules trop éclairées. Un arrangement est conclu pour lui permettre de purger sa peine en plusieurs blocs, afin de ne pas nuire au calendrier de production de *24 heures chrono*.

Ces plans sont toutefois bouleversés par le déclenchement de la grève de la Writers Guild of America, qui entraîne l'interruption du tournage de la série pendant trois mois, de novembre 2007 à février 2008. Cette pause inattendue incite Sutherland à retourner aussitôt derrière les barreaux pour pouvoir en finir et passer à autre chose. Son avocate négocie un transfert à la prison de Glendale City, où il se présentera deux jours avant la date indiquée par l'ordonnance. Randy Adams, le chef de la police de Glendale, explique très clairement que Sutherland ne sera pas traité différemment des autres détenus et que sa célébrité ne lui garantira aucun passe-droit : « Il pourra le vérifier dès son arrivée. »

Sutherland est accueilli au centre de détention par l'officier John Balian, qui procède à son enregistrement. Il se fait remettre l'uniforme orange réglementaire et apprend qu'il ne sera pas autorisé à fumer ses chères Camel dans l'enceinte de l'établissement. Il hérite d'une corvée à la buanderie : pendant plus d'un mois et demi, il passera ses heures de travail à plier des taies d'oreiller et à faire du blanchissage. L'officier Balian racontera aux reporters que l'acteur était un prisonnier modèle : il était coopératif, travailleur et ne se plaignait jamais.

Aujourd'hui, l'acteur remet son emprisonnement en perspective : « On s'imagine tous à quoi cette expérience pourrait ressembler et comment on ressentirait les choses. Je me disais que j'allais m'entraîner, lire, et m'entraîner encore, comme Denzel Washington dans *Hurricane Carter*[1]. Mais quand j'ai essayé de faire quelques pompes, j'avais le siège des toilettes près de la tête d'un côté, et ma couchette de l'autre. Alors j'ai laissé tomber et je suis allé me coucher. » Et, bien qu'il ait fourni une liste de personnes autorisées à lui rendre visite, à raison de deux fois par jour, il ne verra pratiquement que son avocat : « Je voulais juste en finir avec tout ça. Je savais que c'était inévitable et je voulais m'en débarrasser. »

Comment a-t-il vécu le brutal sevrage de Camel et de whisky pendant quarante-huit jours ? « Je ne buvais pas quotidiennement, alors ça ne m'a pas trop manqué, et j'étais content de voir que je pouvais me passer de cigarettes pendant aussi longtemps. Peut-être qu'un jour, j'arrêterai pour de bon. »

Mais derrière les plaisanteries légères que Sutherland lance à propos de son expérience carcérale, d'autres facettes de son séjour en prison se révèlent bien moins positives : « Au début, ils m'ont dit que j'allais avoir une cellule

---

1. Titre au Québec : *Hurricane*.

individuelle. Mais quand je suis arrivé là-bas, je me suis retrouvé avec un compagnon de chambrée pendant quelques semaines. Il a été libéré, mais il ne lui a pas fallu longtemps avant de revenir. » Et les conditions de détention étaient loin de ressembler à ce qu'il avait imaginé : « Là-dedans, j'étais enfermé dans une petite chambre où les lumières étaient allumées en permanence. Je ne pouvais même pas me mettre une couverture sur la tête ni couvrir l'ampoule avec quelque chose ; il y avait des caméras partout. »

« En y repensant, je peux en rire, poursuit Sutherland, et il le faut bien. Mais en fait, la situation n'est pas drôle du tout. Dix-huit mille personnes meurent chaque année à cause de l'alcool au volant, dans ce pays ; il n'y a rien de comique là-dedans. Quant à mon expérience personnelle de la prison, ce n'est pas comme quand on regarde un guide touristique et que rien n'est pareil sur place. Je peux vous l'affirmer, la prison est exactement ce que vous croyez qu'elle est. C'est comme dans la brochure ! »

Un autre incident pousse Sutherland à réaliser que les clichés sur la prison sont fondés : « J'étais sous la douche et, comme dans un mauvais film, j'ai laissé échapper le savon. Je me disais : "Merde, j'ai fait tomber le savon !" Puis j'ai regardé les autres autour de moi et j'ai décidé que je pouvais m'en passer. Je l'ai laissé là. »

Sutherland est incarcéré avec de dangereux membres de gangs de Los Angeles, dont beaucoup s'avèrent être des fans de Jack Bauer. « Un jour où j'avais lavé les plateaux après le repas et que je retournais à ma cellule, un gars d'un gang m'a montré les gestes de reconnaissance de son groupe. Il m'a dit qui il était et à quelle bande il appartenait. Je ne savais pas quoi faire, alors j'ai serré les poings et levé les pouces dans sa direction. Il a trouvé ça très drôle. »

Kiefer a l'interdiction absolue de sortir du bâtiment pendant toute sa peine, alors il doit trouver des occupations pour tuer le temps. « On avait le droit de regarder la télé quelques heures par jour, raconte-t-il, mais les gardiens choisissaient l'émission, alors on a fini par regarder beaucoup, beaucoup d'épisodes de *Cops*. »

* * *

Au cours de l'arrestation, du procès et de l'incarcération de Kiefer, Donald Sutherland s'est constamment fait questionner sur l'incident et sur les agissements de son fils. Interrogé par un reporter, il déclare : « Je félicite Kiefer pour son comportement exemplaire après son arrestation. Depuis le début de cette affaire, mon fils s'est conduit honorablement, contrairement à certaines personnes. Je ne les nommerai pas, mais elles se reconnaîtront. » La rancœur aidant, l'acteur ajoute : « Il serait préférable de ne pas m'attirer sur ce terrain glissant. Tout ce que je peux vous dire, c'est que Kiefer est l'homme le plus honorable, le plus responsable et le plus digne que je connaisse, et je l'aime avec ferveur. Il s'est comporté avec tellement de pureté, de perfection et de respect. D'autres membres de notre communauté ne peuvent pas en dire autant, mais il était parfait. »

La dévotion paternelle de Donald Sutherland ne se dément à aucun moment de l'emprisonnement de son fils. Il lui écrit des lettres tous les deux jours et lui parle au téléphone aussi souvent que possible. « L'expérience de la prison a été très dure pour lui, raconte-t-il. Il a passé quarante-huit jours enfermé, vingt-trois heures par jour tout seul, et il faisait très, très froid. Il n'y avait pas de fenêtres. Il n'avait pas d'amis. J'ai fait une demande à la prison pour qu'on le laisse téléphoner. On nous accordait quatorze minutes par appel. Quand il appelait, il me prenait souvent par surprise, et au moment de lui parler, je n'arrivais pas à dire tout ce que j'aurais voulu. »

Kiefer Sutherland passe son quarante-et-unième anniversaire, Noël et le jour de l'An en prison. Il est libéré le lundi 21 janvier 2008. À cause de la meute de journalistes massés devant l'entrée, il est autorisé à sortir par la porte arrière, où un véhicule vient le récupérer. C'est l'unique concession à sa célébrité qui lui sera consentie – ou qu'il aura même demandée.

Le 24 janvier, il rejoint son père à Santa Monica pour un repas de retrouvailles dans l'un de leurs restaurants préférés. Les deux hommes s'étreignent un long moment, empreints d'une joie tangible et réciproque. Donald, toujours pragmatique, conclut simplement : « Il a commis une erreur, une erreur stupide. Mais il en a assumé les conséquences et il peut maintenant tourner la page en tirant une leçon de tout ça. Est-ce que j'ai aimé voir mon fils aller en prison ? Certainement pas ; c'était difficile. Alors j'espère bien ne jamais avoir à revivre ça. »

* * *

La condamnation de Kiefer Sutherland provoque des dommages collatéraux qu'il n'avait pas anticipés. Après sa sortie de prison, l'organisation Mothers Against Drunk Driving (MADD) – Mères contre l'alcool au volant – proteste avec véhémence contre le fait qu'un automobiliste inculpé quatre fois pour conduite avec facultés affaiblies soit le porte-parole et le représentant d'un constructeur automobile. Deux saisons plus tôt, la Ford Motor Company avait signé avec la Fox un accord de plusieurs millions de dollars qui faisait d'elle le principal sponsor de *24 heures chrono*. Depuis, Sutherland assurait la narration des publicités canadiennes du constructeur automobile, au point que son timbre rauque et charmeur était identifié comme la voix officielle de Ford sur les écrans de télévision d'Amérique du Nord.

La déclaration officielle du collectif MADD inclut des références à l'irresponsabilité flagrante de Sutherland, qui aurait largement les moyens de s'offrir un chauffeur lorsqu'il est soûl. Le groupe dénonce le message ambigu que Sutherland envoie en tant que porte-parole de Ford. La compagnie prend la plainte au sérieux et en débat avec le principal intéressé. Finalement, le constructeur décide de lui accorder de nouveau sa confiance, et le public peut encore entendre Sutherland vanter les mérites de la Ford Fusion Hybrid.

À sa décharge, l'acteur apparaît en mai 2008 dans une pleine page du *New York Times* contre l'alcool au volant, pour le compte de l'American Beverage Institute[2]. La publicité montre les photos de Sutherland prises lors de son arrestation, ainsi que celles de Billie Joe Armstrong, du groupe rock Green Day, qui a également été arrêté pour conduite avec facultés affaiblies. L'annonce fait la promotion d'une nouvelle technologie qui pourrait empêcher une personne ivre de démarrer une voiture et vante les avancées réalisées dans le domaine de l'alcootest, de plus en plus précis et fiable.

* * *

Après sa libération en février 2008, Sutherland commence à fréquenter Siobhan Bonnouvrier, qu'il a rencontrée à la fin de l'année précédente. Bon nombre d'amis de la jeune femme affirment ouvertement que la prison était ce qui pouvait arriver de mieux à l'acteur et que cette expérience lui aura permis de dégriser. Les événements à venir démontreront que tout n'est pas si simple, mais l'incarcération de Sutherland aura clairement laissé des traces.

---

2. Association américaine dont la mission est de promouvoir la consommation responsable de l'alcool.

RETOUR AU CALME ?

« *Quelle leçon j'ai tirée de mon séjour en prison ? Eh bien, que je ne veux pas y retourner !* »
— *Kiefer Sutherland*

L'incarcération de Sutherland l'a-t-elle fait réfléchir sur ses agissements et incité à adopter un comportement plus mesuré ? Rien n'est moins sûr.

À l'occasion de son quarante-deuxième anniversaire, en décembre 2008, les amis de Sutherland lui organisent une fête au Ye Rustic Inn, un de ses bars favoris. Au programme des réjouissances : la visite d'une strip-teaseuse blonde et sexy. Alors que l'alcool coule à flots depuis un bon moment, l'éclairage devient tout à coup tamisé et un air de *blues* s'élève dans le bar. La jeune femme fait son entrée, entièrement nue à l'exception d'un string à motif léopard. Quelqu'un tire une chaise pour Sutherland et la blonde se met à se déhancher lascivement autour de lui, avant d'entreprendre un *lap dance* que Kiefer semble visiblement apprécier. Soudain, plutôt que de retirer son string, la danseuse arrache sa perruque blonde, révélant un transsexuel. Enragé, Sutherland repousse violemment l'individu, pendant que ses amis s'écroulent de rire. Il met un certain temps à reprendre contenance, puis s'adresse à l'effeuilleur, apparemment pour lui présenter ses excuses. Il réclame ensuite des explications aux gens qui l'entourent, visiblement embarrassé de n'avoir su détecter le sexe de son cadeau d'anniversaire.

* * *

Chaque année, la cérémonie des Oscars est suivie de plusieurs réceptions qui sont devenues presque aussi légendaires que les statuettes elles-mêmes. *Vanity Fair* donne un grand gala et, depuis plusieurs années, Elton John organise une soirée qui attire les nominés et tout le gratin hollywoodien après la remise des prix. Le 23 février 2009, Sutherland se rend à la fête d'Elton John et livre aux convives un étrange spectacle. Alors qu'il a normalement l'alcool joyeux, ce soir-là, l'acteur est d'humeur exécrable et, à mesure qu'il enfile les verres de scotch, il se montre de plus en plus vulgaire. « C'était plutôt embarrassant pour lui, témoigne un agent de Hollywood présent à la soirée. Il transpirait vraiment beaucoup. Son visage était rouge et, chaque fois que je l'apercevais, il avait un verre de scotch dans chaque main. Il lançait des jurons à tous ceux qu'il croisait. C'était dingue ! Un gars s'est rendu au bar pour commander une boisson. Kiefer, qui parlait au barman, s'est tourné vers lui et a dit : "Quoi, tu veux ma photo ? Mêle-toi de tes affaires, connard !" Le pauvre type a froncé les sourcils, puis est reparti avec ce qu'il était venu chercher. »

Plus tard le même soir, Sutherland et Slash, l'ancien guitariste de Guns N' Roses, se lancent dans une dispute. Il est difficile de savoir s'ils sont sérieux, d'autant que lors de la réception qui aura lieu quelques mois plus tard autour de la piscine de l'hôtel Mirage, à Las Vegas, ils se côtoieront paisiblement. Mais l'agent de Hollywood confirme qu'il n'en est pas de même ce soir-là : « Sutherland lançait une vulgarité à la tête de Slash, comme : "Sale con !" Alors l'autre répliquait : "Espèce de pédé, approche un peu et répète-moi ça !" » Sutherland quittera la soirée relativement tôt, heurtant sur son passage les invités. Avant de partir, il prendra soin d'adresser une dernière insulte à Slash tout en lui faisant un doigt d'honneur, puis il disparaîtra dans la nuit.

* * *

Au début de mai 2009, Sutherland est à New York, et ce, pour plusieurs raisons : la huitième saison de *24 heures chrono* est tournée dans la métropole, mais c'est également dans la Grosse Pomme que réside sa nouvelle compagne, Siobhan Bonnouvrier, et que sa fille Sarah Jude se rend à l'Université. Le soir du 4 mai, Sutherland doit assister à un gala du MET Costume Institute. Plus tôt dans la journée, des témoins le voient au Rose Bar du Gramercy Park Hotel, avalant verre sur verre, puis courant dans tous les sens et cabotinant avec un long boa en plumes autour du cou. Lorsqu'il arrivera sur le tapis rouge du MET quelques heures plus tard, il devisera pourtant aimablement avec les autres invités, comme si de rien n'était.

Un incident déroutant survient ultérieurement, lorsque l'acteur se rend à une fête privée de fin de soirée au SubMercer, un des clubs branchés de SoHo. Sutherland est soûl, mais paraît calme. Tandis qu'il discute avec son amie Brooke Shields, un copain à elle, Jack McCollough, jeune designer pour Proenza Schouler, s'avance vers eux. Selon ce dernier, il se serait joint à la conversation et aurait alors fait face à un Sutherland ivre qui se serait offusqué de son intrusion et aurait insisté pour qu'il s'excuse. « Il était soûl et il ne voulait pas se rétracter, relate McCollough. Il m'a fait une sorte de prise de lutte, comme un adolescent, puis il m'a donné un coup de tête au visage. » D'autres invités qui assistent à la scène, dont Mary-Kate Olsen et Kirsten Dunst, affichent un air stupéfait. Jack McCollough s'en tire avec une blessure sanguinolente au nez.

Un témoin livre une autre version des faits à la police de New York, prétendant que McCollough aurait fait irruption entre Sutherland et son interlocutrice, faisant trébucher cette dernière. Sutherland aurait retenu Shields afin qu'elle ne tombe pas, puis demandé au designer de s'excuser. Voyant qu'il ne s'exécutait pas, l'acteur aurait réagi avec une impétuosité décuplée par l'alcool, bien décidé à donner une leçon à McCollough.

Le lendemain, l'histoire est reprise par tous les médias. En fonction des sources, la blessure de McCollough passe d'une petite coupure au visage à une fracture du nez. Des photos de lui prises à la suite de l'incident montrent toutefois que la vérité se situe entre les deux. Dans la foulée, un porte-parole de Brooke Shields émet le communiqué suivant : « Rien n'est arrivé à Mme Shields. Jack n'a commis aucun acte déplacé. On ignore ce qui a poussé Kiefer à agir de la sorte. » Le représentant affirme clairement que McCollough, qui dessine les vêtements que porte l'actrice, « n'a absolument rien fait à Mme Shields ».

Apprenant qu'une enquête policière va être ouverte, le *New York Daily News* tente d'en savoir plus et se rend à la résidence de la petite amie de Sutherland, Siobhan Bonnouvrier. C'est toutefois l'acteur qui répond à la porte, et il se refuse à tout commentaire. Son avocat new-yorkais, Michael Miller, fait à son tour une déclaration : « Nous sommes perplexes devant les informations malveillantes et non autorisées qui circulent au sujet de Kiefer Sutherland et des événements survenus lundi soir dernier. Toutefois, nous avons bon espoir que l'enquête menée par le procureur de Manhattan et la police de New York confirmera que Kiefer Sutherland n'était pas l'instigateur de l'incident et ne s'est rendu coupable d'aucun acte répréhensible. »

Le procureur inculpera néanmoins Sutherland pour voies de fait. Selon les circonstances, ce délit peut entraîner une peine allant d'une amende de mille dollars à une année d'emprisonnement. L'avocat de Brooke Shields, Gerald Lefcourt, publie un bref communiqué au nom de sa cliente : « Jack et Kiefer sont tous les deux des amis de Mme Shields, et elle regrette cette situation malencontreuse. »

Le 7 mai 2009, à seize heures, Sutherland se rend au bureau du procureur du quatrième commissariat de police de New York accompagné de son avocat de Los Angeles. Il reçoit une citation à comparaître, se fait photographier, puis ses empreintes digitales sont relevées. Il fend ensuite la foule des reporters qui se pressent à l'extérieur du bâtiment pour rejoindre la Lincoln Town Car noire qui l'attend. L'acteur émet son premier commentaire sur l'affaire : « Je suis désolé pour ce qui est arrivé ce soir-là et je regrette sincèrement que M. McCollough ait été blessé. » Il ne s'agit pas de paroles en l'air ; Sutherland a confessé à plusieurs reprises que chaque fois qu'il blessait quelqu'un lors d'une altercation, il se sentait affreusement mal par la suite. Lorsque McCollough a vent des regrets exprimés par Kiefer, il déclare : « J'apprécie les paroles de M. Sutherland. Mes vœux l'accompagnent. »

Le soir même, le prévenu se rend au bar Libation, l'un des endroits qu'il préfère à New York. Un ami qui passe la soirée avec lui déclare : « Kiefer essaie simplement de passer du bon temps quand il le peut. Il ne s'est pas dit : "Oh, je viens tout juste de me faire arrêter pour m'être battu en état d'ivresse, je devrais faire attention." Il ne pense pas comme ça ; il ne vit pas les choses de cette façon-là.

Il lui restait quelques jours à passer à New York avant de retourner à Los Angeles, et il voulait s'amuser. »

Bien que la soirée se conclue sans incident, Sutherland prend bel et bien une cuite. Son compagnon explique : « Kiefer veut s'enivrer rapidement. Il veut devenir le Kiefer euphorique et déconneur qui s'amuse et laisser Jack Bauer derrière lui. Alors que je terminais mon deuxième whisky-coca, il en avait déjà englouti sept. Et ce n'était que le commencement ! »

Quelques jours plus tard, l'acteur retourne à Los Angeles, où il doit rejoindre l'équipe de *24 heures chrono* pour une projection en avant-première du dernier épisode de la septième saison. À l'extérieur du cinéma, Sutherland est accueilli par les accolades et les vœux chaleureux de tous, comme si c'était lui qui avait été blessé et qui faisait un retour triomphal. Cette réaction témoigne de l'affection que lui portent les membres de son équipe. L'une des étreintes les plus appuyées viendra de l'acteur émérite Jon Voight, un habitué des controverses publiques, qu'elles soient attribuables à ses propres faits d'armes ou à ceux de sa fille, Angelina Jolie. « Combien de fois Humphrey Bogart a-t-il été retrouvé soûl, endormi dans la cour d'un étranger ? demande Voight. En son temps, Errol Flynn avait pratiquement asséché la ville à force de boire. En comparaison, les bêtises de Kiefer, ce sont des broutilles. C'est juste qu'aujourd'hui, les gens sont devenus des voyeurs qui ont toujours besoin de surveiller les célébrités, pas seulement dans leurs activités publiques, mais dans leur vie privée aussi. On est tous ici pour soutenir Kiefer et la série, parce qu'on connaît tous l'homme qu'il est, et que cet homme mérite notre amour et notre respect. » Sutherland, visiblement ému par ces témoignages d'affection, déclare : « Vous savez, de bien des façons, il s'agit d'une grande famille. »

Alors que l'enquête de police au sujet de l'altercation avec McCollough poursuit son cours à New York, les autorités de Los Angeles vérifient si l'affaire ne constituerait pas une violation de probation en vertu des lois de la Californie. Le cas échéant, Sutherland pourrait être renvoyé en prison, ce qui lui causerait de sérieux ennuis professionnels. Le 20 avril, il a en effet commencé à collaborer à un nouveau film de Joel Schumacher intitulé *Twelve*. Le réalisateur assure qu'il demeure solidaire de son ami, mais que si la situation de Sutherland compromettait la production du film d'une quelconque façon, il serait forcé de l'exclure du projet et de lui trouver un remplaçant.

Par chance, rien de tout cela ne sera nécessaire. Le 21 juillet, le bureau du procureur de New York annonce que les accusations portées contre Sutherland ont été abandonnées. « Les faits rapportés ne s'apparentent pas, même de loin, à un acte criminel », affirme le procureur. Les autorités de Los Angeles prennent acte de cette conclusion, et tous considèrent l'affaire comme classée.

Le lendemain, c'est un Sutherland visiblement soulagé qui emmène sa petite amie pique-niquer au Hudson River Park, près de la 12e Rue. Siobhan Bonnouvrier, une grande femme aux cheveux d'ébène, est la styliste en chef du magazine *Allure*. Depuis plusieurs mois, Sutherland et elle ont été vus ensemble dans divers lieux publics, tantôt assistant à un repas de collecte de fonds pour Barack Obama à Beverly Hills, tantôt s'amusant dans les vagues de Malibu ou déambulant main dans la main dans les rues de New York.

Des amis de Bonnouvrier ont déclaré publiquement qu'elle avait une influence incroyable sur Sutherland et qu'ils avaient remarqué des changements dans son comportement depuis qu'il la fréquentait. L'un d'eux affirme : « Même lorsqu'ils ont de petites disputes ou qu'ils se chamaillent pour des broutilles, Kiefer revient toujours sur sa position. Siobhan ne le traite pas comme une vedette. Il a un véritable respect pour elle, non seulement parce que c'est ce qu'elle lui inspire, mais parce qu'elle l'exige. » De nombreuses personnes de leur entourage révèlent également que le couple envisagerait le mariage.

Bonnouvrier est, dit-on, véritablement amoureuse de son compagnon. Toutefois, étant donné sa force de caractère et sa propre expérience de divorcée, il est peu probable qu'elle apprécie les écarts de conduite de son partenaire. Comme le dit son amie : « Siobhan a fait comprendre à Kiefer que pour bâtir une relation sérieuse avec elle, il devrait se contrôler au moment de boire et de faire la fête. Et son attitude démontre qu'il essaie d'y arriver ; c'est du moins l'impression qu'il donne. Lorsqu'ils sortent en soirée ou vont manger ensemble, Kiefer se tient bien. C'est seulement lorsqu'il est seul ou avec ses amis qu'il se comporte comme un stupide ivrogne. Jamais en présence de Siobhan ; elle ne supporterait pas ça. »

Apparemment, Sutherland finit malgré tout par épuiser la patience de sa compagne, puisqu'à la fin de l'été 2009, le couple se sépare.

CONCLUSION

En mai 2009, des vents contraires soufflent sur *24 heures chrono*. La septième saison a reçu un accueil enthousiaste : bon nombre de critiques, du *Variety* au *New York Times*, se sont accordées à reconnaître que, depuis son retour en force avec le téléfilm *24 heures chrono : Exil*, la série a retrouvé en partie la fougue et le rythme qui ont fait son succès. Pourtant, au moment même où l'équipe s'apprête à démarrer le tournage de la huitième saison, les grands pontes de la Fox s'interrogent sur l'avenir. Kevin Reilly, membre de la direction du studio, déclare : « C'est la dernière saison de *24 heures chrono* prévue au contrat. Il y a beaucoup d'inconnues dans l'équation, alors nous ne savons pas vraiment ce qui va se passer ensuite. Mais au bout du compte, ça se résumera à une décision économique. Ce n'est pas une production bon marché, et nous tenons à finir en beauté. Nous n'avons pas l'intention de soutenir la série à n'importe quel prix, mais nous n'avons pas encore pris de décision. »

Les scénaristes de *24 heures chrono* ont reçu la consigne de préparer des scénarios avec différentes chutes de rechange, afin qu'il soit possible de mettre rapidement un terme à la série dès qu'une décision en ce sens viendrait à être prise. Lorsqu'on l'interroge sur l'éventualité que Jack Bauer se fasse tuer, Sutherland sourit : « Si je dois partir, ce sera à mon corps défendant. » Il poursuit toutefois, réaliste : « Chacun d'entre nous, des acteurs jusqu'aux scénaristes, sait depuis le début que personne n'est indispensable à la série. Il n'y a qu'à voir le nombre de personnages principaux qui ont été tués en cours de route pour comprendre que n'importe qui peut mourir et que la série en ressortira toujours gagnante. La vraie vedette de *24 heures chrono*, ça a toujours été le concept. »

Après avoir tiré profit des milliards de dollars générés par *24 heures chrono*, le studio Twentieth Century Fox envisage donc de mettre fin à l'aventure. « Le paysage télévisuel de Hollywood a changé, déclare Sutherland. Des productions telles que *X-Files : Aux frontières du réel* et *Sex and the City*[1] montrent qu'un concept peut prendre une nouvelle direction après que la série télévisée originale a donné des signes d'essoufflement. Il y a des limites à ce que l'on peut faire endurer à Jack [Bauer] tout en restant crédible. Je pense qu'un film serait une bonne façon de clore l'histoire. Je veux que ça se termine par la finale la plus spectaculaire qu'on puisse imaginer. Ce sera l'occasion de mettre tous ensemble le pied à l'étrier pour une dernière fois. »

---

1. Titre au Québec : *Sexe à New York*.

Le 27 mai 2009, les membres de l'équipe qui se lancent dans le tournage de la huitième saison font donc face à un avenir incertain. Au fil des ans, ils ont connu des hauts et des bas. En tant que pionniers, ils ont reçu leur lot de critiques, aussi bien positives que négatives. Il faut rappeler qu'à ses débuts, *24 heures chrono* était un concept audacieux et unique à la télévision. En cours de route, bon nombre des collaborateurs de la première heure ont quitté le navire. Quant à Sutherland, autrefois novice à la télévision, il est devenu un vétéran du petit écran.

***

Le 10 septembre 2009, lors de l'ouverture du Festival international du film de Toronto, le clan Sutherland est représenté en force. L'un des films projetés pour l'occasion est le long métrage *Cairo Time*, pour lequel la sœur de Kiefer, Rachel, a œuvré comme directrice de production. *High Life*, un film qui met en vedette le demi-frère de Kiefer, Rossif Sutherland, est aussi présenté à Toronto en avant-première.

Rossif révèle que Kiefer ne croit toujours pas complètement à son propre succès : « C'est incroyable. Je pense qu'il est encore sous le choc. Cela dit, il a toujours travaillé dur. Il fait aussi beaucoup la fête, et on en a souvent entendu parler, mais il travaille vraiment dur. J'en sais quelque chose, parce que j'ai moi-même fait des apparitions régulières dans une série pendant un certain temps[2]. Je sais à quel point c'est exigeant, et lui, il le fait depuis huit ans ! »

L'un des événements incontournables en marge du Festival international du film de Toronto est le barbecue annuel organisé par le Canadian Film Centre. Le Centre a été fondé il y a vingt ans à North York par le réalisateur canadien oscarisé Norman Jewison. Le site héberge également la Norman Jewison Director's School, dont le corps enseignant est constitué de professionnels du milieu, et où des gens comme Clint Eastwood et Martin Scorsese sont venus présenter des films et donner des cours.

Le 13 septembre 2009, lors de la soirée barbecue, Jewison monte sur le podium pour annoncer que son ami Kiefer Sutherland se joindra à lui au sein du Canadian Film Centre en tant que président de l'Actors Conservatory (Conservatoire d'art dramatique), la nouvelle division du Centre. Sutherland, plus élégant que jamais, s'avance alors vers le micro : « Je suis honoré de contribuer à l'œuvre de Norman Jewison en mettant à la disposition du Centre canadien du film ma passion pour les récits ainsi que pour le Canada et le talent de ses acteurs. L'Actors Conservatory aura une influence considérable sur la vie professionnelle et artistique des acteurs participants ainsi que sur notre industrie. »

« Je vais y consacrer autant de temps que possible, poursuit Sutherland. Le programme sera offert à huit ou dix candidats prometteurs. Ce ne sera pas à proprement parler un cours d'art dramatique. Il s'agit d'un centre d'études

---

2. Rossif Sutherland a fait partie de la distribution de la dixième saison d'*Urgences*.

supérieures en cinéma, comme l'indiquait son précédent nom : Canadian Centre for Advanced Film Studies. Nous allons donc tenter de guider les étudiants vers leur carrière de manière pragmatique, en leur enseignant les réalités de la vie d'acteur. »

Slawko Klymkiw, le directeur général du Canadian Film Centre, commente ainsi la nomination de Sutherland : « Kiefer soutient énormément les autres acteurs canadiens. Nous avons de la chance de l'avoir, parce que nous savons qu'il apportera à sa contribution une dimension pratique, concrète. Et puis, nous savons qu'il sera capable de convaincre d'autres acteurs vedettes de se joindre à nous à leur tour. »

Après le Festival international du film de Toronto, Sutherland retourne à Los Angeles pour assister à la cérémonie des Emmy Awards, qui a lieu le 20 septembre. Il est de nouveau mis en nomination comme meilleur acteur pour son rôle de Jack Bauer, cette fois pour le téléfilm *24 heures chrono : Exil*. L'acteur irlandais Brendan Gleeson est également en lice pour sa brillante interprétation de Winston Churchill dans *Into the Storm*. Lorsque quelqu'un souhaite bonne chance à Gleeson, ce dernier s'esclaffe : « Vous voulez rire ? Je vous rappelle que je suis dans la même catégorie que Jack Bauer ! » Mais c'est bel et bien l'Irlandais qui remporte finalement le trophée.

Une fois la cérémonie terminée, Sutherland se rend directement à la fête organisée par la Fox, qui se déroule au Cicada, une boîte de nuit avoisinante. Il est le premier arrivé. Bien que le personnel n'ait pas terminé les préparatifs de la soirée, on lui permet d'entrer. Il se dirige directement vers le bar, chausse ses lunettes de soleil, et commande un whisky-coca. Lorsque la fête bat son plein, Sutherland prend place à table avec quelques-uns des dirigeants de la Fox et boit encore quelques verres. Puis, il quitte les lieux, seul.

* * *

Sur le plan professionnel, Sutherland est aujourd'hui à la croisée des chemins. Il fera sa prochaine apparition au cinéma dans *Trust*, un drame portant sur la guerre froide. Quant à Jack Bauer, rien ne permet encore de dire si ses jours à l'écran sont comptés. *24 heures chrono* va donner lieu à un long métrage, mais le studio Fox entend clairement évaluer les résultats de la huitième saison avant de prendre quelque décision que ce soit à propos de l'avenir de la série. Ce qui est sûr, en revanche, c'est qu'une fois qu'il en aura fini avec son alter ego télévisuel, Sutherland prévoit de déménager à New York : « J'adore New York. C'est incroyable comme les gens ont un air sexy là-bas ! Chacun poursuit son but ; personne ne se tourne les pouces. »

Lorsqu'il tournera la page sur *24 heures chrono* et Jack Bauer, Sutherland laissera derrière lui un authentique héritage télévisuel, un rôle emblématique qu'il a su s'approprier réellement. Il est tentant de croire que toute la personnalité de Sutherland s'est exprimée à travers Jack Bauer, que toutes les étapes préalables de sa carrière l'ont petit à petit préparé à endosser ce rôle. Son propre parcours personnel lui a permis de comprendre intimement le bagage émotionnel du personnage. Sutherland a appris à jouer les durs auprès des cow-boys qu'il a côtoyés sur le circuit de rodéo. Il a su surmonter la souffrance et les défis, aussi bien physiques qu'émotifs. Il a su lutter et rester actif quelles que soient les circonstances. Il a compris que s'arrêter, ce serait admettre la défaite et mourir. Voilà ce qui constitue l'essence même de Jack Bauer. Et voilà ce qui constitue l'essence de Kiefer Sutherland.

REMERCIEMENTS

Tout d'abord, je me dois d'adresser de sincères remerciements à Ian Halperin, qui a été pour moi une source d'inspiration et qui m'a incité à écrire ce livre. Merci, Ian.

Merci à l'excellente équipe de Transit Éditeur, en particulier à Pierre Turgeon et à Gratia Ionescu. Grâce à vous, j'ai vécu ma plus agréable expérience dans l'édition à ce jour. Je me réjouis à la perspective de travailler de nouveau avec vous tous.

Tous mes remerciements à Timothy Niedermann, mon éditeur. Son soutien, ses encouragements et son intuition m'ont été d'un grand secours. Il me tarde de collaborer à nouveau avec Timothy lors de mon prochain projet.

Un merci tout particulier à John English, qui a partagé avec moi un chapitre bref mais décisif de la vie de Kiefer Sutherland, et m'a si généreusement confié ses souvenirs et ses réflexions.

Je tiens aussi à remercier la sympathique équipe – du directeur jusqu'au personnel de chambre – du Royal York, ma deuxième maison pendant l'écriture de ce livre. Vous avez tous rendu mon séjour très agréable.

Merci à ma famille : mes parents Marie et Bill, ainsi que mon frère Peter. Vous m'avez toujours soutenu dans mes choix, même lorsqu'ils pouvaient paraître difficiles à comprendre.

Merci, enfin, à la magnifique Rhonda Thain, la femme extraordinaire qui a vécu cette aventure avec moi et qui l'a rendue encore plus passionnante et gratifiante.

Collection « À DÉCOUVERT »

Déjà parus

Guy Laliberté : La vie fabuleuse du créateur du Cirque du Soleil
— Ian Halperin

Michael Jackson : Les dernières années
— Ian Halperin

*Brangelina :
La véritable histoire de Brad Pitt et Angelina Jolie*
— Ian Halperin

À paraître

Britney Spears : La femme-enfant, l'argent et la gloire
— Christopher Heard

David Carradine : Au cœur de ma tourmente
— Marina Anderson

Du même auteur
chez d'autres éditeurs

Johnny Depp Photo Album (2009)

Mickey Rourke : High and Low (2006)

Depp (2001)

Ten Thousand Bullets : The Cinematic Journey of John Woo (1999)

Dreaming Aloud : The Films of James Cameron (1998)

Achevé d'imprimer en janvier 2010
sur les presses de Worldcolor St-Romuald

470, 3e Avenue
St-Romuald
Québec G6W 5M6

Imprimé au Québec

Dépôt légal : Premier trimestre 2010
ISBN : 978-1-926745-05-3